KB185426

비트코인 15억 간다

비트코인 15억 간다

돈복남 지음

슈퍼리치의 탄생

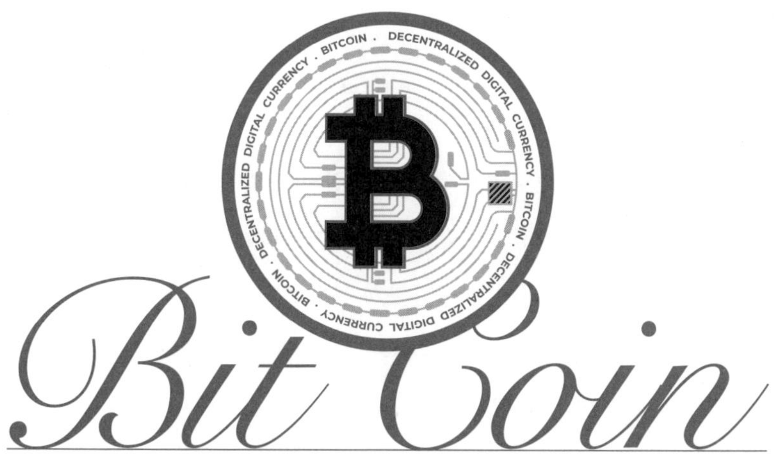

프롤로그

2009년 1월, 사토시 나카모토라는 익명의 개발자가 비트코인을 세상에 내놓았을 때, 대부분의 사람들은 이것이 인류 금융의 역사를 새로 쓸 혁명의 시작이 될 것이라고 생각하지 못했습니다. 1비트코인의 가치는 1센트도 되지 않았고, 피자 두 판을 사는데 10,000비트코인이 사용되던 시절이었습니다. 그때는 호기심 때문에 혹은 장난 삼아서 비트코인을 사는 사람들이 있었을 뿐, 주목받지 못했습니다. 그후 비트코인 가격이 오르고 수많은 알트코인이 생겨나면서 코인을 사는 것이 도박이나 투기로 여겨지기도 했죠. 하지만 지금은 어떤가요? 여전히 비트코인의 가치가 1센트도 되지 않고, 피자 두 판을 사는 데에 10,000개의 비트코인이 필요한가요? 호기심으로, 재미 삼아서 비트코인을 사고 있나요?

아닙니다. 이제 비트코인은 원화로 1억 원이 훌쩍 넘었고, 비트코인 1개만 있어도 고급 외제차를 살 수 있습니다. 비트코인을 사는 행위는 도박이나 투기가 아닌 투자가 되었고, 많은 사람들이 비트코인을 한 개라도 사려고 애를 씁니다. 지금 우리는 역사적인 전환점에 서 있는 것입니다. 전 세계 중앙은행들의 무분별한 통화 발행으로 인한 인플레이션, 예금과 적금으로는 따라잡을 수 없는 자산 가치의 하락, 그리고 전통적인 투자 수단들의 한계가 여실히 드러나고 있는 이 시대에, 비트코인은 새로운 희망이 되고 있습니다.

〈비트코인 15억 간다〉를 쓰기로 마음먹은 것은 두 번째 책 〈비트코인 처음 시작합니다〉를 쓴 직후였습니다. 많은 분들이 코인 시장과 투자에 대해 부담없이 읽을 수 있는 입문서를 만들고 싶어서 〈비트코인 처음 시작합니다〉를 썼죠. 생각보다 많은 사람들의 관심이 비트코인에 집중되고, 제 책이 경영·경제 부문 3위에까지 오르는 것을 보면서 입문서가 아닌 심화편을 제대로 각 잡고 써봐야겠다고 생각했습니다. 독자 여러분은 어떤 기대감을 품고 이 책을 구매하셨는지 모르겠습니다. '비트코인이 정말 15억을 갈까?', '어떻게 하면 15억을 벌 수 있을까?', '언제 15억이 된다는 걸까?'라는 궁금증 때문일 수도 있겠죠. 그런데 사실 제가 이 책을 쓰게 된 것은 단순히 비트코인의 가격 상승을 예측하고 투자 수익을 논하기 위해서가 아닙니다. 제가 이 책을 통해 전하고 싶은 것은 왜 비트코인이 현대 금융 시스템의 대안이 될 수밖에 없는지, 그리고 왜 지금이 비트코인을 이해하고 투자해야 할 결정적인 시기인지에 대한 것입니다.

제가 전업으로 코인 투자를 하고 있지만 저 역시 처음부터 비트코인에 대한 확신이 있었던 것은 아닙니다. 비트코인의 존재 가치가 하루아침에 떨어질 수 있다는 일말의 불안감은 늘 있었습니다. 하지만 이제 저는 비트코인이 금과 부동산을 뛰어넘는 미래의 가치 저장 수단이 될 거라고 100% 확신합니다. 어떻게 100%라는 확신을 가지게 되었냐고요? 사실 저에게도 긴 여정이었습니다. 화폐와 기축통화의 역사와 부자들이 부를 축적해온 방식 등을 공부하면서 비트코인에 대한 확신이 생겼습니다. 제가 밟아온 긴 여정을 이 책에 하나하나 담고 싶었습니다. 제가 비트코인에 대한 확신을 갖게 된 경로와 과정을 여러분과 공유해서 여러분도 저처럼 확신을 가지게 되면 좋겠다고 생각했습니다. 왜냐하면 다 같이 부자가 되는 길이라고 생각하기 때문입니다. 이 책을 다 읽고 나면 여러분도 저처럼 비트코인에 대한 100%의 확신을 가지게 될 거라고 믿습니다.

'비트코인 15억 간다'에서 15억 원은 사실 상징적인 금액일 뿐입니다. 저는 비트코인이 15억 원을 넘어서 20억 원, 50억 원, 100억 원이 될 수도 있다고 생각합니다. 우리는 지금 디지털 황금 시대의 초입에 있습니다. 비트코인은 단순한 투기 수단이 아닌, 디지털 시대의 새로운 가치 저장 수단으로 자리잡아가고 있습니다. 금이 수천 년간 인류의 신뢰를 받은 화폐였듯이, 비트코인은 디지털 시대의 금이 될 것입니다. 이 책에서는 돈의 본질부터 시작하여, 기축통화의 역사, 현대 화폐 시스템의 문제점, 그리고 왜 비트코인이 이 모든 문제의 해답이 될 수 있는지를 설명하고자 합니다. 또한 실제 투자에서 승리하기 위한 구체적인 전략과 원칙들도 함께 다룰 것입니다.

투자의 세계에서 가장 큰 수익은 패러다임의 전환을 가장 먼저 포착하고 행동하는 사람들에게 돌아갑니다. 지금 우리는 그 전환의 한가운데 있습니다. 비트코인이 가져올 변화는 이제 시작일 뿐입니다. 이 책을 통해 여러분이 단순히 비트코인의 가격 상승을 기대하는 것을 넘어, 왜 비트코인이 필연적으로 성장할 수밖에 없는지, 그리고 어떻게 하면 이 거대한 변화의 물결에서 승리할 수 있는지를 이해하시기를 바랍니다. 지금부터 그 여정을 함께 시작해보시겠습니까?

차 례

Part 2

전통 금융 자산이 몰락하고 있다

Part 3

불장은 누구에게나 오지만 누구나 벌 순 없다

Part 4
코인 투자 실전 매매법

Part 5

성공은 거저 오지 않는다

Part 6

돈복남이 전하는 10가지 지혜

PART

1

돈이란 무엇인가?

돈, 그리고 화폐

우리가 입버릇처럼 하는 말이 있습니다. "돈이 많았으면 좋겠다.", "돈이 없다."라고 말입니다. 그런데 이때 "화폐가 많았으면 좋겠다.", "화폐가 없다."라고는 하지 않습니다. 왜 그런지 아시는 분 계실까요? 그렇게 많진 않습니다. 그런데 이 둘의 차이를 알아야 경제와 금융의 본질을 알고, 시시각각으로 변화하는 시장에서 어디에 어떻게 투자할지 명확하게 전략을 세울 수 있습니다.

돈과 화폐는 어떤 차이가 있을까요? 돈과 화폐는 종종 같은 의미로 사용되지만, 엄밀히 따지면 서로 다른 개념이에요. 화폐는 영어로 Currency라고 합니다. 국가나 정부가 발행한 법정통화를 뜻하죠. 화폐는 물리적으로 눈에 보이는 동전이나 지폐로 존재합니다. 원화, 위안화,

엔화, 달러 등을 화폐라고 할 수 있습니다. 반면 돈은 영어로 Money라고 하죠. 돈=화폐라고 생각될 수 있지만, 돈은 화폐를 포함하는 더 폭넓은 개념입니다. 꼭 동전이나 지폐인 화폐의 형태로 존재하진 않아요. 개인이 가지고 있는 가치 있는 모든 자산을 뜻합니다. 물론 다른 사람들도 그 자산을 가치 있다고 생각하는 것들만 인정됩니다. 현대 사회에서 개인이 가지고 있는 자산 중 다양한 형태가 돈에 포함됩니다. 현금, 금, 주식, 부동산, 비트코인 등 가치를 저장하고, 교환할 수 있는 모든 것을 돈이라고 하죠.

돈과 화폐의 차이

	돈Money	화폐Currency
개념	가치 교환과 저장 수단	정부가 발행한 법정통화
형태	다양한 형태	지폐, 동전 등 물리적 형태
발행 주체	자연적으로 선택된 것이거나, 기술적 발명으로 나타남	중앙은행이나 정부
내재 가치	있음	없음
예시	조개껍데기, 소금, 쌀 등 물물교환 물품, 금, 비트코인	달러, 유로, 엔, 원 등

표로 나타낸 것만 봐도 아마 돈과 화폐의 차이를 잘 알 수 있을 겁니다. 돈은 화폐가 등장하기 훨씬 이전부터 있었습니다. 문명이 발달하면서 인간은 생산 활동을 하기 시작했고 점차 생산력이 좋아지면서 잉여 생산물을 축적했죠. 그 시대 가치 있다고 여겨졌던 소금, 옷감, 쌀, 가축 등이 모두 돈이었습니다. 그런데 기술 발전과 함께 생산력도 좋아지고, 잉여 축적물의 규모도 커지면서 물물교환 형식으로는 원활하게 거래할

수 없었죠. 그러면서 화폐가 생겼습니다. 서로 이게 얼마만큼의 가치가 있다고 약속하고, 거래할 때 대신 사용한 거죠. 우선 우리는 이 화폐의 역사에 대해 알아볼 필요가 있습니다. 화폐의 역사를 공부하는 것은 투자에 있어 단순한 기술적 분석을 넘어서는 근본적인 통찰력을 제공하기 때문입니다. 과거를 이해함으로써 미래를 예측하고, 더 현명하고 전략적인 투자 결정을 내릴 수 있는 능력을 키울 수 있으니까요.

최고의 화폐를 찾아라!

인류 역사의 시간을 종횡무진으로 써 내려간 문명 항해가 유발 하라리는 그의 저서 〈사피엔스〉에서 '화폐는 인간이 고안한 것 가운데 가장 보편적이고 효율적인 상호 신뢰 시스템'이라고 분석했습니다. 여기서 여러분이 눈여겨봐야 할 단어는 바로 '신뢰'입니다. 화폐는 곧 약속이고 신뢰를 뜻해요. 아주 옛날 고대에 해안가에 집단을 이루며 사는 작은 국가가 있다고 칩시다. 해안가이다 보니 조개껍데기가 무척 많아요. 이곳 사람들은 조개껍데기를 화폐로 사용하자고 약속하고, 이 약속을 신뢰하기로 합니다. 조개껍데기이든 소금이든, 가축이든 화폐의 형태는 중요하지 않습니다. 화폐는 신뢰를 바탕으로 탄생되는 것이기 때문입니다.

역사상 최초의 화폐는 기원전 3000년경 수메르의 보리 화폐였습니다. 수메르Sumer는 서아시아의 메소포타미아 지역에 존재했던 고대 문명으로, 현재까지 알려진 인류 최초의 문명입니다. 또한, 인류 역사상 최초로 문자를 사용한 기록이 남아 있는 집단이기도 해요. 수메르에서 사용한 보리 화폐는 말 그대로 보리입니다. 보리 1실라(대략 1리터에 해당)가 기준이었는데, 보리 1실라를 담을 수 있는 표준화된 그릇을 만들어서 물건을 사고팔 때 필요한 양만큼의 보리를 쉽게 잴 수 있었다고 합니다. 월급도 보리 화폐로 지급됐는데, 남자는 한 달에 약 60실라, 여자는 약 30실라씩 벌었다고 합니다. 상상해볼까요. 제가 그 당시 수메르인이었다면 한 달간 일하고 보리 60리터를 받았겠죠. 어쩌면 제 성향상 열심히 번 보리를 시드로 삼아 불리고 불려서 엄청난 자산가가 됐을지도 모르겠습니다.

그렇게 해서 엄청난 보리를 모았다고 칩시다. 어떨까요? 보리는 무겁고, 공간도 많이 차지합니다. 게다가 오래 보관하게 되면 쥐나 곤충에 의해 손상되고, 폭우가 내리면 썩기도 하고, 운반도 힘들었을 겁니다. 문명이 발달해서 경제 규모가 커지고 인구가 증가할수록 보리 화폐로 인한 문제는 커졌을 거예요. 하지만 인간은 언제나 문제 속에서 해답을 찾습니다.

유발 하라리는 '화폐의 역사에서 진정한 돌파구를 연 것은 그 자체로 내재적 가치가 없는 돈, 그렇지만 저장과 운반이 쉬운 돈을 사람들이 신뢰하게 되면서부터'라고 말했어요. 쉽게 풀어서 말하자면, 소금이나 옷감, 가축, 수메르의 보리 화폐와 같은 상품 화폐가 아니라, 그 자체로는 아무런 가치가 없지만 저장하고 운반하기 쉬운 금속 화폐가 그 자리를 대체하게 된 것이 화폐의 역사에서 한 획을 긋는 일 중 하나였다는 것입니다.

최초의 금속 화폐는 보리 화폐가 등장하고 몇백 년이 지난 후였습니다. 고대 메소포타미아에서는 은으로 된 세겔을 사용하기 시작했죠. 동전이나 지폐로 된 형태는 아니고 은 자체를 화폐로 사용한 거죠. 1세겔은 약 은 8.33g이었어요. 구약성서를 보면 이 세겔이 나온다고 합니다. 요셉이 은 20세겔에 이스마엘 사람들에게 팔려 갔다는 내용이 있다고 합니다. 한 사람이 은 160g 정도의 가치를 지닌 셈이었던 거죠. 금속 덩어리인 은 세겔은 고유한 가치를 지니지 않았지만, 그 문화 안에서는 귀금속으로의 가치를 가지긴 했습니다. 하지만 막상 사용해 보니 금속 화폐에도 불편한 점이 있다는 것을 깨닫게 됩니다. 거래 때마다 금은의 무게와 순도를 측정해야 하는 번거로움이 있었던 거예요. 나름대로 메소포타미아에서 은 세겔이 가치를 가지다 보니 가짜 은을 진짜로 속이는 사람도 있었을 테고, 8.33g이 아닌 8g 정도를 1세겔이라고 속이는 일도 빈번했겠죠.

짜잔! 그래서 드디어 주화鑄貨가 등장합니다. 최초의 주화는 기원전 7세기 아나톨리아 반도, 현재 튀르키예 지역에 있었던 국가 리디아Lydia에서 만들어졌습니다. 오늘날의 튀르키예를 떠올려 볼까요? 튀르키예는 에게해의 온화한 기후 덕분에 각종 곡물과 과일, 견과류가 풍부했죠. 게다가 유럽과 아시아를 잇는 지정학적 위치 덕분에 역사적으로 중요한 교차점 역할을 해왔어요. 그 덕분에 상업이나 무역이 발달했고, 그만큼 화폐의 역할이 중요할 수밖에 없었을 겁니다. 인류 역사 최초의 주화가 나올 법한 배경이었던 거죠. 처음에 리디아에서는 금과 은을 합쳐서 만든 호박금electrum으로 주화를 만들었지만, 전성기였던 크로이소스왕

● 인류가 사용한 최초의 주화. 기원전 7세기 리디아왕국 문양이 찍힌 호박금(출처: 위키피디아)

시절에는 금과 은을 분리해서 금화와 은화를 일정한 크기로 만들었다고 합니다. 금속 화폐 시절과 달리 거래할 때마다 금속의 순도와 무게를 측정하느라 난리법석을 떨 필요가 없게 됐습니다. 그리고 여기에 문양을 새겨 넣어 왕의 권위로 그 가치를 보증했습니다. 리디아왕국 유적에서 발견된 주화에 사자의 두상이 계속 등장하기 때문에 이 화폐를 '사자 주화'라고도 부르기도 합니다.

리디아 주화에 새겨진 이 사자 문양은 정말 큰 의미를 지닙니다. 사자 문양은 이 주화가 그 나라의 법정 화폐라는 사실을 알려줍니다. 우리가 쓰는 지폐나 동전에도 특정 문양을 찍는 방식이 여전히 이어지고 있죠. 이것이 어떤 의미를 갖느냐, 화폐에 왕의 권위라는 공권력이 입혀졌다는 것을 의미합니다. 그 이전까지만 해도 시장이 가지고 있던 화폐의 주도권이 자연스럽게 군주에게로 넘어가게 된 것입니다. 유발 하라리는 '오늘날 사용되는 거의 모든 주화는 리디아 주화의 후손'이라고까지 표현했으니, 리디아 주화가 얼마나 큰 의미를 갖는지 잘 알 수 있죠. 리디아는 주화를 통해 상당한 부를 축적할 수 있었고, 지역의 지배 세력으로 입지를 공고히 할 수 있었습니다. 또한, 기념비적인 건설물이나 대규모 군사 작전에 대규모 자금을 지원할 수 있게 되면서 화폐는 정치적으로도 중요하게 사용됐습니다.

리디아의 주화 화폐 도입이 성공하면서 동쪽의 아케메네스 제국, 서쪽의 그리스 도시 국가에 이르기까지 전역으로 화폐 시스템이 확산됐습니다. 또한, 리디아의 주화로 인해 고대 국가 사이에서 무역과 상거래가 눈에 띄게 활발해졌습니다. 효율적이고 신뢰할 수 있는 교환 수단이 생기면서 경제 성장은 물론 국가 간의 무역 네트워크가 확장된 거죠. 로마의 데나리우스denarius는 인도 시장에서도 사용됐고, 이슬람 칼리프들도 데나리우스를 모방한 디나르dinar를 발행했습니다.

정말 재미있지 않나요. 서로의 종교를 결코 인정할 수 없는 기독교인이나 이슬람인도 돈에 대한 믿음은 같았습니다. 이렇게 주화, 즉 화폐는 세상을 하나로 연결하게 된 것입니다. 이에 대해 유발 하라리가 표현한 문장이 있어요. "돈은 인류가 지닌 관용성의 정점이다. 돈은 언어나 국법, 문화, 종교 신앙, 사회적 관습보다 더욱 마음이 열려 있다. 인간이 창조한 신뢰 시스템 중 유일하게 거의 모든 문화적 간극을 메울 수 있다. 종교나 사회적 성별, 인종, 연령, 성적 지향을 근거로 사람을 차별하지 않는 유일한 신뢰 시스템이다." 정말 무릎을 탁 치게 만드는 문장이죠? 그런데 주화도 결국, 치명적인 단점이 있었습니다. 금과 은을 섞어서 만들었다 보니 그 자체로도 가치가 있었던 거죠. 사람들은 주화를 창고에 쌓아놓으며 가치를 저장하려는 목적으로 사용하기 시작합니다. 결국, 주화를 저장하면 금을 저장하는 것과 다름없기 때문입니다. 하지만 화폐는 돌고 돌아서 유통이 되어야 하는데 서로 저장만 하려고 하면 어떻게 될까요? 유동성이 떨어지죠.

그런데 더 큰 문제는 따로 있었습니다. 국가와 같은 중앙기관이 화폐를 발행할 수 있는 권한을 가지게 됐을 때 역사적으로는 대부분 무분별한 화폐 발행의 유혹을 쉽게 넘기지 못했습니다. 주화의 가장 큰 장점은 일정한 규격으로 만들어지기 때문에 일일이 무게를 비교하거나 순도를 확인할 필요가 없다는 것이었습니다. 그런데 로마 시대의 안토니니아누스처럼 금속의 순도를 사람들이 알아차리지 못하도록 서서히 속여가면서 주화를 발행하게 된다면 결국, 그 화폐는 신뢰를 잃고 가치를 잃게 되죠. 로마 시대의 멸망의 주요 원인 중 하나는 경제 시스템의 붕괴였는데, 결국, 그것은 화폐의 무분별한 발행으로 초超인플레이션이 발생했기 때문이었습니다. 이 내용은 잠시 후에 조금 더 자세히 다뤄보겠습니다.

자, 이제부터는 제가 왜 화폐의 시작과 역사에 대해 짧게나마 설명했는지 말씀드리려고 합니다. 아마 센스 있는 독자분이라면 벌써 눈치를 채셨을 겁니다. 바로 화폐의 조건을 얘기하고 싶어서입니다. 수메르의 보리 화폐인 상품 화폐부터, 고대 메소포타미아의 금속 화폐인 은 세겔, 그리고 리디아의 사자 주화인 첫 법정 화폐까지. 화폐가 발전해온 과정을 천천히 되짚어보면 화폐가 가져야 하는 조건에 대해 알 수 있습니다.

이상적인 화폐의 다섯 가지 조건

우선 화폐로 쓰이는 물질들은 특별한 속성을 가집니다.

첫째, 내구성입니다. 쉽게 말해서 썩지 않아야 하죠. 시간이나 장소, 환경 등에 의해 형태가 변해서는 안 되는 것입니다. 앞서 본 수메르의 보리 화폐는 이와 같은 내구성이 없었기 때문에 결국, 사라졌습니다. 꼭 보리가 아니더라도 쌀과 같은 다른 곡식, 가축 등 변할 수 있는 물질은 화폐로 사용될 수 없습니다.

둘째, 운반성입니다. 가벼울수록 좋습니다. 그래야 사람들이 들고 다니면서 거래를 할 수 있죠. 수메르의 보리 지폐가 가지지 못했던 조건이기도 합니다. 그래서 금속 화폐가 나온 거고요.

셋째, 분할성입니다. 쉽게 나누어져야 합니다. 우리 돈 1만 원이 1천 원권 10장으로 쉽게 나뉘는 것처럼 분할이 쉬워야 계산이 용이합니다. 그래서 집과 같이 하나의 완결체로 가치가 있는 것들은 자산 가치는 있어도 화폐가 되기는 어렵습니다. 집 한 채를 분할해서 반으로 나눌 수도 없거니와 나눈다고 했을 때 집의 가치가 유지될 수도 없으니까요.

넷째는 대체성입니다. 같은 가치를 가지고 있는 것들끼리 대체할 수 있어야 한다는 겁니다. 예를 들어, 1만 원짜리 헌 지폐가 있습니다. 이게 꾸깃꾸깃하고 낙서가 돼 있고 물에 좀 젖은 것 같아요. 그런데 1만 원이라는 가치는 변하지 않죠. 음식점에 가서 밥을 먹고 계산하는데 헌 지폐라고 계산 못 해주겠다고 하지 않는단 말이죠. 너무 더럽다고 생각되어서 은행에 가져가면 빳빳한 새 지폐로 바꿔도 줍니다. 바로 이게 대체성, 대체 가능성입니다. 이해되셨죠?

마지막으로 다섯째는 희소성입니다. 어쩌면 이것이 화폐의 조건 중 가장 중요한 조건이 아닐까 싶습니다. 화폐의 희소성이란 뭘까요? 화폐가 없다? 없어야 한다? 아닙니다. 공급을 아무나 할 수 없어야 한다고 이해하시는 것이 가장 쉬울 것 같습니다. 예를 들어 쌀을 화폐로 사용하는 나라가 있다고 가정해 봅시다. 쌀이 많으면 부자가 될 수 있는 것이나 다름없죠. 그러면 어떻게 될까요? 너도나도 벼농사를 하려고 들 거예요. 쌀을 많이 생산하면 할수록 화폐를 더 많이 가질 수 있는 것이고, 부자가 될 수 있겠죠. 만약 이 쌀처럼 화폐를 우리 집 밭에서 마구 캐낼 수 있다고 생각해보면 어떻습니까. 말도 안 되는 얘기죠? 그렇습니다. 화폐의 생산과 공급이 희소성을 가져야 그 가치가 유지된다는 것입니다.

자, 그러면 지금까지 역사적으로 사용된 몇 가지 대표적인 물질을 조금 전 제시한 화폐의 5가지 조건에 대입해 보겠습니다.

첫 번째, 조개껍데기. 조개껍데기는 고대 사회에서 사용되었던 대표적인 상품 화폐입니다. 당시에는 조개껍데기가 가벼워 휴대하기 편하고, 썩지도 않으며, 나누기도 쉽기에 화폐로 이용했을 겁니다. 또 예쁘게 생기기도 했고, 튼튼하기도 하니까 다른 물품들보다 어느 정도 가치가 더 있었을 겁니다. 오늘날 돈과 관련된 한자어에 조개 패貝자가 들어간 것도 조개껍데기가 화폐로 사용되었던 것에서 유래한다고 해요. 그런데 지금은 조개가 화폐로 사용되지 않는 이유는 무엇일까요. 여러 가지 이유가 있겠지만 위에 제시했던 다섯 가지 화폐의 조건 중에서 대체 가능성과 희소성을 충족하지 못하기 때문입니다. 일단 똑같은 크기와 무늬, 질량을 가진 조개껍데기는 존재하기 힘들어서 등가 교환이 성립되지 않습니다. 똑같은 것을 찾기 힘들어서 서로 교환하기도 어렵다는 거죠. 또 누구에게는 예쁘고 작은 껍질들이 더 가치가 있을 테지만, 누구에게는 크기가 큰 껍질이 더 가치가 있을 수도 있고 말이죠. 결국, 대체 가능성이 떨어집니다. 그리고 희소성. 조개껍데기는 예전에는 어땠을지 모르지만, 지금은 마음만 먹으면 바다로 나가 얼마든지 얻을 수 있으니 희소하지 않죠.

두 번째, 소금입니다. 고대 중국의 격언에는 "1량의 백은은 1량의 소금과 같다"라는 말이 있었다고 합니다. 실제로 소금은 과거 로마 시대에도 병사들의 봉급으로 지급된 적도 있죠. 소금은 역사상 가장 오래된 필수 식품 중 하나로 인류에게 굉장히 중요한 물자였습니다. 과거 우리나라 역사에도 소금 한 가마니가 쌀 한 가마니와 교환이 되기도 했다고 합니다. 인류가 발전하면서 쉽게 다량으로 얻을 수 있게 되자 그 가치가 상대적으로 떨어졌을 뿐입니다. 그러면 소금은 화폐로 어떻습니까. 분할성은 충분히 가지고 있습니다. 10kg을 1kg씩 분할해도 성질이 변하진 않죠. 하지만 물에 닿으면 금방 녹아서 내구성이 떨어지고, 현대에 이르러서는 희소하지도 않습니다. 결국, 소금도 이상적인 화폐의 조건에 맞지 않습니다.

세 번째, 주화는 어떤가요. 인류의 금속 주조술이 발전하면서 교환의 효율성을 촉진하기 위해 일정량의 금속을 함유하고 공적 각인을 새겨 만든 것이 주화입니다. 오늘날 주화를 뜻하는 'coin(코인)'은 '주조하다'라는 뜻도 가지고 있습니다. 리디아의 사자 주화를 떠올리시면 됩니다. 주화는 그 자체가 금속이기에 어느 정도 가치가 있으며, 내구성도 좋고, 운반성과 분할성에서도 크게 뒤처지지 않습니다. 하지만 앞서 설명해 드린 대로 주화는 희소성이 없습니다. 정부가 무분별하게 발행해버리면 문제가 생기는 것입니다.

네 번째, 금. 금은 아주 오래전부터 지금까지 그 가치가 계속 유지되고 있습니다. 금은 오늘날 많은 사람에게 안전자산으로 각인되어 있으며, 최근 10년 동안 금값은 많은 경제적 위기를 거치며 꾸준히 상승했습니다.

금이 이렇게 가치가 높은 이유는 수천 년 동안 이어진 금에 대한 인류의 믿음과 신념이 있기에 가능합니다. 국가가 전쟁에서 패배해서 다른 나라로 피해야 할 때, 다른 나라에서 먹고 살 수 있는 가치 있는 물건이 무엇인가 생각해보면 금방 알 수 있습니다. 전쟁에서 패배한 나라의 화폐는 다른 나라에서는 한낱 종이에 불과하기 때문이죠. 이렇게 전쟁이나 국가 파산과 같이 위기의 상황에서 금은 언제나 우리의 자산을 지켜주는 존재이기도 했습니다. 사람들의 집착과 신념으로 금은 실질적인 내재 가치를 초월해서 이 세상 어떤 자산들보다도 가장 안전하고 가치

가 있는 자산이 되었습니다. 화폐의 5가지 조건을 대입해보면, 사실 금은 웬만한 모든 조건을 충족하긴 합니다. 하지만 문제는 운반성이 무척 떨어진다는 것입니다. 금괴 하나의 무게는 약 12.4kg. 들고 다니면서 거래를 하기가 무척 힘들죠. 게다가 거래할 때마다 금의 순도를 일일이 측정하고 확인해야 하는 번거로움도 만만치 않습니다.

다섯 번째는 종이 화폐입니다. 종이 화폐는 오늘날 우리가 신용 화폐를 사용하기 이전에 가장 널리 쓰이던 화폐이며, 지금도 사용하는데 아무런 문제가 없는 화폐입니다. 종이 자체는 사실 큰 가치가 없습니다. 다만 이 종이를 주화처럼 국가가 발행하고, 법으로 인정하여, 교환과 저장을 할 수 있도록 가치를 만든 것이죠. 게다가 주화보다 훨씬 더 가볍고, 사회적 합의가 잘 이뤄지면 다른 단위의 가치를 나타내는 새로운 화폐로도 발행할 수 있어서 분할성에도 큰 문제가 없습니다. 그러나 종이 화폐의 가장 큰 문제점 역시 희소성입니다. 통화량이 늘어날수록, 즉 화폐를 더 찍어내면 낼수록 그 가치가 하락하여 인플레이션이 발생합니다. 급격한 인플레이션은 화폐의 가치를 떨어뜨리고 결국, 경제 위기로까지 이어집니다.

	내구성	운반성	분할성	대체성	희소성
조개	×	○	×	×	×
소금	×	○	○	○	×
주화	○	○	○	○	×
금	○	×	○	○	○
종이	○	○	○	○	×

이렇게 표로 정리해보면 아주 선명하게 잘 보입니다. 화폐의 5가지 조건을 모두 충족하는 물질은 무엇인가요? 아직 없습니다. 그나마 주화와 종이 화폐가 내구성과 운반성, 분할성, 대체 가능성을 충족하는 물질이긴 합니다만 희소성이 발목을 잡죠. 이 화폐의 조건 5가지를 잘 기억해두시기 바랍니다. 곧 이 5가지를 모두 충족하는 물질, 최고의 화폐가 무엇인지에 대해 얘기할 것입니다.

가장 이상적인 화폐, 비트코인

저는 비트코인이 이상적인 화폐라고 생각합니다. 비트코인은 화폐의 5가지 핵심 조건을 놀랍도록 완벽하게 충족시키는 디지털 혁명의 산물이기 때문입니다.

먼저 내구성을 따져보겠습니다. 비트코인은 주화나 종이 화폐 등 물리적 화폐와는 비교할 수 없을 정도로 완벽합니다. 어떤 사람이 10년 전에 우연한 기회에 그냥 별 생각 없이 거래소에서 비트코인을 사놓았다고 가정해봅시다. 그리고 깜빡 잊었어요. 그런데 10년이 지나서 생각이 난 겁니다. 부랴부랴 거래소에 들어가 봤습니다. 어떻게 돼 있을까요? 가장 먼저 눈에 보이는 것은 아마도 엄청난 수익률일 겁니다. 하하! 2015년 비트코인 가격이 최고 430달러였으니 몇 배의 수익을 냈는지 쉽게 계산이 되지 않네요. 그런데 10년이 지났다고 비트코인의 형태가 찢기거나, 녹거나, 녹슬거나 하지 않습니다. 영원히 변하지 않는 디지털 금고 속에 보관된 금과도 같아서 100년이 지나도 처음 생성된 그대로의 완벽한 상태를 유지할 수 있습니다.

두 번째 비트코인의 운반성에 대해 말해볼까요. 이 조건도 비트코인은 완전히 충족합니다. 결국, 운반성이라는 것은 휴대하기 쉬워야 한다는 거죠. 이 측면에서 비트코인은 기존 화폐를 완전히 혁신한 것과 다름없습니다. 은행을 방문하거나 무거운 지갑을 들고 다니지 않아도 되죠. 스마트폰 하나로 전 세계 어디서나 수억 원의 자산을 순식간에 어느 곳에라도 이동시킬 수 있습니다. 자녀를 유학 보낸 패밀리분들이 그런 말씀을 하시곤 했습니다. 예전에는 아이한테 달러 좀 송금하려면 은행에 가서 환전해서 보내야 했는데 급할 때는 너무 힘들었다는 겁니다. 그런데 요즘은 아이한테 곧바로 앉은 자리에서 손가락 몇 번으로 보내면 금방 보낼 수 있으니 너무 편하다고요. 비트코인의 운반성, 정말 뛰어나지 않나요.

이번엔 분할성입니다. 분할 가능성에서 비트코인은 정말 놀라운 유연성을 보입니다. 1비트코인은 1억분의 1인 '사토시' 단위까지 나눌 수 있어서, 커피 한 잔 값인 0.00001비트코인부터 수백만 달러 규모의 거래까지 모두 가능합니다. 마치 천 원짜리 지폐를 천 조각으로 찢어서 1원짜리 거래까지 할 수 있는 것과 같은 원리입니다.

네 번째, 동질성입니다. 동질성 측면에서도 비트코인은 완벽합니다. 비트코인의 모든 단위는 블록체인을 통해 완벽하게 동일하기 때문입니다. 마치 모든 1만 원짜리 지폐가 정확히 같은 가치를 가지듯이, 비트코인의 모든 단위는 100% 균일하고 대체될 수 있습니다.

마지막으로 희소성. 주화나 종이 화폐의 경우 웬만한 조건은 다 갖추었지만, 희소성은 갖추지 못했습니다. 왜냐하면 정부나 중앙은행이 필요할 때마다 화폐를 발행하고 있으며, 이는 인플레이션을 일으키고, 결국, 경제 위기에까지 직면하게 만듭니다. 하지만 비트코인은 어떤가요. 누구도 발행할 수 없습니다. 총공급량이 2,100만 개로 엄격하게 제한돼 있습니다. 만약 비트코인을 우리나라 국민 약 5,100만 명이 균등하게 나누어 가진다면, 1인당 소유할 수 있는 비트코인은 약 0.411765개에 불과할 정도로 희소합니다. 금보다 더 엄격한 희소성을 갖추고 있으며, 인위적인 증식이 불가능하며 그 가치를 안정적으로 유지하고, 오직 시장의 원리에 의해 움직입니다.

주화 vs 종이 화폐 vs 비트코인

	내구성	운반성	분할성	대체성	희소성
주화	○	○	○	○	×
종이 화폐	○	○	○	○	×
비트코인	○	○	○	○	○

자, 지금까지 화폐의 조건에 가장 잘 들어맞는 화폐는 무엇인지에 대해 알아봤습니다. 저는 이상적인 최고의 화폐는 비트코인이라고 생각합니다. 몇백 년이 지나도 비트코인을 뛰어넘는 화폐는 나올 수 없을 거라고 확신합니다. 그런데 저만 이렇게 생각하고 다른 사람들은 그렇게 생각하지 않는다면 비트코인은 전 세계적으로 인정받는 화폐가 될 수 없을 것입니다. 그러면 이제부터 비트코인이 전 세계 누구나 쓸 수 있는 화폐가 될 수 있는지 확인해볼 차례입니다.

2

기축통화의 역사를 알면 미래의 돈이 보인다

화폐가 생겨나고 많이 사용하게 되면 될수록 화폐에 대한 집착은 점차 커져 왔습니다. 국가의 통치자들은 권력을 확고히 하기 위해 화폐를 통제하고 싶어 하고, 세계 각국은 자국의 화폐 영향력을 키우고 싶어 하게 됐죠. 화폐의 가치가 결국, 세계 패권을 쥘 수 있는 열쇠라고 생각했기 때문입니다. 세계의 역사는 결국, 기축통화의 역사와 결을 함께한다고 생각합니다.

앞서 우리는 리디아 주화가 가장 큰 의미를 갖는 이유가, 화폐에 왕의 권위라는 공권력이 입혀지면서 화폐의 주도권이 자연스럽게 군주에게로 넘어갔기 때문이라고 말씀드렸습니다. 그런데 생각해보세요. 이미 권력을 본 통치자들이 그저 한 나라를 통치하는 것에 만족했던가요? 엄청난 부를 축적한 부자들이 현재의 부에 만족했던가요? 화폐를 통제할 수 있으면 권력과 부를 동시에 거머쥘 수 있다는 것을 안 사람들은 그 영역을 더 확장시키고 싶어 합니다. 자신이 쥐고 흔들 수 있는 자국의 화폐가 더 먼 나라까지, 더 넓은 땅까지 영향력을 미치길 바랍니다. 경제학자들은 어떨지 몰라도 전 기축통화가 그런 의미에서 탄생했다고 생각합니다. 역사에 길이 남는 강대국들은 모두 자국의 화폐가 기축통화가 되길 바랐습니다. 그리고 권력과 부에 대한 욕심은 결국, 강대국들을 역사 속으로 사라지게 만들기도 했습니다. 역사 속 강대국들의 흥망성쇠 속에는 언제나 화폐의 탄생과 죽음이 있었습니다. 강대국은 경제력, 군사력, 정치적 안정성을 기반으로 기축통화를 유지하며 세계 경제의 중심에 섰지만, 이 기반이 약해지면 기축통화의 지위도 함께 사라졌습니다.

투자 공부, 돈 공부를 해야 하는 우리는 화폐와 기축통화의 역사를 공부해야만 합니다. 이 공부가 결국, 투자에 성공하기 위한 경제의 본질, 국제 금융 체계의 흐름, 그리고 변화의 신호를 이해할 수 있는 데에 중요한 기반을 제공합니다. 역사는 반복됩니다. 역사를 되짚어보면 투자 자산의 진화 과정에 대한 통찰력이 생기고, 앞으로 어떤 자산에 투자해야 할지 알 수 있을 것입니다. 자, 그러면 다시 역사 속으로 들어가 봅시다.

기축통화는 뭘까?

기축통화는 마치 세계 경제의 리더와 같은 특별한 돈입니다. 쉽게 말해, 기축통화는 전 세계에서 가장 많이 사용되고 신뢰받는 화폐를 말합니다. 현재 우리가 사는 세계에서는 미국의 달러를 기축통화라고 할 수 있겠죠. 해외여행을 갈 때 그 나라의 돈으로 환전하기도 하지만 어느 나라를 가더라도 달러를 가져가면 일단 안심할 수 있습니다. 태국이나 베트남으로 여행을 갈 때 원화를 달러로 환전해서 가져가기만 하면 현지에서 얼마든지 바트나 동으로 바꿀 수 있죠. 기축통화는 마치 모든 나라가 이해할 수 있는 공용 언어 같은 역할을 합니다.

기축통화는 3가지 중요한 특징을 가집니다. 첫째, 많은 국가에서 신뢰합니다. 마치 학교에서 가장 믿을 수 있는 친구처럼, 전 세계 국가들이 이 화폐를 믿고 사용합니다. 미국 달러는 어느 나라에서나 환전이 쉽고, 가치를 인정받고 있죠.

둘째, 국제 거래에서 자주 사용됩니다. 브라질의 커피를 사우디아라비아에서 사거나, 중국의 전자제품을 캐나다에서 구매할 때도 대부분 미국 달러로 거래합니다.

셋째, 가치가 비교적 안정적입니다. 다른 나라 돈은 급격히 오르내리는 경우가 많지만, 기축통화는 상대적으로 안정적인 가치를 유지합니다. 그래서 안전자산으로 여겨집니다. 전쟁이 터졌을 때나 경제 위기가 찾아왔을 때 세계 각국은 물론 많은 사람이 보유하려고 하는 돈이 기축통화라고 할 수 있습니다. 1997년 우리나라에 무슨 일이 있었는지 다들 기억하시죠. 우리에게는 힘든 기억입니다. IMF 사태였죠. 1997년 아시아 외환위기 당시 한국은 갑작스러운 자본 유출과 외환 보유고 감소로 큰 경제적 위기를 겪고 있었죠. 이 상황에서 미국 달러는 안정적인 안전자산이었고, 정부와 중앙은행은 외환 시장을 안정시키기 위해 달러를 대규모로 확보해서 국제 사회의 신뢰를 회복하려고 노력했어요. 달러의 안정성은 원화 가치가 급락하는 것을 막는 데 도움을 주었고, 국제 거래와 외채 상환에서도 중요한 역할을 했습니다. 달러 보유는 외국인 투자자들에게 신뢰를 주어 추가적인 자본 유출을 방지하고, 위기 속에서도 금융 시스템을 유지하는 데 도움을 주죠. 달러 안정성은 국내 경제의 불안정을 완화하는 데도 큰 도움이 됐습니다. 기업과 개인도 달러를 통해 환율 변동의 위험을 관리할 수 있었고, 전체 경제 안정에 긍정적인 영향을 미쳤죠. 왜 세계 각국에서 외환 보유고를 달러로 채우려고 애쓰는지 다들 아시겠죠? 우리도 개인 투자 포트폴리오에서 주식, 코인 등 외에도 안전자산으로 금이나 달러로 헷징을 하려는 이유도 바로 이런 이유 때문입니다.

재미있는 점은 기축통화를 가진 나라가 엄청난 경제적 힘을 가진다는 것입니다. 미국 달러를 많이 보유하고 있는 나라들은 국제 거래에서 유리한 위치를 차지할 수 있습니다. 앞으로 세계 경제가 어떻게 변화할지, 기축통화의 왕좌를 차지하고 있는 달러가 여전히 그 자리를 차지할 수 있을지, 혹은 달러 이후 새로운 기축통화가 등장할지는 아무도 정확히 모릅니다. 하지만 기축통화 역사의 흐름을 살펴보면 미래의 기축통화가 무엇이 될지 아주 조금은 엿볼 수 있지 않을까 싶습니다.

고대의 기축통화,
아테네의 드라크마와 로마의 데나리우스

여러분의 기억 속에 있는 강대국 중에서 시간상 가장 멀리 있는 강대국은 어느 나라인가요? 전 가장 먼저 고대 그리스 아테네가 떠오릅니다.

고대 그리스는 문화적, 군사적, 경제적, 정치적으로 놀라운 발전을 이루어냈죠. 문화적으로는 소크라테스, 플라톤, 아리스토텔레스와 같은 철학자들이 서양 철학의 기초를 닦았고, 파르테논 신전과 같은 멋진 건축물을 남겼죠. 페르시아 전쟁에서 승리하면서 군사력을 입증하기도 했으며, 알렉산더 대왕 시기에는 그리스-마케도니아 연합군이 페르시아 제국을 정복하며 지중해에서 인도에 이르는 거대한 제국을 건설했습니다. 그리스 아테네 하면 민주주의가 떠오르죠? 고대 그리스는 정치적으로도 혁신적인 발전을 이뤄냈어요.

경제적으로 아테네는 지중해의 해상 무역을 장악했습니다. 아테네를 중심으로 한 델로스 동맹은 강력한 해군력을 바탕으로 무역로를 보호했고, 도시국가들은 도자기, 올리브유, 포도주 등을 수출해서 큰 번영을 누렸습니다. 아테네 경제는 화폐의 발달에서부터 시작됐습니다. 바로 세계 최초의 기축통화가 기원전 6세기 그리스 아테네에서 탄생했기 때문이죠.

기원전 6세기, 아테네는 중요한 변화의 시기를 맞이했습니다. 그때까지 사람들은 물물교환이나 청동 막대를 화폐처럼 사용했는데, 많이 불편했겠죠? 당시 그리스 집정관이었던 솔론은 경제와 통상에 밝았습니다. 솔론은 아테네 경제를 부흥시키기 위해서 페르시아와의 무역을 늘려야 한다고 생각했죠. 그러기 위해서는 가장 먼저 두 나라 간에 화폐 통일이 필요하다고 생각했습니다. 그래서 드라크마Drachma 은화를 도입했죠. 솔론은 두 나라의 은화 무게를 같게 만들면 자유롭게 교환할 수 있겠다고 판단했고, 1드라크마를 4.3g의 순은으로 만들었습니다. 이 은화에는 아테네의 수호신인 아테나 여신과 그녀의 신성한 새인 올빼미가 새겨졌죠.

드라크마 은화

드라크마 은화의 위력은 대단했습니다. 당시 최대 무역국이었던 페르시아와의 교역이 증가했고, 흑해 지역에서 이집트까지 광범위하게 사용되며, 지중해 인접한 나라 간의 교역에서 가장 널리 쓰이는 화폐가 되었습니다. 기축통화로 우뚝 서게 된 것입니다.

드라크마 은화가 기축통화가 될 수 있었던 데에는 이유가 있었어요.

첫째, '신뢰성'을 바탕으로 영향력을 행사할 수 있었죠. 순은 함량이 98% 이상으로 유지되었고, 무게와 크기가 일정했기 때문에 지중해 전역의 상인들이 별도의 검증 없이도 거래에 사용할 수 있었습니다.

둘째, 아테네의 '델로스 동맹'을 통한 정치적 영향력이 드라크마의 위상을 높이기도 했습니다. 동맹국들은 매년 공동 군사 기금으로 드라크마를 납부해야 했고, 이를 통해 드라크마는 국제 정치에서도 중요한 역할을 하게 된 거죠. 기원전 5세기 중반에는 약 200개의 도시가 드라크마로 세금을 납부했을 정도라고 합니다.

아테네 드라크마 은화의 영향력을 나타낸 지도. 아테네를 중심으로 드라크마의 영향력이 퍼진 해상 무역 경로와 아시아 소아시아, 동부 지중해, 북아프리카 일부 지역이 표시돼 있다(출처: Chat GPT)

셋째, 라우리온 은광의 풍부한 은 매장량을 바탕으로 '안정적인 공급'이 뒷받침되기도 했어요. 아테네는 연간 약 20톤의 은을 채굴할 수 있었고, 이를 통해 지속해서 고품질의 드라크마를 주조할 수 있었습니다. 안정적인 공급은 드라크마의 가치를 더욱 견고하게 만들었죠.

그러나 영원할 것 같았던 드라크마의 위력에도 끝은 있었습니다. 드라크마의 쇠퇴 첫 징후는 아테네와 스파르타의 패권전쟁, 펠로폰네소스 전쟁(기원전 431-404년) 때 나타났죠. 긴 전쟁으로 인해 아테네의 재정이 바닥나기 시작했고, 용병들의 급여 지급을 위해 구리를 섞은 저품질 드라크마를 발행하기 시작했고, 라우리온 은광의 노예 노동자들이 대거 탈출하면서 은 생산량이 급감했습니다. 세입보다 세출이 많이 늘어나는 '재정적자'가 발생했고, 이는 결국, 드라크마의 가치 하락으로 이어진 거죠. 아테네의 패배로 끝난 이 전쟁은 드라크마의 신뢰도에 치명적인 타격을 주었습니다. 저품질 화폐 발행으로 인한 신뢰 상실은 쉽게 회복되지 않았습니다.

기원전 4세기에 들어서면서 마케도니아의 필리포스 2세가 새로운 변수로 등장합니다. 그는 파가사이 만 근처의 풍부한 금광을 확보하고 '필리페이오스'라는 새로운 금화를 발행했습니다. 순도 높은 이 금화는 드라크마의 강력한 경쟁자가 되었고, 특히 동방 무역에서 큰 인기를 얻었습니다.

알렉산드로스 대왕의 동방 원정은 더 큰 변화를 가져왔습니다. 페르시아를 정복하면서 엄청난 양의 금과 은이 지중해로 흘러들어왔고, 이는 드라크마의 가치를 더욱 떨어뜨렸습니다. 또한, 알렉산드로스가 발행한 새로운 화폐들이 동방에서 널리 사용되면서, 드라크마의 영향력은 점차 지중해 연안으로 제한되기 시작했습니다.

결정적인 타격은 로마가 급부상하면서부터였습니다. 기원전 3세기부터 로마는 데나리우스라는 은화를 발행하기 시작했는데, 이 화폐는 로마의 군사적, 경제적 팽창과 함께 급속도로 세력을 확장했죠. 특히 로마가 그리스 본토를 정복한 기원전 146년 이후, 드라크마는 실질적으로 데나리우스의 하위 화폐로 전락하게 됩니다.

결국, 로마가 그리스를 정복하면서 로마의 아우구스투스 황제는 제국 전체의 화폐 체계를 통일하는 정책을 펼쳤고, 이에 따라 드라크마는 결국, 역사의 무대에서 완전히 사라지게 되었습니다. 한때 지중해 연안을 주름잡던 드라크마의 긴 여정이 이렇게 막을 내린 거죠.

이러한 드라크마의 몰락 과정은 단순한 화폐의 쇠퇴가 아닌, 그리스 문명의 주도권이 로마로 넘어가는 거대한 문명사적 전환의 한 단면을 보여줍니다. 또한, 화폐 즉, 기축통화가 가지는 힘은 결국, 신뢰를 바탕으로 형성된다는 것을 알 수 있습니다. 펠로폰네소스 전쟁 중의 재정적자 정책과 화폐 품질 저하, 그로 인해 전시 인플레이션 상황으로 이어지는 일련의 상황들은 강력한 힘을 자랑했던 기축통화도 신뢰를 잃으면 빠르게 몰락할 수 있다는 교훈을 주고 있습니다.

그리스를 정복한 로마 제국은 고대 서양에서 가장 강력한 제국으로 꼽힙니다. 기원전 27년부터 서로마 제국의 멸망인 서기 476년까지 약 500년간 유럽, 북아프리카, 중동 일부를 지배한 거대 제국이었죠. 로마 제국은 처음에 작은 도시 국가에서 시작했지만, 놀라운 군사력과 정치적 통찰력으로 빠르게 영토를 확장했습니다.

로마 제국이 당시 세계에서 가장 강력한 문명으로 우뚝 선 이유는 그들의 놀라운 능력과 혁신적인 접근 방식에 있었습니다. 먼저 군사적 측면에서 로마는 그 시대 최강의 군대를 자랑했습니다. 그들의 군대, 특히 '레기온Legion'이라 불리는 군단은 마치 정밀한 기계처럼 움직였죠. 엄격한 훈련과 철저한 규율, 최첨단 전술로 무장한 로마 군대는 어떤 적도 쉽게 무너뜨릴 수 있었습니다. 마치 지금의 최첨단 특수부대와도 같은 수준의 조직력과 전투력을 자랑했습니다.

제도적 측면에서도 로마는 놀라운 혁신을 보여줬습니다. 광활한 제국을 효율적으로 통치할 수 있는 체계적인 법률 시스템과 행정 조직을 만들었어요. 복잡한 영토를 관리하기 위해 정교한 관료 시스템을 개발했고, 이는 당시로서는 혁명적인 통치 방식이었습니다. 중앙에서 변방의 작은 지역까지 효과적으로 통치할 수 있는 놀라운 능력을 갖췄죠.

문명적 영향력 면에서도 로마는 진정한 문명의 전파자였습니다. 그들은 단순한 정복자가 아니라 진정한 문화 혁신가였다고 생각합니다. 당시로서는 상상할 수 없었던 놀라운 토목 기술로 수백 킬로미터에 걸친 도로와 수도교를 건설했습니다. 이 도로들은 마치 혈관처럼 제국 전체를 연결했고, 군대와 상인들의 이동을 획기적으로 쉽게 만들었죠.

로마의 언어였던 라틴어는 마치 당시의 영어와도 같은 언어였습니다. 로마는 정복한 지역에 자신들의 언어를 보급하며 문화적 동질성을 만들어냈고, 이는 제국의 통합에 결정적인 역할을 했습니다. 법률, 건축, 문화 등 로마의 영향력은 유럽 전역은 물론 북아프리카와 중동 지역까지 뻗어나갔습니다. 결국, 로마는 군사적 힘, 제도적 혁신, 문화적 영향력을 통해 당시 세계 최강의 제국으로 우뚝 섰고, 그 유산은 오늘날까지 우리 문명에 깊이 새겨져 있죠.

로마 제국의 법정 화폐는 데나리우스였습니다. 로마 제국의 팽창과 함께 데나리우스는 지중해 전역을 아우르는 강력한 경제적 매개체로 자리 잡았습니다. 데나리우스의 영향력은 놀라울 정도로 광범위했는데, 이집트의 알렉산드리아부터 브리튼 섬, 갈리아, 히스파니아, 북아프리카에 이르기까지 모든 거래에서 이 화폐가 사용되었습니다. 상인들은 데나리우스로 상품을 사고팔았고, 군인들은 데나리우스로 급여를 받았으며, 세금 또한, 데나리우스로 징수되었습니다. 로마 제국의 강력한 영향력과 함께 데나리우스는 고대 세계에서 실질적인 기축통화의 역할을 수행했다고 말할 수 있죠.

● 로마 제국의 데나리우스 은화의 영향력을 나타낸 지도. 로마를 중심으로 한 무역로를 따라 유럽, 북아프리카, 중동, 아시아 일부까지 데나리우스가 기축통화로 사용되었다(출처: Chat GPT)

흥미로운 점은 데나리우스가 단순한 경제적 도구 이상의 역할을 했다는 것입니다. 데나리우스의 앞면에 새겨진 황제의 초상과 업적은 마치 오늘날의 미디어와 같이 제국의 이념과 문화를 전파하는 역할을 했죠. 문자를 모르는 대중들조차 이 동전을 통해 로마 제국의 이야기를 접할 수 있었습니다.

로마 제국이 번성할 때, 데나리우스는 제국의 경제적 힘과 정치적 안정성을 상징했습니다. 이 화폐는 다양한 문화와 지역을 단일 경제 시스템으로 통합하는 강력한 도구였고, 로마의 광대한 영토를 하나로 묶는 경제적 접착제 역할을 했습니다. 그러나 제국의 몰락과 함께 데나리우스의 운명도 함께 기울었습니다. 강력한 기축통화였던 데나리우스는 어떻게 몰락하게 됐을까요?

데나리우스의 탄생은 로마의 위기와 맞닿아 있습니다. 기원전

약 400년간 로마의 은화로 사용된 데나리우스(출처: 나무위키)

211년, 제2차 포에니 전쟁에서 한니발과 싸우던 로마는 새로운 화폐 체계가 필요했습니다. 당시 로마는 청동 화폐인 '아스'를 사용했지만, 전쟁 비용을 감당하기에는 역부족이었죠. 그래서 등장한 것이 순도 높은 은화 데나리우스였습니다. '10'을 뜻하는 'deni'에서 이름을 따왔는데, 이는 1 데나리우스가 10 아스의 가치를 지녔기 때문입니다.

데나리우스의 진가는 로마가 지중해를 통일하면서 빛을 발했습니다. 순은 함량 95% 이상을 유지하며, 제국 전역에서 통용되는 기축통화가 되었습니다. 아우구스투스 황제 시대(기원전 27년 - 기원후 14년)에 이르러서는 그 영향력이 절정에 달했습니다. 실크로드를 따라 인도까지 퍼져나갔고, 심지어 중국의 한나라에서도 발견될 정도였죠!

그러나 네로 황제(54~68년) 때 첫 번째 큰 위기가 찾아옵니다. 사치스러운 궁정 생활과 로마 대화재 이후의 재건 비용을 충당하기 위해, 네로는 데나리우스의 순은 함량을 90%로 낮추었습니다. 이는 로마 화폐 역사상 첫 번째 공식적인 화폐 가치 절하였습니다.

그 후 데나리우스는 점진적으로 쇠퇴하기 시작했습니다. 마르쿠스 아우렐리우스(161~180년) 시대에 이르러 제국은 여러 전선에서 전쟁을 치러야 했고, 역병까지 돌면서 재정이 악화하였습니다. 데나리우스의 은 함량은 75%까지 떨어졌죠. 셉티미우스 세베루스(193~211년) 때는 더욱 악화하여 50%까지 하락했습니다.

데나리우스가 최후를 맞게 된 결정적 계기는 카라칼라 황제(211~217년) 시대에 새로운 은화 '안토니니아누스'가 도입되면서였습니다. 3세기의 군인황제 시대를 거치면서 제국의 혼란은 극에 달했고, 은 함량은 5%까지 추락했습니다.

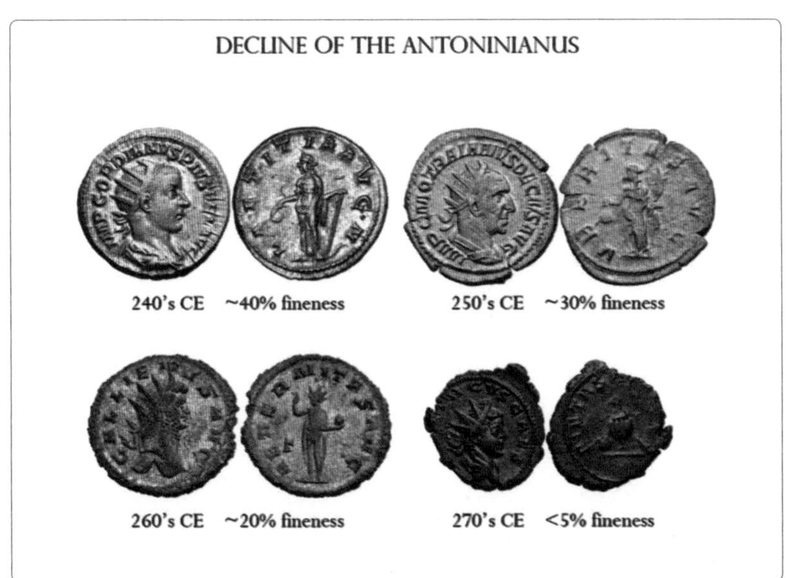

로마 시대에 사용된 은화, 안토니니아누스의 시대별 변화(출처: 위키백과)

사진은 안토니니아누스가 시대별로 어떻게 형태가 변화했는지를 보여줍니다. 처음에 발행된 은화는 크기도 크고, 어느 정도 두께도 있으며, 은의 함량도 꽤 높아 보이죠? 그런데 시간이 지날수록 어떻게 되나요. 크기도 작아지고, 두께도 좀 얇아지는 것 같습니다. 그런데 무엇보다 그냥 한눈에 보기에도 은의 함량이 점점 줄어드는 것처럼 보입니다. 은의 순도가 점차 떨어지는 거죠.

군인들은 화폐를 받기를 거부했고, 시민들이 제국이 발행한 은화를 불신하기 시작하면서 통화시장이 붕괴했습니다. 통화시장의 붕괴는 시장 기능을 마비시켜 오히려 화폐 경제를 퇴행시켰죠. 물물교환이 시작된 거죠. 도시에서 식량을 구할 수 없게 된 도시민들은 시골로 내려가 영주의 땅을 빌려 농사짓는 농노가 되었고, 476년 서로마 제국이 멸망하면서 찬란했던 그리스·로마의 도시 문명이 암흑에 묻히는 '암흑의 중세'가 시작된 것입니다.

여러분, 아테네의 드라크마와 로마의 데나리우스의 탄생과 몰락을 보면서 무엇을 느꼈나요? 저는 어쩔 수 없는 인간의 우매함을 느꼈습니다. 아테네를 정복하면서 드라크마의 몰락을 목도한 로마가 같은 실수를 반복했다는 사실이 참 씁쓸합니다. 감정적으로는 그렇지만, 고대 두 나라의 흥망성쇠를 함께 한 기축통화를 보면서 우리가 짚어봐야 할 것이 있습니다.

가장 중요한 것은 화폐의 신뢰성입니다. 두 화폐 모두 높은 순도(드라크마 98%, 데나리우스 95%)를 유지할 때 국제적 신뢰를 얻었습니다. 하지만 전쟁 등으로 순도가 낮아지자 신뢰가 급격히 무너졌고, 한번 잃은 신뢰는 회복되지 못했습니다. 이는 지금도 마찬가지라고 생각합니다. 현대에도 기축통화의 지위는 그 화폐에 대한 국제적 신뢰에 기반하죠.

또 재정 건전성과 화폐 가치의 상관관계가 높다는 것입니다. 두 제국 모두 전쟁 비용 충당을 위해 화폐 가치를 저하시켰어요. 세입보다 많은 세출, 즉 재정적자는 결국, 화폐 가치 하락으로 이어졌습니다. 이것 또한, 현대 국가들의 과도한 재정지출과 통화량 증가가 가져올 수 있는 위험을 경고하죠.

경제 정책의 도덕적 해이도 문제가 됩니다. 두 제국 모두 단기적인 이익을 위해 화폐 가치를 저하했습니다. 이러한 도덕적 해이는 장기적으로 경제 전체의 붕괴를 초래했죠. 정책 결정자들의 도덕성과 장기적 안목의 중요성을 보여줍니다.

그리고 실물 경제가 기반되어야 화폐 가치도 지속될 수 있다는 것입니다. 드라크마는 라우리온 은광, 데나리우스는 제국의 은광을 기반으로 했고, 이 기반이 무너지자 화폐의 가치도 무너졌죠. 실물 자산의 뒷받침 없는 화폐 가치는 지속될 수 없었습니다.

마지막으로 고대의 두 기축통화가 우리에게 시사하는 점은 영원한 것은 없다는 겁니다. 드라크마가 쇠퇴하자 데나리우스가 새로운 기축통화로 부상했습니다. 어떤 기축통화도 영원할 수 없으며, 기축통화의 영향력은 발행국의 국력과 밀접한 관련이 있습니다. 현재 달러 중심의 기축통화 체제도 언젠가는 변화할 수 있다는 점을 시사하는 거죠.

이러한 교훈들은 현대 통화정책과 국제 금융 질서에도 여전히 유효합니다. 특히 과도한 통화량 증가, 재정적자 누적, 도덕적 해이 등의 문제는 고대와 현대가 크게 다르지 않아 보입니다. 역사는 건전한 화폐가 건강한 경제의 기초라는 점을 거듭 증명하고 있습니다.

중세의 기축통화, 비잔틴 제국의 솔리두스와 이슬람 세계의 디나르

자, 이제 고대에서 중세로 넘어가 보겠습니다. 로마 제국의 데나리우스의 바통을 이어받은 기축통화는 비잔틴 제국의 솔리두스Solidus였어요. 우선 솔리두스에 대해 알아보기 전에 로마 제국으로부터 비잔틴 제국으로 이어지는 과정을 알아둘 필요가 있습니다.

로마 제국과 비잔틴 제국의 관계는 사실상 하나의 연속된 정치체제로 볼 수 있습니다. 비잔틴 제국은 로마 제국이 변화하고 발전한 형태이기 때문이죠. 로마 제국은 3세기 위기를 겪으면서 통치의 효율성을 위해 제국을 동서로 나누어 통치하기 시작했어요. 이후 콘스탄티누스 대제는 330년 로마 제국의 새로운 수도를 동방의 비잔티움(후의 콘스탄티노플)으로 옮기면서, 제국의 무게중심이 점차 동쪽으로 이동하게 됩니다. 395년 테오도시우스 황제 사후 제국이 공식적으로 동서로 분열되었지만, 동로마 제국(후의 비잔틴 제국)은 스스로를 여전히 정통 로마 제국으로 여겼죠. 서로마 제국이 476년 게르만 족의 침입으로 멸망한 후에도, 동로마 제국은 로마의 법과 제도, 문화를 보존하고 발전시켰어요. 특히 유스티니아누스 1세는 서로마 제국의 영토 상당 부분을 재정복하며 로마 제국의 부활을 시도하기도 했습니다.

그러나 시간이 흐르면서 동로마 제국은 점차 독특한 성격을 띠게 됩니다. 그리스어가 공용어가 되었고, 기독교(특히 동방 정교회)가 국가의 정체성에서 핵심적인 위치를 차지하게 되었습니다. 이렇게 변화된 동로마 제국을 후대 역사가들이 '비잔틴 제국'이라고 부르게 된 것입니다. '비잔틴 제국'이라는 명칭 자체는 사실 근대 역사가들이 만든 것이며, 당시 제국의 백성들은 스스로를 '로마인'이라고 불렀어요. 결국, 로마 제국과 비잔틴 제국은 단절된 별개의 국가가 아니라, 하나의 제국이 시간에 따라 변화하고 적응한 결과로 보는 것이 맞습니다. 비잔틴 제국은 1453년 오스만 제국에 의해 멸망할 때까지 로마의 전통을 이어갔으며, 이는 로마 문명이 사실상 중세 말까지 지속되었음을 의미합니다.

비잔틴 제국의 솔리두스Solidus는 4세기 초, 로마 황제 콘스탄티누스 1세(재위 306~337년)에 의해 처음 도입된 금화입니다. 솔리두스는 비잔틴 제국의 초기 안정기와 함께 도입되었어요. 당시 콘스탄티누스 1세는 수도를 콘스탄티노폴리스(현 이스탄불)로 옮기고 기독교를 공인하면서 제국의 정치적, 종교적, 경제적 기반을 강화했죠. 솔리두스는 로마 제국의 기존 화폐 체계가 지나친 인플레이션으로 붕괴 직전에 놓였던 상황에서 만들어졌으며, 1솔리두스는 약 4.5g의 순금으로 제작됐습니다. 콘스탄티누스는 솔리두스 금화를 만들면서 금화에 포함된 금 함량을 엄격하게 지키도록 명령을 내렸습니다. 참고로 '솔리두스'는 영어 '솔리드solid'의 어원이 된 라틴어로 '꽉 채워져 단단하게 굳은 상태'를 뜻해요. 금 함량이 높은 금화라는 사실을 알리기 위해 붙인 이름인 셈이죠. 솔리두스 한 닢당 금 함량은 4.48g, 순도로 따지면 99.8%였죠. 2024년 말 국제 시세를 기준으로 따져 봤을 때, 순도 99.8%의 금 4.48g은 대략 280~290달러, 원화로 약 37만 원대입니다. 우와! 동전 한 닢이 37만 원가량의 순금으로 제작되었다니 놀랍죠?

콘스탄티누스 1세의 철저한 화폐 개혁이 빛을 발해 로마의 인플레이션은 서서히 회복 단계에 접어들었습니다. 솔리두스의 금 함량을 철저하게 지키라는 콘스탄티누스의 엄명은 7년 이상 지켜졌습니다. 그리고 솔리두스는 국제 무역에서 가장 신용도 높은 화폐인 기축통화로 널리 사용되었습니다.

솔리두스는 비잔틴 제국의 경제력을 바탕으로 동서양을 잇는 교역망에서 핵심적인 역할을 했어요. 지중해 무역을 비롯해 유럽, 북아프리

콘스탄티누스 대제 시기에 만들어진 초창기의 솔리두스 금화
(출처: 네이버 블로그 '통용 금화/은화 이야기)

카, 중동 등 여러 지역의 국제상인들 사이에서 널리 사용되었죠. 예를 들어, 동방의 비단과 향신료를 유럽으로, 유럽의 은과 공예품을 동방으로 교환하는 무역에서 솔리두스는 공통된 결제 수단으로 사용되었죠. 이슬람 세계와의 무역에서도 솔리두스는 중요한 위치를 차지했는데, 이는 당시 이슬람 상인들이 금 기반 화폐의 신뢰성을 높이 평가했기 때문입니다. 솔리두스는 유럽의 여러 왕국과 귀족들이 세금 징수나 군사 비용을 계산하는 기준으로 사용될 정도로 영향력이 컸습니다. 유럽의 여러 화폐 체계가 비잔틴 솔리두스를 모델로 삼았고, 심지어 '솔리드Solid'라는 단어는 이후 다양한 언어에서 '단단한', '신뢰할 수 있는'이라는 의미를 갖게 되었죠.

비잔틴 제국의 전성기였던 4~6세기에는 솔리두스의 영향력도 절정에 달했습니다. 유스티니아누스 1세 시대(527-565)에는 제국의 영토가

비잔틴 제국의 솔리두스의 영향력을 나타낸 지도. 동지중해, 발칸반도, 소아시아, 레반트, 북아프리카, 이탈리아 일부를 포함하고 있다.(출처: Chat GPT)

지중해 연안을 모두 아우를 정도로 확장되었고, 이에 따라 솔리두스는 실크로드에서 지중해까지 광범위하게 통용되었습니다. 당시 솔리두스는 순도 99%의 금화였으며, 무게와 크기가 일정하게 유지되어 국제 시장에서 높은 신뢰를 얻었습니다. 비잔틴의 정치적 안정성과 경제적 번영은 솔리두스의 통용을 뒷받침했으며, 제국의 금화는 11세기까지 국제 거래에서 기축통화의 역할을 수행했습니다.

그러나 7세기 이후 비잔틴 제국이 쇠퇴하기 시작하면서 솔리두스의 위상도 함께 흔들리기 시작했습니다. 11세기 이후 비잔틴 제국은 군사적, 정치적 위기를 겪으며 영토를 상실하기 시작했죠. 이슬람 제국의 부상으로 중동과 북아프리카를 잃으면서 제국의 금 공급망이 약화되었고, 이는 솔리두스의 순도 하락으로 이어졌습니다. 특히 11세기 이후에는 금 함량이 크게 낮아져 국제 무역에서의 신뢰도가 떨어졌습니다. 또한, 1071년 만지케르트 전투에서 셀주크 투르크에게 패배한 이후, 비잔틴 제국은 소아시아의 주요 곡창 지대와 경제 중심지를 잃게 되었습니다. 이러한 상황은 경제 기반을 약화시키고 솔리두스의 순도를 유지하기 어렵게 만들었습니다. 결국, 솔리두스는 11세기 중반부터 금 함량이 점차 감소하면서 신뢰를 잃게 되었습니다. 이는 비잔틴 제국의 경제적 쇠퇴와 정치적 불안정을 반영한 것으로, 기존의 국제 기축통화의 지위가 상실되는 결과를 낳았죠. 결정적으로 1204년 제4차 십자군에 의한 콘스탄티노플 함락은 비잔틴 제국의 경제력을 심각하게 약화했고, 이때를 기점으로 솔리두스는 기축통화의 지위를 완전히 상실하게 됩니다.

솔리두스는 비잔틴 제국의 부흥과 번영을 상징하는 화폐였으며, 중세 초기 국제 경제의 중심축 역할을 했습니다. 그러나 화폐의 순도와 가치는 제국의 정치적·경제적 안정성에 의존했으니, 비잔틴 제국이 쇠퇴함에 따라 솔리두스의 영향력도 자연스럽게 몰락했습니다. 역사는 반복됩니다. 고대 기축통화들의 탄생과 몰락이 중세에서도 반복되고 있죠. 화폐와, 제국의 흥망성쇠가 얼마나 긴밀하게 연결되어 있는지, 국제 통화의 운명이 정치적·경제적 기반에 얼마나 의존하는지 잘 드러납니다.

비잔틴 제국의 솔리두스와 쌍두마차 격으로 기축통화의 역할을 했던 화폐가 또 있었습니다. 바로 이슬람 세계의 디나르Dinar입니다. 처음에 이슬람 세계는 비잔틴 제국의 솔리두스와 사산조 페르시아(오늘날 이란 지역)의 드라크마(아테네의 드라크마와 화폐 단위만 같고 다른 화폐)를 그대로 사용했습니다. 그러다 우마이야 칼리프조의 5대 칼리프 압둘 말리크(685-705)가 이슬람 고유의 화폐 제도를 확립하면서 디나르가 탄생했죠. 당시 비잔틴 제국의 솔리두스 금화를 모델로 했는데, '디나르'라는 이름도 로마의 '데나리우스'에서 유래했습니다. 압둘 말리크 칼리프가 696년에 순금(4.25g)으로 표준화된 디나르를 도입했는데, 이것이 중요한 전환점이었습니다. 단순한 화폐 개혁이 아닌, 이슬람 제국의 정체성과 독립성을 확립하려는 정치적 의도가 담긴 결정이었거든요.

디나르의 영향력은 이슬람 제국의 확장과 함께 급속도로 커졌습니다. 디나르가 국제 기축통화로 성장할 수 있었던 핵심 요인은 신뢰성이었습니다. 이슬람 법(샤리아)은 화폐의 순도 유지를 종교적 의무로 규정했고, 이에 따라 디나르는 수백 년간 90% 이상의 높은 순도를 유지했죠. 또한, 당시 이슬람 제국의 광대한 영토는 지중해에서 인도양에 이르는 거대한 무역망을 형성했고, 이 무역망을 따라 디나르가 널리 유통되었습니다. 디나르의 안정적인 가치와 높은 품질은 비이슬람권 상인들에게도 신뢰를 얻었고, 심지어 십자군 전쟁 기간에도 유럽인들이 선호하는 결제 수단이었습니다.

그러나 11세기 이후 이슬람 세계의 분열과 함께 디나르의 영향력도 서서히 약화하기 시작했습니다. 여러 지역 왕조들이 각자의 화폐를 주조하면서 디나르의 품질과 순도가 불균일해졌고, 이는 국제 교역에서의 신뢰도 하락으로 이어졌습니다. 13세기에 들어서는 아프리카 금광 통제권이 상실되면서 금 공급이 불안정해진 것입니다. 디나르는 순도가 높다는 신뢰를 기반으로 가치가 유지되었는데 이를 지켜주던 기반이 흔들리기 시작한 거죠. 결정적으로 13세기 몽골의 침입으로 바그다드가 함락되면서 이슬람 세계의 정치적 분열이 나타났고, 그로 인해 통화 관리

체계가 약화될 수밖에 없었죠. 너무나도 당연하게 중앙집권적인 화폐 체계도 무너질 수밖에 없었습니다.

디나르의 역사에서 우리는 몇 가지 중요한 교훈을 얻을 수 있습니다. 첫째, 기축통화의 지위는 경제력만이 아닌 신뢰성에 크게 의존한다는 점입니다. 디나르가 수백 년간 국제 통화로서 기능할 수 있었던 것은 일관된 품질 관리 덕분이었습니다. 둘째, 정치적 안정성이 통화 가치와 밀접하게 연관된다는 사실입니다. 디나르의 흥망성쇠는 화폐의 가치가 단순히 금속의 순도나 무게가 아닌, 그것을 발행하는 정치체제의 안정성과 경제력에 큰 영향을 받았기 때문입니다. 제국의 분열이 통화 시스템의 붕괴로 이어진 것처럼, 정치적 불안정은 화폐 가치에 치명적인 영향을 미치는 거죠. 마지막으로, 화폐 시스템의 지속가능성이 중요하다는 점입니다. 금 공급에 과도하게 의존했던 디나르 시스템의 취약점은 현대 통화정책에서도 참고할 만한 사례가 될 수 있습니다.

이후 국제 무역의 중심이 지중해 북부의 이탈리아 도시국가들로 이동하면서, 디나르는 기축통화의 지위를 플로린과 두카트에 넘겨주게 됩니다. 그러나 디나르가 남긴 유산은 현재까지도 이어지고 있습니다. 오늘날에도 여러 아랍 국가들이 자국 화폐의 명칭으로 '디나르'를 사용하고 있는 것이 이를 잘 보여줍니다.

잠깐, 여기서 헷갈리는 분들이 있을 것 같아서 설명해 드립니다. 비잔틴 제국의 솔리두스와 이슬람 세계의 디나르가 사용되던 전성기는 분명 겹치는 시기가 발생하죠. '그런데 동시대에 두 개의 화폐가 기축통화로 사용될 수 있을까? 하는 의문 안 드시나요?' 그런데 기축통화는 동시대에 두 개가 존재할 수 있습니다. 그 대표적인 예가 바로 비잔틴 제국의 솔리두스와 이슬람 세계의 디나르였죠.

동시대에 기축통화가 두 개 존재할 수 있었던 이유는 비잔틴 제국과 이슬람 세계는 지리적으로, 문화적으로 분리돼 있었기 때문입니다. 디나르는 이슬람 세계를 중심으로 아랍, 북아프리카, 중동, 중앙아시아에서 주로 사용되었고, 솔리두스는 비잔틴 제국과 유럽, 지중해 연안에서 유통되었죠. 두 통화의 사용권역이 명확히 구분되다 보니 상호 간의 직접적 충돌이 적었습니다.

그런데 경제적으로는 연결이 돼 있었어요. 비잔틴 제국과 이슬람 세계는 지리적으로 인접해 있었고, 두 문명권은 상호 교역을 통해 경제적으로 연관성을 유지했습니다. 비잔틴 상인과 이슬람 상인은 서로의 통화를 교환하며 무역을 활성화했고, 이 과정에서 디나르와 솔리두스는 모두 신뢰받는 교환 수단이 되었습니다.

그리고 중세 초기 세계 경제는 오늘날과 달리 단일 중심이 아닌 다극적 구조를 이루고 있었습니다. 비잔틴 제국, 이슬람 세계, 그리고 중국 당나라 등 여러 경제권이 독립적으로 성장하며 서로 영향을 주고받았던 다극적 구조였기에 다수의 기축통화가 공존할 수 있었던 것입니다.

기축통화가 반드시 단일해야 하는 것은 아닙니다. 디나르와 솔리두스의 공존 사례는 기축통화의 존재가 정치적·경제적 안정성과 지역적 신뢰를 기반으로 형성되며, 세계 경제가 다극적인 구조일 때 여러 기축통화가 동시에 존재할 수 있음을 보여줍니다. 이들은 각자 독립적인 영역에서 지배적이었지만, 상호 교역과 통화 교환을 통해 글로벌 경제의 한 축을 형성했습니다.

솔리두스 사용권 vs. 디나르 비교

구분	솔리두스Solidus 사용권	디나르Dinar 사용권
주 발행국/권력	비잔틴 제국(동로마 제국)	이슬람 제국 (우마이야 왕조, 압바스 왕조 등)
중심지	콘스탄티노폴리스(현 이스탄불)	다마스쿠스(우마이야), 바그다드(압바스), 코르도바(이베리아반도 내 이슬람 통치) 등
주요 영향 지역	• 발칸반도(그리스, 불가리아 인접 지역) • 소아시아(현 터키 지역) • 레반트(시리아, 팔레스타인 일부), 이집트 초기 비잔틴 통치 시기 • 지중해 동부 연안 일부	• 서쪽: 이베리아반도, 북아프리카, 이집트, 레반트 전역 • 동쪽: 페르시아(이란), 메소포타미아(이라크), 중앙아시아 일부 • 남쪽: 아라비아반도 전역, 동아프리카 연안(인도양 무역로 연계) • 북방/동방: 캅카스 지역
무역로 연계	지중해 동부 무역, 발칸·지중해 연결로	육상 실크로드(중앙아시아 경유), 인도양 무역로, 사하라 횡단 무역로, 지중해 전역
특징	• 비잔틴 제국의 정치, 경제력에 기반 • 금 함량 높은 고품질 금화 • 서유럽, 중동 상인들에게 국제적 결제 수단으로 인정	• 이슬람 제국의 정치적 통일과 종교적 정체성 반영 • 광범위한 상업 네트워크(지중해, 인도양, 사하라 횡단, 실크로드) 통해 확산 • 국제적 금속 화폐로써 신뢰성과 가치 보존성 유지
쇠퇴 이유	비잔틴 제국의 영토 축소, 경제 기반 약화, 금 함량 저하	이슬람 세계의 정치적 분열, 지역 왕조 분립, 유럽 금화(플로린, 두카트) 부상, 국제 무역 판도 변동

비잔틴 제국의 솔리두스와 이슬람 세계의 디나르가 몰락하게 된 데에는 또 다른 이유가 있었습니다. 바로 이탈리아 도시국가들의 금화가 급부상하게 된 것이었습니다. 기축통화의 흥망성쇠는 무엇과 연결된다고 했죠? 바로 그 나라의 파워, 경제적 영향력에서 나옵니다. 당시 기축

통화가 솔리두스와 디나르에서 이탈리아의 금화로 넘어온 것도 같은 맥락입니다. 중세 시대 경제와 기축통화의 변화는 긴밀하게 연결된 흥미로운 역사적 과정입니다. 우선 당시 중세 시대의 경제의 흐름이 어디에서 어디로 흘러가게 됐는지를 알아둘 필요가 있어요.

중세 초기까지 비잔틴 제국의 솔리두스와 이슬람 세계의 디나르가 지중해 무역의 기축통화 역할을 했습니다. 당시 비잔틴 제국과 이슬람 세계가 동서 무역의 핵심 중개자 역할을 했기 때문이죠. 특히 콘스탄티노플은 실크로드의 서쪽 종착점이자 유럽과 아시아를 잇는 무역의 중심지였습니다.

그러나 11세기부터 상황이 서서히 변화하기 시작했습니다. 십자군 전쟁으로 인해 베네치아와 제노바 같은 이탈리아 해상 도시들이 동지중해의 무역거점들을 확보하게 되었고, 그로 인해 경제적 영향력이 크게 증대됐습니다. 특히 1204년 제4차 십자군의 콘스탄티노플 점령은 비잔틴 제국의 경제력을 크게 약화했고, 이에 따라 비잔틴 제국의 국제적 위상도 함께 하락했죠.

이 시기에 이탈리아 도시들은 단순한 무역 중개자를 넘어 금융의 혁신을 주도했습니다. 신용장, 보험, 복식부기 같은 새로운 금융 기법들이 발전하면서 국제 무역을 더욱 효율적으로 만들었습니다. 이러한 배경에서 1252년 피렌체가 플로린Florin을, 1284년 베네치아가 두카트Ducat를 발행하게 됩니다.

플로린은 1252년 피렌체에서 처음 주조된 순금 화폐였습니다. 3.5그램의 순금으로 만들어졌고, 한쪽 면에는 피렌체의 상징인 백합 문양이,

피렌체의 플로린 금화(출처: 위키피디아)

다른 면에는 세례자 요한의 모습이 새겨져 있었습니다. 플로린의 가치는 매우 안정적이었고, 순도가 높았기에 유럽 전역에서 신뢰를 얻었습니다.

베네치아의 두카트는 1284년에 도입되었는데, 플로린과 동일한 순도와 무게를 가지도록 설계되었습니다. 한쪽 면에는 예수 그리스도의 모습이, 다른 면에는 베네치아의 수호성인인 성 마르코와 총독의 모습이 새겨졌습니다.

플로린과 두카트는 경쟁보다는 상호보완적인 성격이 강했습니다. 두 화폐는 의도적으로 동일한 순도(24캐럿)와 무게(약 3.5그램)로 설계되었습니다. 베네치아가 1284년에 두카트를 도입할 때, 이미 국제적 신뢰를 얻고 있던 플로린의 규격을 그대로 채택한 것이죠. 이는 국제 무역을 원활하게 하기 위한 실용적인 선택이었죠. 두 기축통화가 존재할 수

베네치아의 두카트 금화(출처: 위키피디아)

있었던 것은 지리적으로 각자의 영향권이 달랐기 때문입니다. 플로린은 서유럽과 내륙 무역에서 더 큰 영향력을 가졌습니다. 이는 피렌체가 모직물 산업과 내륙 은행업의 중심지였기 때문입니다. 두카트는 동지중해와 레반트 무역에서 더 널리 사용되었습니다. 베네치아의 해상 무역 네트워크를 따라 유통되었기 때문이죠.

또 두 도시는 서로 다른 경제적 전문성을 가지고 있었습니다. 피렌체는 은행업과 제조업에 강했고, 베네치아는 해상 무역에 특화되어 있었죠. 이러한 전문화는 두 화폐가 각자의 영역에서 상호보완적으로 기능할 수 있게 했습니다. 실제로 두 화폐는 당시 유럽에서 서로 자유롭게 교환되었고, 동등한 가치로 취급되었습니다. 이는 마치 오늘날 달러와 유로가 각자의 영역에서 기축통화 역할을 하는 것과 비슷한 양상이었다고 볼 수 있습니다.

이 두 화폐가 새로운 기축통화로 부상할 수 있었던 것은 단순히 이탈

● 피렌체의 플로린과 베니스의 두캇이 영향을 미쳤던 지역을 나타낸 지도. 동서로 영향력이 나뉘었다.(출처: Chat GPT)

리아 도시들의 경제력 때문만은 아니었습니다. 이 화폐들은 순도와 무게가 일정하게 유지되었기 때문입니다. 동방 무역을 통한 금이 안정적으로 공급됐죠. 베네치아는 이집트, 시리아 등지와의 무역을 통해 아프리카와 아시아의 금을 지속해서 확보할 수 있었습니다. 특히 수단의 금광산에서 나온 금이 사하라 무역로를 통해 북아프리카로 들어왔고, 이는 다시 이탈리아 상인들의 손으로 들어왔죠. 금이 안정적으로 공급되기만 한다고 해서 금화가 지속해서 만들어질 순 없죠. 당시 이탈리아 도시국가들은 제련 기술이 발단돼 있었습니다. 이탈리아 도시들은 금의 순도를 정확하게 측정하고 유지하는 기술을 발전시켰죠. 특히 피렌체는 금세공 기술이 매우 발달했고, 이는 고품질의 금화 주조를 가능하게 했습니다. 금이 지속해서 공급되고, 금화 주조 기술이 뛰어났다고 해서 기축통화의 권위가 유지될 수 있을까요? 엄격한 품질 관리 시스템이 있었습니다. 화폐 주조는 국가가 직접 관리했고, 순도와 무게에 대한 철저한 감독이 이루어졌습니다. 위조나 변조에 대해서는 매우 엄격한 처벌이 있었죠. 또한, 이탈리아 도시들은 동서 무역의 중개자 역할을 통해 상당한 부를 축적했고, 이는 안정적인 화폐 발행의 기반이 되었습니다. 이런 상황에서 플로린과 두카트의 신뢰가 형성되었습니다.

플로린과 두카트는 이탈리아 상인들의 광범위한 국제 네트워크를 통해 유통되었습니다. 이탈리아 은행가들이 유럽 전역에 설립한 지점들은 이 화폐들의 신뢰성을 보장하는 역할을 했죠. 주목할 점은 이탈리아 도시들은 동방과의 무역에서 얻은 부를 바탕으로 금융업을 발전시켰다는 것입니다. 이들은 단순히 화폐를 주조하는 것을 넘어, 환전, 예금, 대출 등 다양한 금융 서비스를 제공했고, 플로린과 두카트가 단순한 교역의 수단을 넘어 국제 금융의 기준 통화로 자리 잡는 데 결정적인 역할을 했습니다.

이탈리아 도시국가들은 세계 경제 활동의 본질적인 변화를 끌어냈습니다. 비잔틴과 이슬람 세계의 무역이 주로 사치품의 중계무역에 집중되었다면, 이탈리아 도시들은 여기에 더해 제조업과 금융업을 발전시킨 거죠. 플로린과 두카트는 이러한 새로운 경제 질서의 핵심 매개체로 기능하게 됐죠. 이러한 요소들이 복합적으로 작용하여 플로린과 두카트가 수 세기 동안 그 가치를 안정적으로 유지할 수 있었던 것입니다.

하지만 플로린과 두카트도 결국, 역사 속으로 사라졌습니다. 이 두 화폐의 쇠퇴는 15~16세기의 큰 시대적 변화와 맞물려 있어요. 가장 큰 전환점은 1492년 콜럼버스의 신대륙 발견이었습니다. 콜럼버스가 신대륙을 발견하면서 무역로의 중심이 지중해에서 대서양으로 이동한 거죠. 또 아메리카에서 대량의 금과 은이 유입되면서 유럽의 귀금속 시장이 크게 교란됐습니다. 특히 스페인이 신대륙에서 가져온 엄청난 양의 금은은 기존 화폐들의 가치를 위협했죠.

정치적인 변화도 중요한 요인이었습니다. 이 시기 유럽에서는 강력한 중앙집권적 국민국가들이 등장하기 시작했어요. 이들은 자국의 화폐 시스템을 발전시켰고, 국제 무역에서도 자국 화폐의 사용을 장려했습니다. 스페인의 에스쿠나 네덜란드의 길더 등이 새로운 국제 통화로 부상한 것도 이러한 맥락에서였죠.

물론 이탈리아 도시국가들의 내부적인 문제도 있었습니다: 피렌체는 메디치 가문이 몰락한 것이 결정적이었습니다. 메디치가이탈리아어: Medici는 13세기부터 17세기까지 피렌체에서 강력한 영향력이 있었던 귀족 가문인데, 귀에 익을 거예요. 메디치가는 세 명의 교황(레오 10세, 클레멘스 7세, 레오 11세)과 피렌체의 통치자를 배출했죠. 메디치가의 권력은 가문의 핵심 사업이었던 메디치 은행에서 비롯했는데 이 은행이 파산하면서 재정적 기반이 악화했고, 정치적 혼란을 겪으면서 몰락하게 된 것입니다. 그리고 베네치아는 오스만 제국의 팽창으로 동방 무역에서의 독점적 지위를 잃었습니다. 또한, 앤트워프, 암스테르담이 새로운 금융 중심지로 급부상하면서 상대적으로 위상이 하락했죠. 경제 구조 자체도 변화했습니다. 대서양 무역의 발달로 무역의 규모가 커지면서, 실물 화폐보다는 신용 거래와 어음이 더 중요해진 거죠. 네덜란드 암스테르담 은행이 개발한 새로운 금융 기법들은 기존의 이탈리아식 은행 시스템을 대체하기 시작했습니다.

결정적으로, 1566년 신성로마제국의 아우크스부르크 제국의회가 새로운 화폐 기준을 채택하면서 플로린과 두카트는 공식적인 기축통화의 지위를 잃게 됩니다. 물론, 이후에도 두 화폐는 여전히 사용되었지만, 더 이상 이전과 같은 국제적 영향력은 갖지 못했습니다. 플로린과 두카트의 쇠퇴 과정은 단순히 두 화폐의 몰락이 아닌, 중세에서 근대로 넘어가는 과정에서 일어난 전반적인 경제 질서의 재편을 보여주는 것이었습니다. 새로운 시대는 도시 국가 중심의 경제 시스템이 아닌, 국민국가 기반의 새로운 경제 질서를 요구했던 것입니다.

근대의 기축통화,
스페인의 은화와 대영제국의 파운드

드디어 근대로 넘어옵니다. 중세에서 근대로 넘어오는 시기는 참 많은 일이 벌어졌습니다. 중세 13~15세기 이탈리아 도시국가들, 특히 베니스, 제노바, 피렌체는 유럽의 상업과 문화의 중심지였죠. 지중해 무역의 독점적 지위였습니다. 이들은 동방의 향신료, 비단, 사치품을 유럽에 공급하는 중개자 역할을 했죠. 이탈리아 도시국가들은 금융 시스템이 발달했습니다. 메디치 가문을 비롯한 이탈리아 은행가들은 유럽 전역에 금융 네트워크를 구축했죠. 또 르네상스의 중심지로서 문화적 헤게모니를 장악하기도 했습니다.

그러나 15세기 말부터 이러한 우위가 흔들리기 시작합니다. 가장 중요한 전환점은 지리상의 대발견이었습니다. 1488년 포르투갈의 바르톨로메우 디아스가 희망봉을 발견했고, 1498년 바스코 다 가마가 인도 항로를 개척했어요. 이탈리아 도시국가들이 독점하던 동방 무역로를 우회하는 새로운 경로가 생긴 거죠. 1492년 콜럼버스의 신대륙 발견은 더욱 결정적인 변화를 가져왔습니다. 대서양 무역이 급부상하면서 지중해의 상대적 중요성이 감소했고, 포르투갈과 스페인이 새로운 강국으로 부상했습니다. 특히 스페인은 아메리카 대륙의 풍부한 자원을 바탕으로 유럽 최강의 제국으로 성장했습니다. 16세기에 들어서면서 북유럽 국가들도 급부상했습니다. 네덜란드는 효율적인 선박 기술과 상업 조직을 바탕으로 유럽 무역의 새로운 중심지가 되었습니다. 암스테르담은 런던과 함께 새로운 금융의 중심지로 성장했고, 영국은 엘리자베스 1세 시대부터 해군력을 강화하고 식민지 개척에 나섰으며, 점차 네덜란드의 해상패권에 도전하기 시작했습니다.

한편 이탈리아반도는 프랑스와 스페인의 각축장이 되었습니다. 1494년 프랑스의 샤를 8세가 이탈리아 원정을 시작하면서, 이탈리아는 외세의 침략에 시달리게 되었습니다. 도시국가들은 독립성을 점차 상실했고, 많은 지역이 외국 세력의 지배하에 놓였습니다. 더불어 오스만 제국의 팽창도 이탈리아 도시국가들의 쇠퇴를 가속했어요. 오스만 제국이 동지중해를 장악하면서 베니스와 제노바의 무역 네트워크가 크게 위축

됐죠. 1453년 콘스탄티노플의 함락은 상징적인 사건이었습니다.

이러한 변화들은 근본적으로 세계 경제의 중심축이 지중해에서 대서양으로 이동하기 시작했습니다. 새로운 해양 강국들은 전 세계적인 무역 네트워크를 구축했고, 근대 세계 체제의 기초가 되었습니다. 스페인, 포르투갈, 네덜란드, 영국과 같은 대서양 연안 국가들이 차례로 세계 무대의 중심에 섰고, 이탈리아 도시국가들의 황금기는 막을 내리게 되었습니다. 결과적으로 이런 변화는 단순한 경제적 헤게모니의 이동을 넘어, 근대 국민국가 체제의 확립과 자본주의의 발전, 그리고 유럽 중심의 세계 질서 형성으로 이어졌습니다.

이러한 거대한 세계사의 흐름 속에서 기축통화도 바뀌었습니다. 이탈리아 도시국가들의 금화가 아닌 스페인의 은화가 다음 바통을 넘겨받았습니다.

스페인 은화가 급부상하게 된 것은 1492년 콜럼버스의 신대륙 발견으로 스페인이 아메리카 대륙의 풍부한 은광을 확보하게 된 것이 결정적이었습니다. 16세기 들어 스페인은 아메리카 대륙에서 대량의 은을 유럽으로 가져왔고, 이를 바탕으로 레알 데 아 오초Real de a Ocho(일명 스페인 달러)를 주조했습니다. 스페인 달러로 불리는 이 은화는 빠르게 국제 기축통화로 부상했습니다.

스페인 은화는 정교한 사양과 일관된 품질로 유명했던 화폐입니다. 스펙을 조금 더 상세히 알아볼까요? 무게는 약 27.5g으로, 이 중 순은 함량이 25.56g, 약 93%라는 높은 순도를 자랑했습니다. 소량의 구리를 섞긴 했지만, 내구성을 높이려는 조치였습니다. 크기는 직경 38~40mm,

두께 2.5~3mm로, 당시 통용되던 다른 화폐들에 비해 꽤 큰 편이었는데, 오히려 국제 무역에서 사용하기에 적합했고, 위조를 어렵게 만드는 요소이기도 했습니다. 디자인적 특징도 주목할 만합니다. 앞면에는 현재 재위 중인 스페인 왕의 초상화가, 뒷면에는 스페인 왕실 문장과 함께 '두 세계의 기둥'이라 불리는 헤라클레스의 기둥이 새겨졌습니다. 특히 가장자리는 톱니 모양의 들쭉날쭉한 패턴으로 처리하여 화폐 삭임을 방지했는데, 이는 당시로서는 매우 진보된 주조 기술이었습니다.

스페인 은화가 기축통화로 자리 잡을 수 있었던 데에는 다른 몇 가지 이유가 있습니다. 우선 아메리카의 은광에서 지속해서 공급되어 국제 무역의 수요를 맞출 수 있었고, 순도와 무게가 안정적으로 유지되어 신뢰할 수 있었습니다. 강력한 제국을 건설했던 합스부르크 왕가는 아주 철저하게 화폐를 관리했어요. 은의 채굴부터 주조까지 전 과정에 대한 철저한 통제가 있었죠. 신대륙의 은광, 특히 포토시 은광(현재 볼리비아)은 왕실이 직접 관리했고, 채굴된 은은 '퀸토 레알Quinto Real (왕의 5분의 1)' 제도에 따라 20%가 자동으로 왕실의 몫이 되었습니다. 화폐 주조 과정도 엄격히 통제되었습니다. 은화가 만들어지는 주조소는 왕실의 직접 감독하에 운영되었고, 주조소마다 고유한 민트마크를 새겨 어디서 주조되었는지 추적할 수 있게 했고, 연도도 명확하게 표기하게 했습니다. 순도와 무게에 대한 정기적인 검사가 이루어졌고, 기준 미달 시 담당자는 중형에 처했어요. 주조공들은 특별한 허가 없이 주조소를 떠날 수 없었습니다. 유통 과정에서도 철저한 관리가 이루어졌습니다. 은화의 수출은 세비야의 인디아스 무역원을 통해서만 가능했고, 신대륙에서 스페인으로 은을 운송할

1821년 페르난도 7세 때 발행된 스페인 달러(출처: 위키피디아)

때는 보물선단 제도를 통해 해군이 호위했습니다. 비인가 된 은화의 수출이나 밀수는 사형에 처할 수 있는 중대한 범죄였습니다. 이러한 엄격한 규격과 식별 시스템은 1497년 도입된 이후 약 300년간 거의 변함없이 유지되었고, 이러한 일관성이 스페인 달러가 세계 각지에서 신뢰받는 화폐가 되는 데 결정적인 역할을 했습니다.

스페인 은화의 영향력은 실로 엄청났습니다. 16세기에서 19세기에 이르기까지 국제 무역과 금융 시스템에서 중심적인 역할을 했던 사실상 역사 최초의 글로벌 통화라고 할 수 있죠. 어느 정도였는지를 들으면 아마 놀라실 텐데요. 스페인 은화는 우선 아메리카 대륙에서 그 가치를 입증했습니다. 북미 식민지, 특히 미국은 1857년까지 스페인 은화를 법정 통화로 인정하며 이를 경제활동의 중요한 축으로 사용했습니다. 중남미와 카리브해 지역에서도 스페인 은화는 스페인 제국의 식민 통치를 통해 기준 화폐로 자리 잡았으며, 지역 간 교역에서 필수적인 역할을 했습니다.

아시아에서는 스페인 은화의 중요성이 더욱 두드러졌습니다. 스페인과 아시아를 연결한 마닐라 갈레온 무역을 통해 은화는 중국에 대량으로 유입되었고, 여기서 '양원洋元' 혹은 '패문전佰文錢'이라는 이름으로 널리 유통되었습니다. 중국의 경우, 명·청 시대 재정 문제를 해결하기 위해 대규모의 은이 필요했고, 스페인 은화는 이 수요를 충족시키는 주요 수단이 되었습니다. 일본에서는 '도라銅鑼'로 불리며 막부 시대 무역

스페인 은화의 영향력을 나타내는 지도.
스페인을 중심으로 유럽, 아메리카, 아프리카, 아시아, 태평양의 주요 무역 경로와 함께 스페인 은화의 영향을 받은 국가들이 표시돼 있다.(출처: Chat GPT)

의 기준 화폐로 자리 잡았으며, 동남아시아 여러 나라에서도 스페인 은화는 국제 교역의 표준으로 사용되었습니다. 이 과정에서 은화는 인도까지 그 영향을 미치며 동인도 회사의 주요 결제 수단으로도 활용되었습니다.

스페인 은화가 이렇게 전 세계적으로 퍼질 수 있었던 이유는, 경제적 효용성이 있었기 때문입니다. 국제 무역에서 통일된 결제 수단으로 기능하며, 유럽과 아시아를 연결하는 해상 실크로드 무역에서 주요 결제 수단으로 사용됐죠. 또한, 마닐라 갈레온 무역에서는 아메리카와 아시아 간 상품 교환의 핵심 매개체 역할을 했고, 그로 인해 유럽과 아시아 간 무역을 더욱 활성화됐습니다. 이와 같은 과정에서 스페인 은화는 각종 국제 상품의 가격 기준을 제시하며, 글로벌 시장에서 신뢰받는 통화로 자리매김하게 되었습니다.

스페인 은화의 영향력은 단순히 무역에 그치지 않고 금융 시스템에도 지대한 영향을 미쳤습니다. 은화는 각국 중앙은행에서 준비 통화로 사용되었고, 국제 환율의 기준이 되었습니다. 이는 지역별 화폐 가치 평가를 표준화하는 역할을 했으며, 국제 신용 거래에서도 신뢰를 바탕으로 기준 통화로 자리 잡았습니다.

스페인 은화의 영향은 오늘날까지도 이어지고 있습니다. 현대 달러 기호($)는 스페인 은화에 새겨진 '헤라클레스의 기둥'과 'S'자가 겹친 모양에서 유래했다는 설이 유력합니다. 또한, 여러 국가의 화폐 단위 또한, 스페인 은화에서 그 어원을 찾을 수 있죠. 홍콩과 싱가포르의 '달러', 브루나이 달러, 말레이시아의 '링깃'(스페인 은화를 톱니 모양으로 자른 것에서 유래), 태국의 '티컬'(현재의 바트)등이 모두 스페인 은화와 연관이 있습니다. 또한, 국제 무역에서 사용된 촙 마크Chop Mark 시스템은 화폐의 품질과 신뢰를 확인하는 관행으로 정착하였고, 이는 이후 국제 금융의 투명성을 높이는 데 이바지했습니다.

그러나 지금까지 어땠죠? 영원할 것 같았던 강대국도 언제나 끝은 있었고, 그와 함께 당대의 기축통화도 사라졌습니다. 스페인 은화도 마찬가지입니다. 스페인 은화의 몰락은 스페인 제국의 흥망성쇠와 밀접하게 연결되어 있습니다.

스페인 제국은 은 생산을 기반으로 경제를 성장시켰지만, 이는 동시에 심각한 취약점을 내포하고 있었습니다. 은에 대한 의존도가 과도하게 높았다는 겁니다. 과유불급, 넘치는 것이 모자라지만 못하다는 말이 있죠. 스페인의 경제는 은 생산과 수출에 지나치게 의존했습니다. 은이 유럽으로 유입되면서 일시적으로 경제적 풍요를 누렸지만, 생산 경제의 발전보다는 수입에 의존하게 되었죠. 이는 결국, 농업, 공업과 같은 자국 내 산업 기반의 약화를 초래했습니다. 스페인 은화는 국제 무역의 중심 통화로 자리 잡았지만, 스페인 자체적으로 은화의 유통량을 효과적으로 통제하지 못했습니다. 유럽으로 대량의 은이 유입되며 가격 혁명Price Revolution이라 불리는 대규모 인플레이션이 발생한 것입니다. 인플레이션 상황이 얼마나 심각했었냐면, 1490년대부터 1620년대까지 스페인의 주요 물가는 약 4~5배 상승했습니다. 빵, 곡물, 고기와 같은 필수품 가격이 급등하면서 일반 서민들의 생계가 크게 악화하였죠. 당시 스페인에서는 빵이 주식이었는데, 빵값이 급등하면서 하층민의 삶이 크게 악화되었습니다. 기록에 따르면, 스페인 일부 지역에서는 빵값이 몇 년 사이에 3배 이상 상승하여 가난한 농민들이 기본적인 식량조차 구하기 어려워졌죠. 그런 상황에서 스페인은 방대한 제국을 유지하기 위해 끊임없이 전쟁을 벌였습니다. 군사비는 은화에 대한 과도한 의존을 불러왔고, 막대한 은을 유럽의 군사 비용으로 소비하게 했습니다. 특히 17세기 잉글랜드와 네덜란드, 프랑스와의 전쟁은 스페인의 재정을 심각하게 고갈시켰습니다. 스페인 내부의 화폐 정책도 은화의 몰락을 가속했습니다. 초기에는 엄격한 순도와 무게로 국제적 신뢰를 얻었던 스페인 은화가 시간이 지나며 품질 관리에 실패했습니다. 이는 위조 화폐의 증가와 국제적 신뢰도의 하락을 초래했습니다. 또 은화에 대한 지나친 의존으로 빚을 쌓았고, 반복적으로 국가 파산을 선언해야 했습니다. 이는 국제적으로 스페인의 신용도를 떨어뜨렸고, 은화의 안정성에도 부정적 영향을 미쳤습니다.

스페인 은화의 몰락은 국제 경제와 정치적 변화와도 깊이 연결되어 있습니다. 19세기 초, 아메리카 대륙에서 스페인의 식민지들이 독립운동을 통해 이탈하면서 스페인은 주요 은 생산지를 상실했습니다. 특히 포토시 광산과 멕시코 은 광산을 잃으면서 은 생산량이 급격히 감소했고, 이는 스페인 은화의 기반을 흔들었습니다. 또 18세기와 19세기에 접어들며, 영국의 금본위제가 확립되고 미국 달러가 국제 무역의 중심으로 부상하기 시작했습니다. 이러한 변화는 스페인 은화가 더 이상 글로벌 통화의 지위를 유지하지 못하게 만들었습니다. 게다가 스페인은 17세기 이후 유럽 정치에서의 주도권을 잃고, 프랑스와 영국 같은 강대국들에 의해 점차 밀려났습니다. 정치적 쇠퇴는 경제적 약화를 가져왔고, 이는 은화의 국제적 위상에도 부정적인 영향을 미쳤습니다. 결국, 스페인 은화는 19세기 무렵부터 국제 통화로서의 위상을 잃었으며, 스페인 제국 자체도 약화한 경제와 상실된 식민지로 인해 몰락의 길을 걷게 되었습니다.

그러나 스페인 은화는 현대 국제 통화 시스템의 기반을 마련한 화폐로 기억됩니다. 품질 관리와 통일된 통화 단위, 국제 무역에서의 통화 표준화는 오늘날에도 큰 영향을 미치고 있습니다.

스페인의 쇠퇴와 동시에, 대영제국은 17세기부터 점차 글로벌 강국으로 떠오르기 시작했습니다. 영국의 부상은 해양 상업, 금융 혁신, 산업화 등의 요인이 결합한 결과였습니다. 우선 세계 패권이 어떻게 스페인에서 대영제국으로 옮겨가게 된 것인지 그 과정을 한번 살펴보죠.

16세기 튜더 왕조 시기에 영국은 종교개혁을 통해 국왕이 수장인 성공회를 확립했습니다. 로마 가톨릭교회의 영향력에서 벗어나 독자적인 국가발전의 토대를 마련했죠. 엘리자베스 1세 시기에는 스페인의 무적함대를 격파하며 해상력의 우위를 확보했고, 이를 바탕으로 해외 식민지 개척을 본격화했습니다. 해군력은 영국 패권의 핵심이었습니다. '브리타니아여, 바다를 지배하라'는 구호처럼 영국은 강력한 해군력으로 전 세계 해상교통로를 통제했습니다. 이는 식민지 지배와 무역 망 유지의 기반이 되었습니다.

17세기에는 시민혁명을 통해 근대적 정치체제의 기반을 구축했어요. 청교도혁명과 명예혁명을 거치면서 입헌군주제가 확립되었고, 의회의 권한이 강화되었습니다. 정치적인 안정은 경제발전의 토대가 됐고요. 특히 명예혁명 이후 설립된 영국 은행(1694년)은 근대적 금융제도의 발전을 이끌었습니다.

18세기에 들어서면서 영국의 패권 장악이 본격화되었습니다. 프랑스와의 전쟁에서 승리하면서 북미와 인도에서 식민지를 확대해나갔습니다. 특히 1757년 플라시 전투에서의 승리로 인도 진출의 발판을 마련했고, 동인도 회사를 통해 인도를 점차 식민지화했죠.

이탈리아 하면 르네상스가 떠오르는 것처럼 영국 하면 떠오르는 게 있죠? 바로 산업혁명입니다. 18세기 후반부터 시작된 산업혁명은 영국의 패권을 결정적으로 공고히 했습니다. 제임스 와트의 증기기관 개량(1769년)을 시작으로 기계화가 진전되었고, 면직물 공업을 중심으로 제조업이 비약적으로 발전했습니다. 풍부한 석탄과 철광석 자원, 발달한 금융제도, 광대한 식민지 시장은 산업혁명의 성공을 뒷받침했습니다. 교통혁명도 중요한 역할을 했습니다. 운하와 도로망이 정비되었고, 19세기에는 철도망이 전국적으로 확충되었죠. 증기선의 발달로 해상운송도 혁신적으로 발전했습니다. 이는 제품의 운송비용을 낮추고 시장을 확대하는데 크게 이바지했습니다. 19세기 들어 영국은 '세계의 공장'으로 불릴 만큼 압도적인 산업력을 보유하게 되었습니다. 1851년 런던 만국박람회는 영국의 산업력과 번영을 전 세계에 과시하는 행사였어요. 빅토리아 여왕 시대(1837-1901)는 대영제국의 전성기였으며, 세계 무역의 1/4, 공업생산의 1/3을 차지했습니다.

이처럼 대영제국의 패권은 종교개혁과 시민혁명을 통한 근대국가 체제 확립, 해군력을 통한 해상 지배, 산업혁명을 통한 경제력 확보, 효율적인 제국 통치체제 등이 복합적으로 작용한 결과였습니다. 19세기 말까지 '해가 지지 않는 제국'으로서 세계 최강대국의 지위를 유지했으며, 이는 20세기 초반까지 이어졌죠.

● 대영제국의 파운드화가 영향을 미쳤던 모든 주요 지역을 포함한 지도. 영국을 중심으로, 인도, 캐나다, 호주, 뉴질랜드, 남아프리카, 중동, 카리브해와 같은 주요 지역들이 포함되어 있다.(출처: Chat GPT)

이런 가운데 대영제국의 화폐 파운드화는 세계의 기축통화로 자리잡게 됐습니다. 먼저, 1816년 금본위제 도입은 파운드화의 국제적 신뢰도를 높이는 결정적 계기가 되었습니다. 금본위제 많이 들어보셨을 텐데요. 금본위제Gold Standard는 화폐의 가치를 금Gold에 고정하는 경제 체제예요. 이 제도에서는 통화의 가치를 금의 일정한 중량으로 환산할 수 있는데요. 영국에서 1파운드는 0.25온스의 금과 같은 가치로 고정됩니다. 또한, 화폐의 가치는 금의 가치를 기준으로 결정되며, 환율 역시 각국 통화의 금 가치에 따라 고정됩니다. 국민은 지폐를 금으로 교환할 수 있는 권리를 가지며, 중앙은행은 일정한 금 보유량을 유지해야 하며, 금을 보유한 만큼만 화폐를 발행할 수 있습니다.

금본위제의 장점은 금의 희소성과 내재 가치를 기반으로 해서, 화폐의 가치가 안정적이라는 것입니다. 국제 무역에서 통화 가치를 신뢰할 수 있어 거래가 원활해지죠. 또 고정 환율 체제를 제공하므로, 국가 간 환율 변동성이 적어 국제 무역과 금융 거래에 유리하죠. 무엇보다 금 보유량에 따라 화폐 발행이 제한되기 때문에 화폐 가치의 급격한 하락, 인플레이션이 방지됩니다. 우리는 앞서 수많은 나라의 기축통화가 무분별한 발행으로 기축통화의 패권을 내려놓아야만 했던 역사를 살펴봤습니다. 어떻게 보면 이상적인 화폐의 5가지 조건 중 희소성을 충족시켜주는 좋은 제도라고 할 수 있죠. 대영제국은 나폴레옹 전쟁 이후 국제 금융질서를 재편하는 과정에서 금본위제를 도입하여 파운드화의 가치를 금으로 보장함으로써 안정적인 국제 결제 수단으로서의 기반을 마련했습니다. 이는 국제 무역상들이 파운드화를 선호하게 만드는 직접적인 원인이 되었고, 파운드화가 기축통화로 자리매김할 수 있는 토대를 마련했죠.

이후 영국은 1844년 영국 은행법을 제정하여 파운드화에 대한 신뢰를 제도적으로 강화했습니다. 영국 은행에 독점적 발권력을 부여함으로써 통화 발행의 일관성과 책임성이 확보되었고, 이는 파운드화의 안정성을 높이는 결과로 이어졌습니다. 또한, 영국 은행이 최후의 대부자 임무를 수행하면서 금융시장의 안정성이 보장되었고, 이는 런던이 국제 금융 중심지로 성장하는 토대가 되었습니다. 런던의 금융 중심지화는 국제 금융 네트워크 구축으로 이어졌습니다. 영국 상업 은행들은 전 세계에 지점을 설립했고, 이들 지점을 통해 파운드화 기반의 무역금융이 확대되었습니다. 특히 환어음 제도의 발전은 국제 무역 결제를 파운드화로 하는 것이 더 효율적이라는 인식을 확산시켰습니다.

식민지 확장은 파운드화의 영향력을 지리적으로 확대하는 계기가 되었습니다. 영국은 식민지들에 영국식 금융제도를 도입했고, 이들 지역의 중앙은행들이 외화보유액을 파운드화로 보유하도록 했습니다. 이는 자연스럽게 '스털링 블록'이라는 파운드화 중심의 국제 통화 체제 형성으로 이어졌습니다. 1846년 시작된 자유무역 정책은 파운드화의 국제적 지위를 더욱 강화했습니다. 관세장벽이 낮아지면서 국제 무역이 활성화되었고, 이는 국제 결제 수단으로서 파운드화의 수요를 증가시켰습니다. 더불어 런던이 국제 무역 거래의 청산소 역할을 하면서 파운드화의 기축통화 지위는 더욱 공고해졌습니다.

이처럼 파운드화는 금본위제라는 제도적 기반 위에서, 식민지 확장, 자유무역 정책, 금융제도 발전, 인프라 구축 등이 상호 연관되어 발전한 결과였습니다. 각각의 정책과 제도는 서로를 강화하는 방향으로 작용했고, 이는 결과적으로 파운드화가 19세기 후반부터 20세기 초반까지 확고한 국제 기축통화의 지위를 유지하는데 이바지했습니다. 그러나 세계 기축통화로서 절대적 지위를 누리던 파운드화는 20세기에 들어 달러화에 그 지위를 넘겨주게 되었죠.

파운드화의 지위가 흔들리기 시작한 것은 20세기 초부터였습니다. 가장 결정적인 전환점은 제1차 세계대전(1914-1918)이었죠. 전쟁으로 인해 영국은 금본위제를 포기해야 했습니다. 전쟁이 발발하자 영국은 심각한 금 유출 문제에 직면했습니다. 전시 상황에서 군수물자 수입이 급증했는데 특히 미국으로부터의 물자 수입이 많이 늘어나면서 금 준비금이 유출되기 시작했습니다. 또한, 전쟁으로 인한 불확실성 증가로 투자자들이 안전자산인 금을 선호하게 되면서 금에 대한 수요가 급증했죠. 게다가 전쟁 수행을 위한 정부 지출이 폭발적으로 증가하자 이를 충당하기 위해 통화를 추가 발행했는데 이 또한, 파운드화의 가치를 위협했습니다. 금본위제하에서는 발행된 화폐량에 상응하는 금 보유가 필요한데, 전시 지출 증가로 이 원칙을 지키기가 어려워진 거죠. 또 전쟁으로 인해 영국의 수출이 급감했습니다. 많은 산업 시설이 군수품 생산으로 전환되었고, 독일의 잠수함 작전으로 해상 무역이 위축되었습니다. 이는 무역수지 악화로 이어져 금 보유고를 더욱 압박했습니다. 결국, 영국 정부는 1914년 8월, 전쟁 발발 직후에 금본위제를 중단할 수밖에 없었습니다. 은행들의 금 지급을 일시적으로 중단했고, 법정 불환 지폐(자체적인 가치가 없는 화폐)를 발행하기 시작했습니다. 영국의 금본위제 포기는 단순한 통화정책의 변화를 넘어, 19세기 영국이 구축한 국제 금융질서의 근본적인 변화를 의미했고, 이후 파운드화의 국제적 지위 약화로 이어지는 중요한 전환점이 되었습니다. 1925년 영국은 금본위제로 복귀를 시도했지만, 전쟁 이전의 높은 환율을 고수하면서 수출 경쟁력이 크게 약화하였고 경제는 침체에 빠졌습니다. 결국, 영국은 1931년 대공황 시기에 다시 금본위제를 포기해야 했습니다. 제2차 세계대전(1939-1945)은 파운드화의 지위를 더욱 약화했습니다. 영국은 전쟁 수행을 위해 다시 한번 막대한 차관을 도입했고, 제국의 많은 부분을 잃게 되었습니다. 반면 미국은 전쟁을 통해 세계 최대의 채권국이자 산업국가로 부상했습니다. 1944년 브레튼우즈 회의는 이러한 변화를 공식화했습니다. 달러화가 금과 태환되는 기축통화가 되었고, 다른 통화들은 달러화에 고정되었습니다. 국제통화기금IMF과 세계은행이 설립되어 워싱턴을 중심으로 한 새로운 국제 금융 질서가 확립되었죠. 1956년 수에즈 운하 위기는 파운드화의 약화를 더욱 가속했습니다. 영국이 이집트의 운하 국유화에 군사적으로 대응하자 미국이 반대했고, 이에 따라 파운드화에 대한 투기적 공격이 발생했습니다. 영국은 IMF의 구제금융을 받아야 했고, 이는 영국의 국제적 위신에 큰 타격을 주었습니다. 1967년에는 파운드화의 평가절하가 불가피했고, 1971년 브레튼우즈 체제가 붕괴하면서 파운드화는 변동환율제로 이행했습니다. 이때 파운드화는 이미 달러화에 기축통화의 지위를 완전히 넘겨준 상태였습니다.

이러한 변화는 단순한 통화 체제의 변화를 넘어 세계 질서의 근본적인 재편을 의미했습니다. 19세기의 '팍스 브리태니카Pax Britannica'가 20세기의 '팍스 아메리카나Pax Americana'로 전환되는 과정이었고, 이는 군사력, 경제력, 그리고 국제 금융 시스템에서의 지도력이 모두 미국으로 이전되었음을 상징했습니다.

참을 수 없는 달러의 무거움

달러의 탄생

달러의 역사는 미국의 탄생과 밀접하게 연관되어 있습니다. 17세기 중반 영국은 아메리카 동부 해안선을 따라 13개의 식민지를 설립했고, 영국 왕실의 통치를 받으면서 각각 독립적인 경제 체계를 운영했죠. 당시 각 식민지의 경제는 주로 농업과 교역에 의존했는데, 통합된 화폐 시스템은 없었습니다. 식민지들은 영국 파운드화, 스페인 달러화, 프랑스 리브르 같은 외국 화폐를 주요 거래 수단으로 사용했고요. 담배와 곡물 같은 상품 화폐나 신용 시스템도 지역적으로 혼용되었어요.

영국은 식민지들에 대해 엄격한 중상주의 정책을 시행하며, 식민지들이 영국과의 무역에서만 이익을 얻도록 강요해서 식민지 경제는 크게 억압됐고, 결국, 미국의 독립운동으로 이어졌습니다. 계기는 1765년 인지세법Stamp Act과 1773년 차법Tea Act이었습니다. 1765년 인지세법Stamp Act은 식민지 주민들이 사용하는 모든 인쇄물에 세금을 부과한 법이었어요. 신문, 서적, 법률 문서뿐 아니라 카드와 달력까지 세금 대상에 포함되었고, 이는 주민들에게 막대한 경제적 부담을 안겨주었죠. 이 법은 "대표 없는 곳에 과세 없다"라는 구호를 외치게 하며, 식민지 주민들의 정치적 반발을 촉발했습니다. 1773년 차법Tea Act은 영국 동인도회사가 식민지에서 차를 독점적으로 판매할 수 있도록 허용한 법이었어요. 이는 차의 가격을 낮추는 동시에 식민지 상인들의 이익을 침해했기 때문에 큰 반발을 불러일으켰죠. 이 법에 대한 항의로 유명한 보스턴 차 사건Boston Tea Party이 발생했는데, 이는 식민지 주민들이 영국의 경제적 지배에 반발하여 영국 배에 실린 차 상자를 바다로 던져버린 사건이었어요. 이러한 법들은 식민지 주민들의 자주성을 침해하고 경제적 불만을 증폭시키며, 독립운동의 불씨를 더욱 키웠습니다.

미국의 독립전쟁은 달러가 탄생하게 된 배경이 됐습니다. 미국 독립전쟁 동안, 대륙회의는 식민지의 정치적 통합과 군사적 지휘를 위한 중심 기구 역할을 했는데 전쟁 자금을 조달하기 위해 콘티넨탈 화폐Continental Currency를 발행했죠. 하지만 이 화폐는 금과 은으로 뒷받침되지 않았기 때문에 급격한 인플레이션을 초래했어요. 금이나 은 같은 실물 자산에 의해 뒷받침되지 않은 화폐는 그 자체로는 내재 가치를 가지지 않기 때문에, 발행량이 늘어나면 화폐의 신뢰가 약화되고 가치가 급격히 하락하게 되죠. 당시 대륙회의는 전쟁 비용을 충당하기 위해 과도하게 화폐를 발행했는데, 이는 시장에서 화폐의 구매력을 크게 떨어뜨리는 인플레이션이 발생하게 된 겁니다. 이에 따라 대륙회의는 재정적 어려움에 직면했지만, 동시에 전쟁을 통해 새로운 정부 구조와 경제 시스템을 실험할 기회를 얻었고, 지도자들은 안정적인 통화 시스템과 경제 통합의 필요성을 절실히 깨닫게 됩니다. 독립 이후 미국은 이러한 교훈을 바탕으로 국가적 정체성을 확립하기 위해 통일된 화폐 시스템을 도입하게 되었어요. 그것이 바로 달러였습니다.

1785년에 미국은 공식적으로 스페인 달러를 기반으로 한 "달러"를 국가 통화로 채택하게 됐습니다. 당시 북미 지역에서 스페인 달러가 가장 널리 통용되고 있었기 때문이죠. 1792년, 미합중국 조폐법Coinage Act이 통과되면서 달러는 금과 은에 기반을 둔 복본위제 체계로 설계되었습니다. 1달러는 371.25그레인(1gr=0.064g)의 순은이나 이에 상응하는 금으로 정의됐죠. 미국 조폐국U.S. Mint이 설립되면서 금화와 은화가 생산되기 시작했고, 실물 자산이 뒷받침된 달러는 국제적으로 신뢰받는 통화로 자리 잡을 수 있었죠. 초창기 미국 경제는 농업 중심이었기 때문에 통화량의 변동은 농산물 가격과 밀접하게 연관되었고, 달러화의 가치 안정성은 더욱 중요하게 다뤄졌습니다.

19세기 후반, 미국은 산업혁명을 거치면서 농업 중심 경제에서 산업화한 경제로 전환하게 되었어요. 철도, 강철, 석유 같은 주요 산업이 급격히 발전했고, 주요 상품 수출국으로 부상했어요. 수출 대금의 상당 부분이 금으로 결제되면서 외국으로부터 막대한 금이 유입되기 시작했죠. 게다가 유럽 국가들이 경제 위기나 전쟁으로 인해 금을 미국으로 이

1795년에 발행된 미국 플로잉 헤어 달러 앞면과 뒷면(출처: 위키백과)

전하게 되면서, 미국의 금 보유량은 점점 늘어갔어요. 결정적인 계기는 1848년 캘리포니아 골드러시였죠. 캘리포니아의 서터 밀Sutter's Mill에서 제임스 마셜James W. Marshall이 금을 발견한 것이 골드러시의 시작이었습니다. 전 세계에서 약 30만 명이 캘리포니아로 몰려들었고, 대량의 금이 채굴되면서 미국의 금 보유량이 급격히 증가했습니다. 금을 기반으로 한 통화 시스템은 달러에 대한 신뢰를 공고하게 만들어 나갔습니다.

달러가 글로벌 기축통화의 초석을 다지고 있던 시기, 문제가 생깁니다. 1907년 공황이라고 불리는 금융위기가 터진 것입니다. 이 사건은 1929년 대공황이 발생하기 이전까지만 해도 대공황이라고 불리던 큰 사건이었죠. 시작은 뉴욕의 니커보커 신탁회사Knickerbocker Trust Company였습니다. 당시 니커보커 신탁회사는 주식 투기와 구리 시장에 큰 투자를 했는데, 막대한 손실을 보며 신뢰를 잃게 되었죠. 이에 따라 고객들은 예금을 대규모로 인출하기 시작했고, 다른 신탁회사들로도 불안감이 번

1907년 10월 금융위기로 월스트리트에 모인 군중(출처: 위키백과)

지며 연쇄적인 예금 인출 사태(뱅크런)가 발생했어요.

결국, 이 사건은 뉴욕의 금융시장 전반에 걸친 심각한 신용 경색을 초래했습니다. 당시 중앙은행이 없던 미국은 금융위기에 매우 취약했고, 민간 은행과 신탁회사들이 줄줄이 파산하면서 금융 시스템은 사실상 마비 상태에 빠졌습니다. 결국, 경제 전반에 걸쳐 심각한 혼란을 초래했어요. 대규모 실업과 산업 생산 감소가 이어지면서 금융위기의 파장은 더욱 확대되었습니다. 이때 민간 금융인 J.P. 모건이 중심이 되어 긴급 자금을 투입하며 금융 시스템의 붕괴를 막았지만, 국가 차원에서 금융 시스템을 안정화할 수 있는 기관이 필요하다는 인식을 심어주었습니다. 이러한 배경에서 1913년 연방준비제도Federal Reserve가 설립됐죠.

1, 2차 세계대전으로 공고해진 달러 패권

"최고의 비즈니스는 바로 전쟁이다."라는 말이 있습니다. 그 말을 온몸으로 느낀 나라가 아마 미국일 것입니다. 왜냐하면 미국은 1, 2차 세계대전을 거치면서 명실상부 글로벌 기축통화 자리를 꿰찼기 때문입니다.

제1차 세계대전은 미국의 경제적 지위를 근본적으로 변화시킨 사건이었어요. 전쟁 이전까지만 해도 미국은 세계 최대 채무국 중 하나로, 37억 달러의 채무를 지고 있었고, 해외 투자는 35억 달러에 불과했죠. 반면, 유럽은 미국에 72억 달러를 투자하며 경제적으로 우위를 점하고 있었습니다. 그러나 전쟁 발발 이후, 상황은 극적으로 바뀌었어요.

전쟁 중 유럽 국가들은 막대한 전쟁 비용을 충당하기 위해 미국으로부터 대규모 차관을 도입했죠. 예를 들어, 영국은 처음에 5,000만 달러 규모로 전쟁 물자를 수입할 계획이었지만, 실제로는 약 30억 달러를 지출했어요. 이는 당초 계획의 60배에 달하며, 당시 1916년 미국 연방정부의 연간 세입의 네 배를 넘는 금액이었죠. 이처럼 폭발적으로 늘어난 전쟁 비용을 충당하기 위해 유럽 국가들은 미국에 의존할 수밖에 없었습니다.

전쟁이 끝난 후, 미국은 유럽 국가들에 96억 달러를 빌려준 세계 최대 채권국으로 부상했어요. 외국인이 보유한 미국 기업의 주식은 33억 달러에 불과했지만, 미국의 해외 투자액은 70억 달러에 달했죠. 전쟁 이전에 37억 달러의 채무국이었던 미국은 종전 후 126억 달러의 채권국으로 전환되었습니다.

이와 동시에, 유럽 국가들은 전쟁으로 인해 산업 시설이 크게 파괴되어 전후에도 공산품을 제대로 생산할 수 없는 상황이었어요. 반면, 전쟁이 유럽에 국한되었던 덕분에 미국은 산업 시설의 피해를 입지 않았고, 전후 비즈니스에서 주도권을 쥘 수 있었죠. 이러한 배경 속에서 미국은 세계 최고 수준의 경제 대국으로 성장하며 국제 경제 질서의 중심에 서게 되었습니다.

전쟁이 끝난 후, 유럽 국가들은 전쟁 복구와 부채 상환 문제로 인해 금 보유량이 고갈되었어요. 이에 따라 국제 금이 미국으로 대거 유입되었고, 미국은 세계 최대의 금 보유국으로 자리 잡았습니다. 특히, 유럽 국가들이 통화 가치를 유지하기 위해 금본위제를 복구하려 했지만, 미국 경제의 힘 앞에서 그 노력은 점점 더 어려워졌죠. 이 시기에 미국은 단순한 채권국을 넘어 세계 금융 시스템의 중심지로 성장했어요.

1차 세계대전 이후, 미국은 광란의 20년대로 불리는 경제적 황금기를 맞이했어요. 자동차, 전기, 석유 같은 주요 산업이 급격히 성장하며 뉴욕 월스트리트는 세계 금융의 중심지로 부상했죠. 미국은 전쟁 기간 중 유럽에 제공했던 물자 공급으로 인해 막대한 수익을 얻었고, 이를 통해 대공황 이전까지 경제적 번영을 구가했습니다. 하지만 이 시기의 번영은 여러 구조적 문제를 감추고 있었어요. 먼저, 소득 불균형이 심화하였는데, 상위 계층은 막대한 부를 축적했지만, 노동자와 농민들은 상대적으로 소득이 늘지 않아 소비력을 잃었죠. 또한, 주요 산업에서 과잉 생

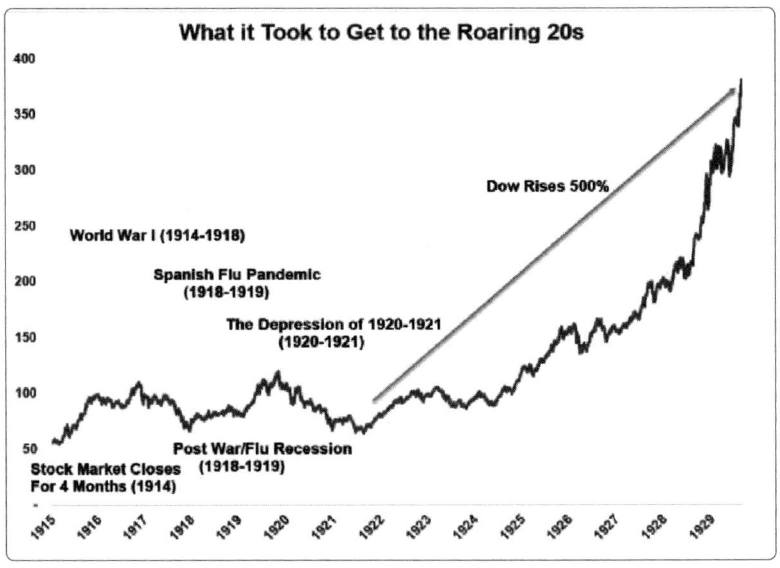

● 1차 세계대전 이후 광란의 1920년대까지 미국 다우 차트 변화(출처 : 트레이딩닷컴)

산이 만연했습니다. 자동차와 가전제품 같은 상품들이 대량으로 생산되었지만, 구매력이 뒷받침되지 않아 재고가 쌓이기 심화됐습니다. 여기에 주식 시장이 투기 열풍으로 과열되며 불안정성이 심화하였어요. 투자자들은 차입금을 활용해 주식을 매수하며 시장을 과도하게 부풀렸고, 이는 경제의 기반을 더욱 취약하게 만들었죠. 은행들도 무분별한 대출을 남발하며 금융 시스템의 안정성을 위협했습니다.

결국, 이러한 문제들이 누적되며 1929년 대공황이라는 최악의 경제 위기로 이어졌습니다. 미국 경제와 달러 패권은 심각한 도전에 직면했죠. 미국은 돌파구를 찾아야만 했습니다.

이때 미국으로서는 때마침 2차 세계대전(1939-1945)이 일어났습니다. 1939년에 시작된 2차 세계대전은 미국의 경제적, 군사적, 금융적 패

광란의 1920년대 이후 대공황까지 미국 다우 차트 변화(출처 : 트레이딩닷컴)

권을 확립하는 결정적인 계기가 되었어요. 전쟁 초기, 미국은 다시 중립을 유지하며 연합국들에 대규모로 무기와 물자를 제공했죠. 특히, "무기대여법Lend-Lease Ac"을 통해 영국, 프랑스, 소련과 같은 연합국들이 전쟁 자금을 확보할 수 있도록 지원했어요. 이 법안으로 약 500억 달러(2023년 가치로 약 7천억 달러 상당)에 달하는 무기와 물자가 제공되었죠.

미국의 산업은 전쟁 물자 생산으로 급성장하며 전례 없는 경제적 번영을 맞이했어요. 전쟁 물자 생산이 GDP의 약 40%를 차지했고, 철강, 석유, 항공기 제조와 같은 주요 산업들은 전쟁 기간 몇 배로 성장했죠. 단적인 예로 1940년에서 1945년 사이 미국은 항공기를 30만 대 이상 생산하며 세계 항공기 생산의 절대 다수를 차지했어요. 이와 함께 고용률이 급격히 증가하며 미국은 1929년에 시작된 대공황의 여파를 완전히 회복하게 되었죠.

이 과정에서 유럽 국가들은 또다시 막대한 부채를 지게 되었고, 미국은 이들을 주요 채권국으로 묶어두며 세계 금융의 중심에서 자국의 경제적 영향력을 강화할 수 있었습니다. 전쟁이 끝난 후, 유럽과 일본은 경제적으로 큰 타격을 입었지만, 미국은 전후 경제 재건의 중심지로서 부와 패권을 쌓아 올리게 되었어요. 특히, 2차 세계대전 이후 미국은 세계 금 보유량의 약 70%를 차지하며 세계 최대의 금 보유국으로 자리 잡았습니다. 이는 전후 경제 질서에서 미국 달러의 기축통화 지위를 더욱 공고히 하는 데 결정적인 역할을 했습니다.

1944년은 달러가 글로벌 기축통화로 우뚝 서게 된 공식적인 날입니다. 2차 세계대전이 막바지에 치달을 무렵인 1944년 7월, 미국 뉴햄프

셔주 브레턴우즈에 영국, 프랑스, 소련, 중국 등 모두 44개국 경제 분야 고위급 인사들이 모였습니다. 2차 세계대전 이후의 경제 복구를 포함하여, 세계 경제 질서를 재건하고 국제 무역과 금융을 안정화하기 위해서였습니다. 당연히 미국의 주도 아래 이루어졌어요. 당시 유럽의 여러 나라들은 두 차례의 큰 전쟁을 겪어서 경제적으로, 정치적으로 피폐해져 있었죠. 브레튼우즈 체제의 핵심은 달러를 기축통화로 삼고, 금 1온스를 35달러로 고정하며 달러를 금에 연동시키는 시스템을 구축하는 것이었어요. 당시 미국은 세계 금 보유량의 70%를 차지하고 있을 정도로 금 태환(어떤 화폐를 일정한 비율로 다른 화폐나 물건으로 교환하는 행위) 능력이

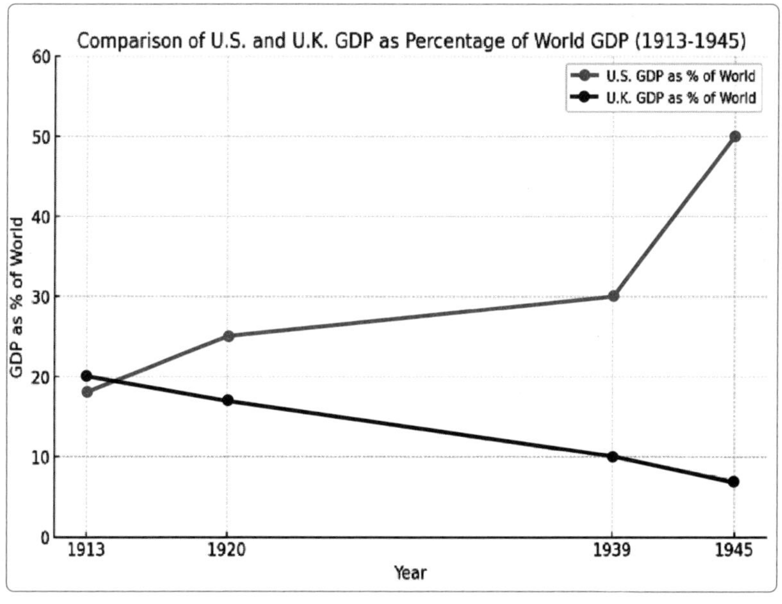

● 1913년부터 1945년까지 미국과 영국의 GDP가 세계 GDP에서 차지하는 비중 변화를 나타낸 차트. 미국이 부상하고 영국은 쇠퇴하는 것을 명확히 알 수 있다.(출처: Chat GPT)

대단했기 때문에 달러를 국제적으로 신뢰받는 통화로 만들 수 있었습니다. 이후 브레튼우즈 체제는 국제통화기금IMF과 세계은행IBRD을 설립해 전 세계 국가들에 경제적 안정과 재건 자금을 제공하는 기반을 마련했어요. 특히, 미국은 달러를 통해 세계 경제를 통제하며, 자국의 경제적 이익을 극대화할 수 있었죠. 전후 경제 복구 과정에서 유럽 국가들은 달러에 의존할 수밖에 없었고, 이는 미국의 경제적 패권을 공고히 하는 데 중요한 역할을 했습니다. 그리하여 새로운 기축통화 달러의 시대가 개막하게 됩니다.

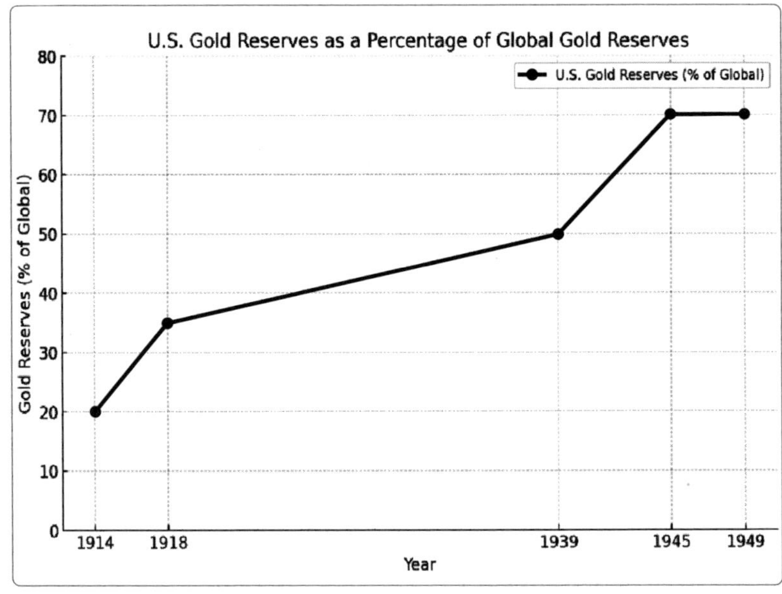

1, 2차 세계대전 전후 미국의 금 보유량 변화
(출처: 미국 재무부(Treasury Department))

달러 패권을 유지하기 위한 미국 양털 깎기 역사

1960년대 들어 미국은 베트남 전쟁 비용과 복지 지출 증가로 막대한 재정적자와 무역 적자에 직면하게 됩니다. 시중에 달러가 너무 많이 풀리면서 달러 가치가 하락했고, 세계 각국은 달러의 실제 가치와 금으로의 교환 가능성에 대해 의구심이 생기기 시작했습니다. 미국이 보유한 금의 양보다 더 많은 달러가 세계로 유통되면서, 달러에 대한 신뢰가 약화된 거죠. 이때 프랑스 드골 대통령은 브레튼우즈 체제를 비판했습니다. 미국은 금을 대가로 달러를 찍어내며 자신들의 경제를 지원할 수 있었지만, 다른 국가들은 달러를 보유해야만 한 것을 보고 "달러의 특권Exorbitant Privilege"이라고 말했죠. 드골 대통령은 미국이 과도한 달러 발행을 통해 금 교환 약속을 지키지 못할 가능성을 염려했고, 금이 달러보다 더 안정적이고 신뢰할 수 있는 자산이라고 보았으며, 프랑스 경제를 보호하기 위해 프랑스 중앙은행이 보유한 달러를 대거 금으로 교환하기 시작했습니다. 프랑스는 뉴욕 연방준비은행에서 프랑스로 금을 물리적으로 운반하기도 했습니다. 이는 미국과의 긴장을 고조시키는 계기가 되기도 했죠. 문제는 프랑스의 이런 행동이 다른 국가들에도 영향을 미친 겁니다. 다들 속으로 말은 안 하고 있었지만 미국에 불만이 있었던 거죠. 서로 앞다투어 보유하고 있던 달러를 금으로 교환했고, 미국의 금 보유고는 급격히 줄어 들어 브레턴우즈 체제의 압박이 심화하였습니다. 결국, 1971년 미국 대통령 리처드 닉슨은 금-달러의 교환을 중단하는 닉슨 쇼크Nixon Shock를 발표하며 브레튼우즈 체제가 붕괴하게 됩니다.

미국은 브레튼우즈 체제 붕괴 이후 달러 패권을 유지하기 위한 새로운 전략이 필요했습니다. 미국이 가장 먼저 한 것은 바로 석유 달러 체제를 구축한 것입니다. 1973년 제1차 오일 쇼크가 발생합니다. 석유수출국기구가 석유 가격을 급격히 인상하며 발생했는데, 중동 전쟁에 대한 서방 국가들의 지원에 반발한 산유국들의 정치적 대응이었어요. 이에 따라 전 세계적으로 에너지 비용이 급등하며, 미국 경제는 심각한 인플레이션과 경기 침체를 겪게 되었죠. 이 위기 상황에서 미국은 사우디아라비아와 협정을 맺었어요. 미국이 사우디아라비아에게 군사적 지원과 정치적 보호를 약속하는 대신, 사우디아라비아를 포함한 OPEC 국가들이 석유 거래를 달러로만 결제하도록 요구한 거죠. 미국과 사우디아라비아와의 협정 이후, 다른 산유국들도 이 방식을 따르며 석유 달러 체제가 형성되었습니다.

석유 달러 체제로 인해 미국의 달러 패권은 상당히 회복됐습니다. 세계 원유 거래는 대부분 달러로 이루어지면서 모든 국가가 석유를 구매하기 위해 달러를 보유해야 했기 때문에 달러에 대한 수요를 꾸준히 유지할 수 있었죠. 덕분에 미국은 무역 적자를 감당하면서도 경제적 안정을 유지할 수 있었습니다. 산유국들은 석유 판매 수익을 미국 경제에 재투자하면서 미국의 금융 시스템에 의존하게 되었습니다. 미국은 1973년 사우디아라비아와의 협정을 통해 석유 달러 체제를 구축했습니다. 전 세계 국가들은 석유 구매를 위해 달러를 비축해야 했고, 이에 따라 막대한 달러 자산이 해외에 축적되었습니다. 이는 '양털이 자라나는' 단계였습니다. 이제 양털을 깎아야겠죠?

미국은 여기서 만족하지 않았습니다. 이때 고안된 것이 바로 '양털 깎기' 전략입니다. 미국의 양털 깎기 역사에 대해 들어보신 적 있으시죠? '양털 깎기'라는 표현은 미국이 경제적으로 약한 국가들을 상대로 금융적 우위를 이용해 이익을 취하는 방식을 나타내요. 이는 양을 죽이지는 않지만, 털을 포송포송하게 자라게 한 다음 이를 깎아내어 자신의 이익으로 활용한다는 비유에서 나온 말이에요. 어떻게 양털을 깎았냐고요? 연방 준비제도 이사회를 선수로 뛰게 하고 금리라는 글러브를 끼워서 라운드에 오르게 만드는 겁니다. 미국은 이 전략을 통해 강대국의 지위를 유지하고 달러 패권을 공고히 하는 데 초점을 맞췄습니다.

처음 타깃은 라틴아메리카였습니다. 1970년대, 미국은 오일 쇼크와 더불어 스태그플레이션(경제 불황 속 인플레이션)이라는 경제적 위기에 직면했어요. 당시 물가 상승률은 1970년대 초반 3%에서 1979년에는 13.3%까지 치솟으며 생활비가 급격히 증가했죠. 미국인들은 기본적인 생활용품과 연료비가 감당하기 어려울 정도로 오르는 상황에 직면했으며, 휘발유 부족으로 인해 주유소 앞에는 긴 대기 줄이 생기기도 했습니다.

이를 해결하기 위해 연방준비제도Fed의 폴 볼커 의장은 1979년부터 강력한 금리 인상 정책을 시행했어요. 연방기금금리는 당시 11% 수준에서 시작해 1981년에는 20%에 이르렀습니다. 금리를 급격히 인상함으로써 소비와 투자를 억제하여 인플레이션을 억제하려는 시도였죠. 이에 따라 미국 경제는 단기적으로 실업률이 10%에 육박하는 심각한 경기 침체를 경험했지만, 결과적으로 물가 안정에 성공하며 달러에 대한 신뢰를 회복했어요.

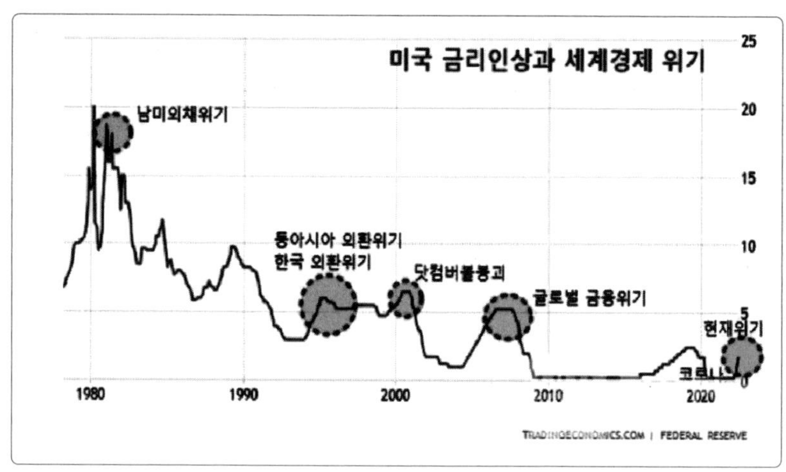

연도별 미국의 금리와 세계 경제 위기를 나타낸 그래프(출처: 미 연방준비제도 이사회)

하지만 이 과정은 라틴아메리카 국가들에 막대한 충격을 주었어요. 당시 많은 라틴아메리카 국가들은 외채를 달러로 차입한 상태였고, 연준의 금리 인상으로 인해 차입 비용이 급등했죠. 이에 따라 부채 상환 부담이 가중되며 멕시코는 1982년 모라토리엄을 선언하며 이른바 '데킬라 쇼크'로 알려진 외채 위기를 겪었습니다. 멕시코에 이어 다수의 남미 국가들이 외환 부족과 채무불이행 위기에 빠졌으며, IMF의 구조조정을 받아들일 수밖에 없었어요. IMF의 조건은 강력한 경제 개혁과 긴축 정책을 포함했으며, 이는 해당 국가들의 경제적 자주성을 크게 훼손했죠. 한편, 미국 자본은 이 위기를 이용해 폭락한 남미 국가들의 자산을 헐값에 매입하며 경제적 영향력을 확대했습니다. 동시에 남미에 신자유주의적 세계화 경제 구조를 강제적으로 이식했어요. 이러한 과정에서 미국은 '워싱턴 컨센서스'라는 글로벌 경제 전략을 만들어 세계화의 교과서로 삼았고, 이를 바탕으로 자신들의 패권을 더욱 공고히 했습니다.

다음 타깃은 일본이었습니다. 일본의 잃어버린 20년 얘기 많이 들어보셨을 겁니다. 1980년대 일본은 세계 경제에서 눈부신 성장을 이루며 세계 2위의 경제 대국으로 부상했습니다. 당시 글로벌 100대 기업 중 53개가 일본 기업이었을 정도로 경제적 위상이 높았어요. 소니는 혁신적인 워크맨으로 전 세계 전자제품 시장을 석권했고, 파나소닉은 가전제품 기술에서 세계적 선두를 달렸습니다. 또한, 토요타는 자동차 제조 기술과 품질 관리의 우수성으로 글로벌 시장 점유율을 급격히 확대하며 일본의 제조업 강국 이미지를 강화했습니다. 세계 2위 경제 대국, 미국의 턱밑까지 올라와 위협하는 일본을 미국이 가만히 둘 리가 없습니다. 미국은 자국의 경제 안정을 위해 일본을 다음 양털 깎기 희생양으로 삼았습니다.

1985년 플라자 합의는 일본 경제의 전환점이었습니다. 플라자 합의는 미국, 일본, 독일, 프랑스, 영국이 참여한 국제 회담으로, 미국 무역 적자를 완화하기 위해 주요 통화 대비 달러 가치를 하락시키기로 합의한 사건입니다. 당시 미국은 1980년대 초반부터 고도 성장을 이룬 일본 및 독일과의 무역에서 큰 적자를 기록하고 있었습니다. 특히, 일본의 전자제품과 자동차가 미국 시장을 점령하면서 미국 제조업은 쇠퇴하고, 일자리 손실이 가속화되었습니다. 미국은 달러 약세를 통해 자국 제품의 가격 경쟁력을 높이고, 무역 적자를 해소하려는 전략을 선택했습니다. 이 과정에서 일본 엔화의 가치가 급격히 높아졌고, 이는 일본 수출 경쟁력을 약화하며 경제에 큰 충격을 주었습니다. 엔화 절상은 일본 제품의 가격이 국제 시장에서 더 비싸지는 결과를 초래했으며, 이는 일본 수출

업체들의 경쟁력을 약화했습니다. 특히, 주요 수출품인 전자제품과 자동차의 가격 상승으로 인해 일본 기업들은 글로벌 시장 점유율을 잃게 되었습니다.

엔화 가치 폭등으로 경기 침체가 우려되자 일본 정부는 금리를 5% 대에서 2.5%까지 대폭 인하하며 돈을 풀었습니다. 시중에 돈이 넘쳐나자 주식과 부동산 시장에 막대한 자금이 몰리며 버블을 형성했습니다. 닛케이 주가지수는 1980년대 초 약 7,000포인트 수준에서 1989년 38,000포인트를 넘기며 5배 이상 상승하는 극단적인 거품 상황을 보여주었습니다. 당시 도쿄의 부동산 가격은 세계 주요 도시와 비교해 몇 배로 상승해, 도쿄의 황궁 부지가 미국 전체 부동산 가치와 맞먹는다는 이야기가 나올 정도였습니다.

버블이 극대화되자 일본은 다시 긴축 정책으로 방향을 틀었으며, 금리는 2.5%에서 6% 이상으로 급격히 인상되었습니다. 이러한 긴축 정책은 자산 가격의 폭락을 초래하며 경제 전반에 심각한 타격을 입혔죠. 그 결과, 일본은 장기적인 경기 침체에 빠졌고, 이를 "잃어버린 20년"이라고 부르게 되었습니다. 이 사건은 미국이 경제적 우위를 유지하기 위해 다른 국가를 희생시킨 대표적인 사례로 평가됩니다. 일본의 경우, 미국의 압박으로 시작된 경제 위기가 수십 년간의 경기 침체로 이어지며 세계 경제사에 큰 교훈을 남겼습니다.

라틴아메리카 이야기나 일본의 잃어버린 20년, 어디서 많이 봤던 내용이죠? 아니, 겪었다고 해야 할까요. 저도 기억납니다. 1990년대 제가 어린 시절, 부모님께서 많이 힘들어하셨던 그때가 말이죠. 미국의 이 양털 깎기 전략, 아마 우리나라 사람이라면 모르는 사람이 없을 겁니다. 우리가 겪었던 그 IMF 사태가 바로 미국의 양털 깎기 전략이었으니까요.

1997년 아시아 금융위기는 미국이 국제 금융 시스템에서 자신들의 이익을 극대화한 또 다른 사례로 여겨집니다. 1987년 8월 미 연준 의장으로 취임한 앨런 그린스펀은 미국 경제의 안정과 성장을 명목으로 1990년 1월 8.25%였던 기준금리를 1992년 3.0%까지 대폭 떨어뜨립니다. 금리가 낮아지면 미국 내에서 돈을 빌리거나 투자해도 수익이 적기 때문에 투자자들은 더 높은 이익을 기대할 수 있는 다른 지역으로 돈을 옮기게 돼요. 당시 동아시아 국가들은 높은 성장률과 유망한 시장으로 주목받았기 때문에 미국 자본이 대규모로 유입되었어요. 동아시아 국가들은 외국 자본을 기반으로 빠른 경제 성장을 이루었지만, 이러한 성장의 기초는 외채에 크게 의존하고 있었죠. 그런데 1994년 이후, 연준은 갑작스럽게 금리를 약 3%에서 6%대로 인상하며 자본의 흐름을 다시 미국으로 끌어들였어요. 그러면 어떻게 될까요? 동아시아 국가들로 유입됐던 자본이 급격히 유출되기 시작했죠. 동아시아 국가들은 유동성 부족에 직면하게 됐고, 외채 상환 부담이 가중되었습니다. 태국에서 시작된 통화 위기는 인도네시아, 한국 등으로 빠르게 확산하며 아시아 금융위기로 이어졌습니다. 동아시국가들은 외환위기에 빠져 IMF의 긴급 자금을 받기 위해 엄격한 경제 개혁을 강요받았어요. IMF의 구조조정 조건은 강력한 긴축 정책과 금융 시장 개방을 포함했으며, 해당 국가들의 경제적 자주성을 약화하고 외국 자본의 이익을 극대화하는 결과를 낳았죠. 결국, 아시아 금융위기는 미국 중심의 금융 체제가 동아시아 경제에 막대한 영향을 미친 또 하나의 사례로 기록되었습니다. 미국은 이와 같은 양털 깎기를 통해 달러 패권을 확고하게 만들어 나갔습니다.

달러 패권, 흔들리고 있다

여러분, 고대 아테네의 드라크마부터 오늘날의 달러까지 기축통화 역사 여행을 함께 해봤습니다. 정말 긴 여정이었죠? 이쯤 되면 여러분도 조금 당황하실 수도 있을 것 같은데요. 코인 투자하려고 책을 샀는데 무슨 화폐와 기축통화 역사를 알아야 하나 싶어서 말이죠. 제가 이렇게 강대국과 기축통화 역사의 흐름을 길게 이야기한 데에는 사실 이유가 있습니다. 꼭 하고 싶은 말이 있어서입니다.

우선 지금까지 세계 경제를 주름잡았던 기축통화들의 공통점을 한번 찾아보죠. 통화 패권은 국력과 밀접한 연관성을 가집니다. 기축통화의 지위는 단순한 경제적 현상이 아닌, 해당 국가의 종합적 국력을 반영합니다. 영국이 파운드화로 기축통화 지위를 누렸던 시기는 대영제국이 세계 최강국이었던 시기와 일치한 것을 보면 알 수 있죠.

기축통화의 패권은 경제력과 군사력이 함께 뒷받침돼야 유지됩니다. 고대 아테네의 드라크마는 델로스 동맹을 기반으로 한 아테네의 해상 패권 덕분에 널리 사용되었고, 로마 제국의 데나리우스와 비잔틴 제국의 솔리두스는 제국의 군사적, 행정적 안정성 덕에 오랜 기간 기축통화의 자리를 유지할 수 있었습니다. 반면 신대륙에서 막대한 금은을 확보했음에도 통화 패권을 잃은 스페인 달러를 보면, 경제력이 있다고 기축통화가 유지되진 않는다는 것을 알 수 있죠. 단순한 부의 축적이 아닌 산업 경쟁력과 군사력이 균형을 이루어야 함을 보여줍니다.

기축통화는 신뢰가 기본입니다. 기축통화의 지위는 해당 통화에 대한 국제 사회의 신뢰를 기반으로 합니다. 어떤 이유로든 이 신뢰가 무너진 화폐는 기축통화의 지위를 내려놓고 역사 속으로 자취를 감출 수밖에 없었습니다.

마지막으로, 기축통화는 영원하지 않습니다. 어떤 통화도 영원한 기축통화의 지위를 유지하지 못했습니다. 역사는 반복됩니다. 역사 속의 한 획을 그었던 강대국과 기축통화는 탄생과 번영, 쇠퇴와 몰락을 거듭하며 바뀌어나갔습니다. 세계 질서에는 언제나 변화가 필연적으로 찾아오기 마련입니다.

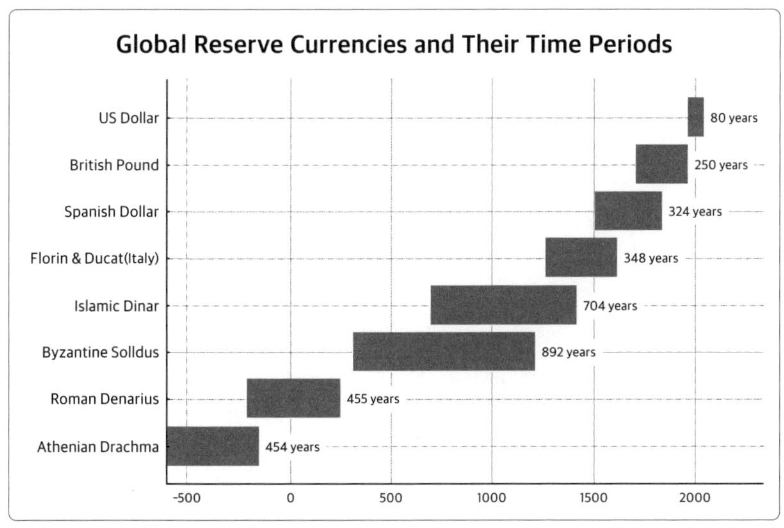

● 고대 아테네의 드라크마에서 시작해 현대의 미국 달러에 이르기까지 세계 기축통화들이유지했던 기간을 연대별로 나타낸 그래프(출처: Chat GPT)

이제 다시 돌아가 봅시다. 제2차 세계대전 이후 미국은 브레튼우즈 체제를 통해 달러를 기축통화로 확립했습니다. 전쟁 후 복구 과정에서 미국의 압도적인 경제력과 정치적 영향력을 바탕으로 한 달러 패권은 80여 년간 국제 금융 질서의 중심축이었습니다. 그런데 여러분, 우리 지금까지 역사 속 기축통화들의 흥망성쇠를 쭉 살펴봤잖아요. 그런 생각 안 드세요?

'달러도 끝이 있지 않을까? 달러가 언제까지나 기축통화의 지위를 지속할 수 있을까?'

우리는 이미 알고 있습니다. 영원한 것은 없다는 것을요. 실제로 21세기에 들어서면서 달러 패권은 점차 약화되고 있습니다. 제가 다양한 데이터를 통해 달러가 저물고 있다는 것을 말씀드릴게요.

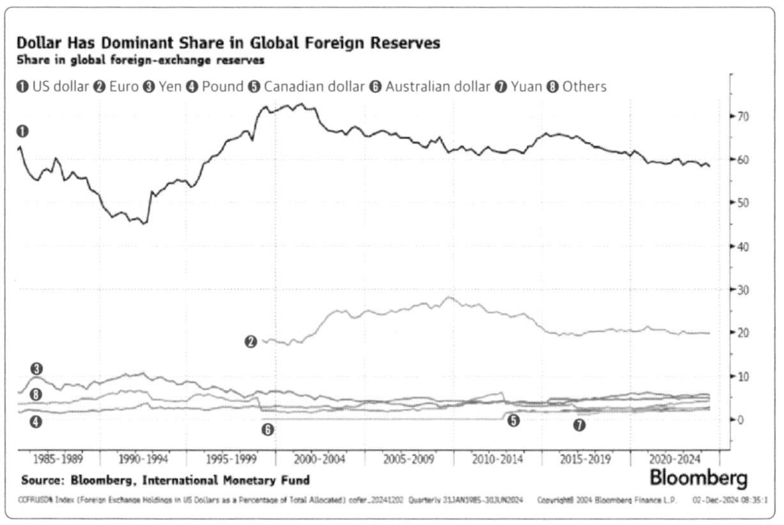

● 글로벌 외환보유고 내 달러 비중 변화를 보여주는 그래프(출처: 블룸버그 2024. 12)

달러 패권 약화의 증거는 여러 곳에서 나타납니다. 첫 번째는 글로벌 외환보유고에서 달러 비중이 지속해서 감소하고 있는 것입니다. IMF 통계에 따르면, 1999년 71%였던 글로벌 외환보유고 내 달러 비중이 2023년에는 59% 수준으로 떨어졌습니다. 그러니까 결국, 세계 각국의 중앙은행이 보유하고 있는 외국환 어음과 채권의 총수량 중 달러가 차지하는 비중이 줄어들고 있다는 거죠. 미국의 영향력이 점차 줄어들고 있다는 것을 의미하기도 합니다. 미국 경제가 상대적으로 쇠퇴하고 신흥국들이 조금씩 그 자리를 치고 올라오고 있다는 뜻입니다. 특히 중국과 러시아는 자국 경제의 자주성을 높이기 위해 달러 의존도를 줄이고 있습니다.

국제 무역에서도 달러의 영향력은 약화되고 있습니다. 미국이 달러를 경제 제재 도구로 사용하자 여러 국가가 대안을 찾고 있습니다. 2015년 45%였던 SWIFT 상의 달러 결제 비중이 2023년에는 40% 미만으로 감소했습니다. 쉽게 말하면, 예전에는 대부분의 나라가 무역할 때 달러로 돈을 주고받았지만, 최근에는 다른 통화(예: 유로, 위안화)를 사용하는 경우가 늘어나고 있다는 의미입니다. 특히 에너지 거래에서 위안화 결제가 늘어나고 있는데, 러시아와 중국 간 에너지 거래는 이미 100% 위안화로 이루어지고 있으며, 사우디아라비아도 중국과의 석유 거래에서 위안화 결제를 검토 중입니다.

미국 경제의 상대적 약화도 달러 패권에 부정적인 영향을 미치고 있습니다. 1960년 40%에 달했던 글로벌 GDP 대비 미국의 비중은 2023년 25% 수준으로 줄어들었으며, 구매력평가(PPP) 기준으로는 이미 중국에 추월당했습니다. 또한, GDP 대비 130%를 상회하는 국가 부채와 쌍둥이 적자는 달러에 대한 신뢰를 약화하는 주요 요인으로 작용하고 있어요.

지정학적 변화 역시 달러 패권 약화의 주요 원인입니다. BRICS 확대가 단적인 예죠. 2024년 1월, 사우디아라비아, UAE, 이란, 이집트, 에티오피아가 새롭게 가입하면서 BRICS의 경제 규모는 G7을 상회하게 되었습니다. BRICS는 신흥국 중심의 경제 협력체로, 기존 서방 선진국 중심의 G7과 대조를 이루며 세계 경제의 다극화를 촉진하고 있습니다. 결국, BRICS의 확대는 달러 패권 약화를 의미합니다. 이들 국가는 자국 통화의 국제화를 촉진하고, 달러에 대한 의존도를 줄이려는 경향을 보이고 있기 때문입니다.

하지만 이러한 변화들이 곧바로 달러 패권의 붕괴를 의미하는 것은 아닙니다. 사실 달러는 여전히 너무나도 강력한 힘을 가지고 있으니까요. 달러가 가진 네트워크 효과와 미국 금융시장의 깊은 유동성은 여전히 강력한 경쟁력입니다. 하지만 우리는 알아둘 필요가 있다는 겁니다. 영원한 것은 없고, 영원한 기축통화도 없다는 것을요.

NEXT 기축통화, 비트코인

비트코인 투자에 확신을 갖게 된 계기

여러분, 아주 먼 훗날의 얘기겠지만, 만약 미국 달러가 기축통화의 지위를 잃게 되는 날이 온다면 그다음 기축통화는 어느 나라의 어떤 화폐가 될지 생각해보신 적 있으실까요? 저는 상상하는 것을 좋아합니다. 사실 트레이딩을 하는 것도 상상력이 풍부해야 하거든요. 다양한 시나리오를 짜서 그에 맞게 대응을 하는 것이 트레이딩의 기본이라고 생각합니다. 그것이 습관이 되다 보니 평소에도 온갖 상상을 하곤 합니다. 크립토 시장에 뛰어들게 된 후로 제가 즐겨하는 상상이 있습니다. 바로 '미국 달러 이후의 기축통화는 무엇이 될까?'하는 것입니다. 저는 NEXT 기축통화는 비트코인이 될 것이라고 조심스럽게 상상해봅니다.

저는 원래 크립토 사업을 하진 않았습니다. 어린 시절부터 돈을 버는 것이 재미있었던 저는 다양한 아르바이트와 장사, 사업을 통해서 경험을 쌓았고 돈을 모아나갔습니다. 이 시장에 뛰어들기 전에 하던 사업도 나름대로 잘되고 있었죠. 제가 트레이딩을 시작한 것은 비트코인 반감기인 2016년이었습니다. 처음부터 전업 투자자가 되려고 했던 건 아니었어요. 그냥 막연한 무엇인가가 저를 이끌었습니다. 새로운 세상이 열리고 있다는 느낌이었어요. 제가 처음으로 트레이딩을 했던 시기는 대불장의 시기였습니다. 비트코인은 2016년 반감기 이후 125% 성장했고, 2017년에는 무려 1,332%나 폭등했죠. 옆집 할머니도 돈을 버는 대불장이었고, 자고 일어나면 돈이 복사되던 시기였습니다. 그때 전 그동안 열심히 모아왔던 자산을 양껏 불릴 수 있었고, 다른 사업을 하기 위해서 코인 시장을 나왔습니다. 제 꿈은 사업가였기 때문에 트레이딩을 할 생각이 없었거든요. 그때만 해도 코인 시장에 대한 인식이 좋지 않긴 했습니다. 투기성이 짙다는 이미지가 만연했죠. 사실 당시 제가 코인 트레이딩으로 돈을 벌긴 했지만, 저 역시 코인 판을 투기로 보고 있었기 때문에 별생각이 없었어요.

그러다가 2020년부터 본격적으로 크립토 시장에 뛰어들었습니다. 처음에는 뭘 잘 알아서 이 시장에 뛰어든 것은 아니었습니다. 일찍 사업을 시작했었던 터라 육감적으로 느껴졌습니다. 코인 시장에 관한 본격적인 공부는 시장에 뛰어들고 나서 시작했는데 공부하면 할수록 제 생각에 확신이 들기 시작했죠. 근세 대항해 시대에 신대륙을 개척하기 위해 나선 탐험대 같다는 생각이 들었습니다. 아직 아무도 밟지 않은 미지의 땅이 어딘가에 있을 거라는 설렘과, 아직 아무도 개척하지 못한 새로운 항로를 찾을 수 있을 거라는 기대감이 있었던 거죠. 한 마디로 지금 아직 먹을 것이 많이 남은, 초기 시장의 선점자가 될 수 있을 것 같다는 생각이었습니다. 사실 어떤 사업이든, 어떤 투자 시장이든 초기에 들어가서 성공한 사람이 늘 크게 벌 수 있는 법이니까요.

그런데 사실 그때까지만 해도 코인 시장에 대한 확신이 100%는 아니었습니다. 늘 딱 한 가지 불안 요소가 있었죠. 바로 미국이었습니다. 설계상 탈중앙화의 특성을 가지는 비트코인이 달러 지배력을 약화할지도 모른다는 우려 때문에 '혹시나 미국이 비트코인 죽이기를 하면 어떻게 하나?'라는 불안이 있었죠. 하지만 이제 그런 불안은 없어졌습니다. 비트코인에 대한 확신이 커졌기 때문입니다.

왜 비트코인인가?

"왜 비트코인인가?"라는 질문에 저는 늘 이렇게 대답합니다. "비트코인은 인류가 오랜 세월 동안 꿈꿔왔던 이상적인 화폐의 형태를 구현하고 있다"라고 말이죠. 지금까지 우리는 중앙은행이나 정부와 같은 중앙집권적 기관에 의해 통제되어온 기존 화폐 시스템의 문제점을 상세하게 살펴봤어요. 앞서 살펴보지 않은 중앙은행과 정부의 잘못으로 큰 혼란을 가져왔던 사례를 두어 개 더 말씀드리겠습니다.

대표적인 사례로는 20세기 초 독일 바이마르 공화국의 하이퍼인플레이션이 있습니다. 정부가 재정 부족을 메우기 위해 과도하게 화폐를 발행하면서, 독일 마르크의 가치는 폭락했고, 결국, 경제 혼란과 사회적 불안을 초래했죠. 또 다른 사례로는 2008년 글로벌 금융 위기 당시 미국 연방준비제도Fed가 양적 완화를 통해 시장에 막대한 유동성을 공급하면서, 달러의 구매력이 장기적으로 하락했던 일도 있었죠.

이와 반대로 비트코인은 탈중앙화를 통해 중앙기관의 간섭을 배제하며, 2,100만 개로 한정된 공급량을 통해 화폐의 희소성과 가치를 보장합니다. 저는 이것이 단순히 기술적 혁신을 넘어, 신뢰의 패러다임 자체를 변화시킨다고 봅니다. 블록체인 기술을 기반으로 한 비트코인은 투명성과 불변성을 갖추고 있으며, 누구나 네트워크의 일원이 될 수 있는 개방적 특성을 보이고 있습니다.

비트코인은 공급량이 2,100만 개로 고정되어 있습니다. 이는 기존 화폐가 중앙은행의 정책에 따라 무한히 발행될 수 있는 것과는 본질적으로 다릅니다. 제한된 공급량은 비트코인을 디플레이션 자산으로 만들어 시간이 지날수록 가치가 상승할 가능성을 높이죠. 또한, 비트코인은 국가의 경계와 상관없이 글로벌 통용성을 제공하며, 인터넷만 있다면 누구나 접근할 수 있습니다. 저는 이것이 세계 경제를 하나로 연결하는 촉매제 역할을 할 수 있는 잠재력을 보여준다고 생각합니다.

비트코인이 이상적인 화폐일 수밖에 없는, 비트코인의 장점을 정리해볼게요.

- **탈중앙화**

중앙기관 없이 네트워크 자체에서 합의가 이루어져 신뢰성과 안정성을 보장합니다. 비트코인의 블록체인 시스템에서는 모든 거래가 네트워크 참여자들에 의해 검증됩니다. 이 과정에서 참여자들은 복잡한 수학 문제를 풀어 거래를 승인하며, 누구나 확인할 수 있는 투명한 장부에 기록됩니다. 이렇게 거래가 분산된 방식으로 처리되기 때문에, 단일 기관이 거래를 조작하거나 변조할 가능성이 없고, 네트워크 전체가 안정적으로 운영됩니다.

- **투명성과 불변성**

거래 내역이 공개되고, 한 번 기록된 데이터는 변경할 수 없습니다. 비트코인 블록체인의 모든 거래 내역은 누구나 볼 수 있는 공공 장부에 기록됩니다. 이 장부는 수천, 수만 대의 컴퓨터에 분산 저장되며, 동일한 데이터가 모든 참여자에게 공유됩니다. 만약 누군가 기록된 데이터를 변경하려 한다면, 네트워크에 연결된 모든 컴퓨터의 합의가 필요합니다. 사실상 불가능하다고 할 수 있죠. 이런 구조는 단일 주체가 데이터를 임의로 조작할 수 없도록 보장하며, 데이터를 영구적이고 신뢰할 수 있는 형태로 유지하게 만듭니다.

- **희소성**

제한된 공급량으로 인해 가치 저장 수단으로 적합합니다. 금을 떠올려보면 이해하기 쉽습니다. 금은 오랜 세월 동안 가치 저장 수단으로 사용됐죠. 그 이유는 금의 채굴량이 제한적이고, 새로운 금을 대량으로 공급할 수 없기 때문입니다. 오랜 세월 금값은 꾸준히 상승해온 것만 봐도 알 수 있죠. 마찬가지로, 비트코인은 2,100만 개로 공급량이 고정되어 있어 디지털 자산으로서 희소성을 가집니다. 시간이 지날수록 더 많은 사람이 비트코인을 찾게 되면, 그 희소성 덕분에 가치를 안정적으로 저장하는 수단으로 적합하다고 볼 수 있습니다. 비트코인을 '디지털 금'이라고 부르는 것도 같은 이유입니다.

- **보안성**

강력한 암호화 기술로 데이터의 안전성과 개인 자산을 보호합니다. 비트코인은 공개키와 개인키라는 두 가지 암호화 키를 사용하여 거래를 보호해요. 공개키는 계좌번호처럼 누구나 볼 수 있지만, 개인키는 오직 소유자만이 접근할 수 있는 비밀번호와 같습니다. 거래를 진행할 때 개인키를 사용해 서명함으로써 거래의 진위가 보장되며, 해커가 이를 위조하려면 수백만 대의 컴퓨터를 동시에 해킹해야 하는 수준의 계산 능력이 필요합니다. 불가능하겠죠? 이런 구조 때문에 비트코인이 보안성이 높다는 것입니다.

- **국경 초월성**

지리적 제약 없이 전 세계에서 사용할 수 있습니다. 이건 굳이 설명하지 않아도 아실 거라 생각됩니다.

- **검열 저항성**

특정 국가나 기관이 거래를 차단하거나 통제할 수 없습니다. 기존 화폐 시스템에서는 정부나 중앙은행이 거래를 감시하고 특정 거래를 차단할 수 있는 권한을 행사해왔죠. 대표적으로 2010년 위키리크스에 대한 사례가 있습니다. 당시 미국 정부는 위키리크스에 대한 금융 제재를 가하면서 주요 결제 네트워크(비자, 마스터카드, 페이팔 등)를 통해 후원금을 차단했습니다. 그러나 비트코인은 탈중앙화된 네트워크를 통해 운영되기 때문에 특정 기관이 거래를 막거나 통제할 수 없습니다. 거래는 네트워크 참여자들에 의해 승인되고 블록체인에 기록되며, 이를 변경하거나 차단하려면 전 세계 수많은 컴퓨터를 동시에 통제해야 합니다. 이러한 구조는 비트코인의 자유로운 거래를 가능하게 하고, 검열로부터의 저항성을 강력하게 만듭니다.

정말 이상적인 화폐의 조건을 모두 두루두루 갖추고 있지 않나요? 비트코인은 단순한 디지털 자산이 아니라, 기존 화폐 시스템의 문제점을 해결하고 새로운 경제 질서를 제시하는 혁신적인 도구라고 믿습니다. 저는 이 모든 특성이 비트코인이 NEXT 기축통화 감으로서의 자질을 갖추고 있는 것이 아닌가 하고 생각해봅니다. 아주 아주 먼 훗날이 될지도 모르고 오지 않을지도 모르죠. 그거야 제 상상이니까요.

비트코인, 15억 원이 아니라 100억 원도 간다

이제 여러분도 비트코인이 이상적인 화폐의 조건을 두루 갖췄다고 하는 저의 의견에는 어느 정도 동의하실 거로 생각합니다. 그리고 수 세기 동안 반복되어온 기축통화의 흥망성쇠를 보면서 지금 너무나도 굳건해 보이는 달러 패권이 언젠가는 무너질 수도 있다는 것도 어느 정도 설득이 되셨을 겁니다. 달러 패권이 너무나 공고하기 때문에 기축통화의 역사를 길게 설명해야만 했거든요. 자, 이제 조금 더 들어가 보려고 합니다. "여러분, 비트코인 1개의 가치는 곧, 가까운 미래에 15억 원에 도달할 것입니다." 어떻습니까? 이 말에는 아직 고개를 갸우뚱하는 분들이 계시는군요. 그런데 여러분, 제가 아주 보수적으로 15억 원이라는 금액을 제시한 것뿐입니다. 사실 저는 비트코인 1개의 가치가 15억 원이 아니라 100억 원도 간다고 예측합니다. 이제부터 여러분을 또 한 번 설득해보겠습니다. 집중하시죠.

가끔 모든 일이 이상하리만큼 잘될 때 이런 말을 합니다. "온 우주의 기운이 돕는 것 같아!"라고요. 네, 지금 온 우주의 기운이 비트코인한테 모이고 있습니다. 지금까지 몇 차례 비트코인 대상승장이 있었지만, 그때와 지금은 아주 다릅니다. 단순히 비트코인 가격이 상승하는 상승장이 아니라 비트코인을 둘러싼 모든 환경이 좋아지면서 비트코인을 받쳐주고 있기 때문입니다. 그때와 지금 어떻게 달라졌는지 단적으로 알 수 있는 것이 있어요. 유명인들이 비트코인에 대해 했던 예전 발언과 지금 발언을 비교해보면 확 느껴집니다. 자, 보실까요.

"나는 비트코인과 다른 암호화폐의 팬이 아니다. 그것들은 돈이 아니며, 그 가치가 매우 변동적이고 허공에서 만들어진 것이다."

이 말을 누가 했는지 아시는 분 계실까요? 이 사람은 2019년 7월에 자신의 트위터를 통해서 비트코인에 대해 부정적으로 언급했습니다. 그리고 2년 후, 한 뉴스 채널과의 인터뷰에서 비트코인에 대해 이렇게 말했죠. "사기처럼 보인다. 본질적으로 달러와 경쟁하는 통화라는 점에서 좋아하지 않는다."라고요. 그런데 이 사람은 그로부터 3년 후, 이렇게 말했습니다.

"미국이 지구의 가상화폐 수도이자 세계의 비트코인 슈퍼파워가 되도록 하겠다."

분명 동일인의 발언입니다. 3년 만에 완전히 입장을 바꾸었죠? 이제 누구인지 어느 정도 감이 올 겁니다. 바로 도널드 트럼프 대통령입니다. 트럼프 대통령은 "미국이 지구상의 가상화폐 수도가 되도록 하는 계획을 발표할 것", "비트코인의 전략적 비축을 위한 기금을 만들 계획이 있다"라며 비트코인을 국가적 자산으로 도입할 가능성을 언급하기도 했습니다. 여러분, 대체 그사이에 무엇이, 어떻게 달라져서 트럼프 대통령이 이렇게 입장을 바꾸었을까요? 대통령에 당선되기 위한 전략적 발언이었다고 하더라도 대통령의 발언이 바뀌었다는 것은 분명 의미가 있습니다.

비트코인 가격에 대해 낙관적으로 전망한 유명인들도 많습니다. 펀드스트랫의 공동 창립자인 톰 리는 "향후 12개월 안에 비트코인 가격이 25만 달러(약 36억 1,925만 원, 2024년 12월 말 환율 기준) 혹은 그 이상에 도달할 가능성이 크다"고 언급했고, 비트코인 분석가 윌리 우는 "2026년까지 10만 달러(약 14억 4,770만 원)를 넘길 것"이라고 전망했습니다. 벤처 투자자 팀 드레이퍼는 "비트코인의 가격이 2030년까지 50만 달러(약 72억 3,850만 원)에 이를 것"이라고 예측했고, 번스타인의 가우탐 추가니 애널리스트는 "비트코인 가격이 내년 말까지 20만 달러(약 28억 9,540만 원)까지 오를 가능성이 있다"라고 전망했습니다.

비트코인 가격을 긍정적으로 보는 가장 유명한 사람이 또 한 명 있죠? 바로 우리나라에서 '돈 나무 언니'로 불리는 미국 월가의 자산운용사 아크 인베스트먼트 매니지먼트의 CEO 캐시 우드입니다. 2021년 캐시 우드는 뉴욕에서 열린 한 콘퍼런스에서 처음으로 비트코인 전망을 발표했죠. "비트코인 가격이 5년 이내에 10배 상승할 것이라고 믿는다."라고 했어요. 당시 비트코인 가격이 4만 5천 달러였으니 열 배 이상이면 50만 달러, 우리 돈으로 6억 원이 넘는 금액이죠. 그 후 캐시 우드는 2023년 비트코인을 안전자산으로 비유하며 2030년까지 60만 달러(약 8억 6천 4백만 원)에서 최대 65만 달러(약 9억 3천 6백만 원)까지 폭등할 것으로 예상했습니다. 그리고 2024년에는 CNBC와의 인터뷰에서, 강세 시나리오에서는 비트코인이 약 100만~150만 달러(약 14억 4천만 원~21억 6천만 원)까지 상승할 수 있다고 전망치를 상향 조정했습니다. 물론 캐시 우드가 아무런 분석 없이 이런 전망을 하진 않았겠죠. 몇 가지 주요한 전제를 제시했습니다. 기관 투자자들이 포트폴리오의 5%를 비트코인에 할당할 경우에, 비트코인 가격이 2026년까지 약 56만 달러(약 8억 1,071만 원)에 도달할 수 있다고 전망했습니다. 주식이나 채권, 파생상품 등 유동성 자산에 투자하는 법인을 속칭 기관이라고 부릅니다. 그리고 그 법인에 속해서 투자를 하는 사람을 기관 투자자라고 하죠. 기관 투자자들이 자신들의 포트폴리오의 5%를 비트코인에 할당하면 어떤 일이 벌어질까요? 우선 지금까지 나온 데이터를 통해 대략 파악해볼게요.

현재 비트코인 시장에서는 기관 투자자들의 자금이 점진적으로 유입되고 있습니다. 비트코인 현물 ETF가 출시된 이후, 약 370억 달러의 자금이 시장에 유입되었으며, 이는 전 세계 기관들이 관리하는 총자산

AUM인 약 120조 달러의 약 0.3%에 해당합니다. 이러한 유입 자금은 비트코인 가격 상승에 영향을 미쳐, 2024년 1월 한 달 동안의 최고가였던 45,000달러에서 2024년 12월 16일 기준 최고가인 107,000달러까지 약 2.38배(238%) 상승을 이끌었습니다.

만약 전 세계 기관 투자자들이 관리하는 자산의 5%가 비트코인에 투자된다면, 단순 수학적으로 비트코인 가격은 현재보다 훨씬 더 상승할 가능성이 있습니다. 비트코인 현물 ETF에 투자된 자금 비율이 0.3%에서 5%로 증가할 경우, 단순 비례 계산에 따라 비트코인 가격은 약 37.33배 상승할 수 있습니다. 이를 바탕으로 2024년 1월의 비트코인 최고 가격인 45,000달러에 적용하면 예상 가격은 약 1,725,000달러로 추정됩니다. 캐시 우드도 대략 이런 식의 접근으로 비트코인 가격 전망치를 100~150만 달러라고 내놓은 것 같네요. 아무튼 2024년 12월 16일 기준 환율(1달러 = 1,447.7원)을 적용하면, 이는 원화로 약 24억 9,728만 2,500원에 해당합니다. 15억 원을 훨씬 넘는 숫자죠.

보기 편하게 한 번 더 정리해보면, 기관 투자자들의 자금이 5% 유입될 시,

예상 시나리오: 기관 자금 5% 유입 시

1. 총 유입 자금 비율:
    - 현재: 0.3%
    - 추가유입: 4.7%
    - 합계: **총 투자비율 = 0.3% + 4.7% = 5.0%**
2. 비트코인 가격 상승률:

• 단순 비례 계산에 따르면: **예상 상승 배율 =** $\frac{5.0\%}{0.3\%}$ **× 2.38**

≈ 37.33(3733%)

3. 예상 가격:

• 1월 가격: 45,000 달러

• 예상 상슬률: 3733%

• 계산: **예상가격 = 45,000 × (1 + 37.33) ≈ 1,725,000 달러**

4. 환율 적용(1달러=1,447.7 원)

• 계산: **예상 가격(KRW) = 1,725,000 × 1,447.7**

≈ 24억 9,728만 2,500원

물론 현재까지 비트코인 ETF에 유입된 누적 자금 370억 달러는 기관 투자자들의 자금이 아닌 총 누적 금액이라서 기관 투자자들이 투자한 금액은 이보다 더 적을 수 있지만요. 이 결과는 단순 계산에 기반한 예측으로, 실제 시장에서는 수요와 공급의 변화, 투자자들의 심리, 시장의 유동성 등 다양한 요인들이 가격 형성에 영향을 미칠 수도 있습니다. 결론적으로, 기관들의 비트코인 투자는 지속해서 확대될 전망이며, 비트코인 시장에 기관들의 자금이 대규모로 유입될 경우, 비트코인의 가격 상승은 폭발적일 가능성이 큽니다. 비트코인의 잠재력이 엄청나다는 거죠.

실제로 기관의 종류는 참 많습니다. 그중에서도 우리가 가장 주목해야 할 기관은 바로 연금기금입니다. 왜냐하면 이들의 투자 성향은 무척 보수적인데 한번 투자하면 오래도록 방향성을 가지고 매수하기 때문입니다. 그래서 연기금의 투자 움직임을 보면 장기적으로 우상향할 투자군이 어디인지 알 수 있죠. 그런데 이 연기금이 비트코인 투자를 시작했습니다.

우리나라 국민연금부터 볼까요. 참고로 국민연금의 투자 포트폴리오는 주기적으로 공개됩니다. 많은 투자자가 국민연금 포트폴리오를 참고하기도 하죠. 미국 증권거래위원회에 따르면 국민연금은 지난해 3분기 코인베이스에 처음 투자했습니다.

코인베이스는 법인·기관투자자 중심으로 서비스를 제공하는 미국의 가상 자산 거래소입니다. 올해 2분기에는 마이크로스트래티지를 포트폴리오에 신규 편입했죠. 마이크로스트래티지는 비트코인을 가장 많이 보유한 미국 기업으로, 전체 공급량의 1%가 넘는 비트코인을 보유하고 있습니다. 비트코인의 가격이 상승하면서 마이크로스트래티지 주가도 고공행진 중이죠. 국민연금이 코인베이스와 마이크로스트래티지에 투자했다는 것은 결국, 비트코인에 투자했다는 말과 같습니다. 간접적인 방식으로요. 국민연금의 평가 손익은 무려 1억 천만 달러. 1,500억 원이 넘었습니다.

국민연금은 비트코인 관련 기업에 간접적으로 투자했지만, 해외 여러 나라의 연기금은 비트코인에 직접 투자하고 있습니다. 영국 연기금은 지난 10월부터 비트코인에 투자하고 있습니다. 주목할 점은 대부분의 기관이 ETF 같은 대안 상품을 통해 간접적으로 투자하고 있는데 영국 연기금은 비트코인을 직접 사서 직접 보관하는 방식을 선택한 겁니다. 또 하나 주목할 점은 비트코인 투자에 할당한 비중입니다. 전체 자산

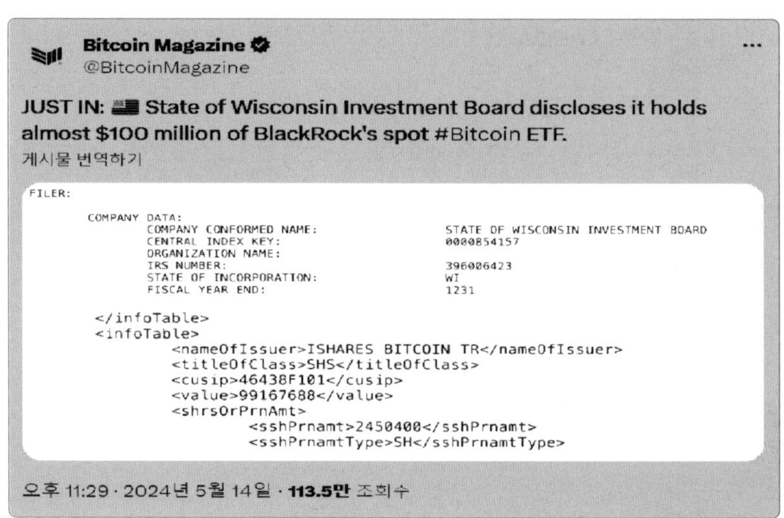

● 미국 위스콘신 연기금이 비트코인 ETF에 투자하기로 한 증권거래위원회(SEC)에 제출된 13-F 문서(출처: Bitcoin Magazine)

의 3%를 투자하고 있는데 현재까지 세계 최대 비중의 비트코인 연기금 투자로 기록되고 있습니다.

미국 연기금은 대부분 비트코인 ETF에 투자하고 있습니다. 2024년 5월 미국 위스콘신주 투자위원회는 총자산의 0.1%인 1억 6,400만 달러를 현물 비트코인 ETF에 투자했고, 8월에는 투자 규모를 확대했습니다. 7월에는 미시간주 퇴직연금도 비트코인 ETF 투자를 공시했고요. 플로리다 주 정부도 플로리다 연기금의 비트코인 투자 가능성을 모색하고 있다고 합니다. 그 밖에도 미국의 많은 연기금이 비트코인 투자를 고려하고 계획하고 있다고 합니다.

일본 연기금도 가상자산 투자를 준비하고 있습니다. 일본공적연금은 지금껏 채권 등 안전자산을 중심으로 보수적으로 기금을 운용해왔습니다. 그런데 올해부터 일본공적연금GPIF은 포트폴리오에 비트코인을 추가하는 방안을 검토하고 있다고 합니다. 분산·장기투자로 대표되는 연기금이 비트코인에 투자한다는 것은 상징하는 바가 큽니다. 그동안 비트코인은 위험성이 큰 자산으로만 여겨져 왔기 때문입니다. 앞으로 글로벌 연기금의 움직임을 주시해야 할 것 같아요.

미국 비트코인 현물 ETF는 상장된 지 1년 만에 대규모 자금을 빨아들이면서 전 세계 ETF 시장을 주도하고 있습니다. 거기에 트럼프 트레이드 현상이 뚜렷해지면서 더 몰려드는 추세입니다. 연기금이 움직이는데 법인들이 가만히 있을까요? 2024년 5월 미국 증권거래위원회에 제출된 데이터에 따르면, 600개 이상의 투자 기업이 최대 35억 달러 규모의 비트코인 ETF를 보유하고 있다고 합니다. 미국의 대형 자산운용사인 밀레니엄 매니지먼트는 최대 19억 달러를 비트코인 ETF에 투자하고 있는 최대 투자자로 나타났고, 대형 투자기업인 서스퀘하나 인터내셔널 그룹도 비트코인 ETF에 10억 달러 이상, 약 2조 5천억 원을 보유하고 있습니다. 최고의 금융기관 중 하나인 모건스탠리도 2억 6천990만 달러의 거액을 투자하고 있고, 그 밖에도 JP모건체이스, 웰스파고, UBS, BNP파리바, 로열뱅크오브캐나다 등 다른 금융 대기업들도 투자자 명단에 있습니다.

금융권 기업들만 비트코인에 투자하고 있는 건 아닙니다. 여러분, 혹시 S&P 500에 들어 있는 기업 중 최근 5년간 가장 높은 수익률을 기록한 기업을 꼽으라면 어떤 기업이 떠오르시나요? 아마 100명 중 99명

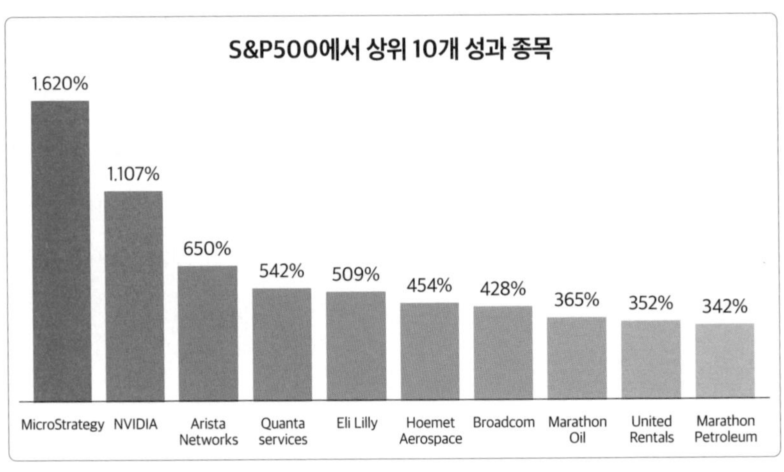

은 엔비디아를 꼽을 겁니다. 2020년경부터 2024년 10월까지 5년간 무려 1,100% 상승했으니까요. 그런데 여러분, 틀렸습니다. 1등은 바로 마이크로스트래티지입니다. 마이크로스트래티지는 지난 5년간 무려 1,620%의 수익률을 기록했습니다. 엔비디아를 제치고요. 비트코인을 전략적으로 대량 보유한 회사로, 비트코인의 가격 상승에 따라 주가가 폭등한 거죠.

마이크로스트래티지는 전체 공급량의 1%가 넘는 비트코인을 보유한 미국 기업입니다. 단순히 비트코인을 가장 많이 보유한 기업으로만 알려져 있는데, 비트코인을 기반으로 한 금융 상품을 개발하여 비트코인 은행으로 진화하려는 계획 등 다양한 사업을 모색 중이죠. 최근 5년간 비트코인 가격 상승효과로 주가도, 기업 가치도 큰 상승을 할 수 있었습니다. 테슬라의 비트코인 사랑은 워낙에 유명한데, 미국 상장기업 중, 네 번째로 많은 비트코인을 보유하고 있기도 합니다. 일본의 마이크로스트래티지로 불리는 메타플래닛은 현재 약 9천 2,200만 달러 상당의 비트코인을 보유하고 있는데요. 비트코인 추가 매수를 위해 약 1,100만 달러의 새로운 채권을 발행하기도 했습니다. 채권을 통해 낮은 금리로 자금을 조달해서 비트코인을 구매하려는 목적이었습니다. 2024년 12월에는 마이크로소프트 주주 자문위원회가 비트코인 투자에 관한 안건을 상정했죠. 기업 가치 제고를 위해 총자산의 1% 이상 규모의 비트코인을 보유해야 한다는 것이 핵심 내용이었어요. 2024년 1분기 말 기준 마이크로소프트의 총자산은 4,840억 달러로 이 중 1%만 비트코인에 투자해도 투자액이 48억 4,000만 달러, 약 6조 5,000억 원에 달하죠. 물론 이 안건은 부결되긴 했습니다만 미국 시가 총액 1, 2위를 다투는 기업이 비트코인 투자에 관심을 두고 있다는 것이 큰 의미가 있다고 생각합니다.

비트코인에 투자하고 있는 국가들도 있습니다. 중남미 소국 엘살바도르의 나이브 부켈레 대통령은 비트코인 신봉자로 유명합니다. 세계 최초로 비트코인을 법정 화폐로 채택하는가 하면, 암호화폐로 채권을 발행하고, 나랏돈으로 비트코인을 사들이는 데 열중해왔죠. 심지어 화산 지열 발전소를 활용해서 직접 비트코인을 채굴하기도 했어요. 지난 2022년에는 비트코인 가격이 하락하는 중에도 "매일 비트코인을 한 개씩 사들이겠다"라고 밝혀 우려를 샀는데요. 그런 우려에도 불구하고 부켈레 대통령은 지속해서 비트코인에 투자했고 엘살바도르는 비트코인 지갑을 흑자로 전환하는 데 성공했습니다. 엘살바도르 대통령 직속 정식 정부 기관인 '비트코인 오피스ONBTC'에 따르면 11월 12일 기준 엘살바도르는 약 6천 개의 비트코인을 보유하고 있으며, 발표 시간 기준으로 5억 2,000만 달러, 이는 우리 돈 약 7,300억 원에 달하는 금액으로 확인됐습니다.

히말라야산맥에 있는 인구 78만의 작은 나라 부탄은 조용한 비트코인 강국입니다. 2024년 초 확인한 결과, 부탄은 약 1만 3,000비트코인을 보유한 것으로 나타났는데요. 인구는 엘살바도르의 12%에 불과하지만, 비트코인 보유량은 두 배 이상. 전 세계 국가 중, 비트코인을 미국, 중국, 영국에 이어 4번째로 많이 보유하고 있습니다. 놀라운 것은, 대부분 정부가 범죄자의 자산 압류를 통해 비트코인을 보유한 것과 달리 부탄은 직접 채굴해서 얻었다는 것입니다. 2019년 코로나19 팬데믹으로 주된 수입원이었던 관광 사업이 활기를 잃자 부탄은 청정 수력 발전을 통해 풍부한 전기를 활용할 방안을 모색했고, 그 방안이 바로 비트코인 채굴이었던 거죠.

지금까지 비트코인으로 몰려드는 기업, 기관, 나라들을 쭉 살펴봤습니다. 이런 움직임은 비트코인이 15억 원, 100억 원까지 갈 수 있는 원동력이 됩니다. 왜냐하면 비트코인은 총발행량이 2,100만 개로 한정적인 자산이기 때문입니다. 우리는 이상적인 화폐의 조건 중에 희소성이 있다는 것을 이미 알고 있습니다. 최대 발행량은 한정돼 있는데 점점 더 많은 사람, 기업, 기관, 심지어 국가들까지도 점점 더 뜨겁게 비트코인을 원하고 있습니다. 그러면 비트코인의 가치는 올라갈 수밖에 없는 겁니다. 중앙은행이나 정부가 필요에 따라 무한정 찍어내는 기존의 화폐 시스템과는 다릅니다. 지속해서 공급되는 화폐 발행량 때문에 화폐의 가치가 떨어지고 인플레이션이 생깁니다. 우리가 아무것도 하지 않고 월급을 모으기만 하면 결국, 나의 자산은 삭제되는 것입니다. 그래서 우리는 갈수록 가치가 오르는 자산에 투자해야 합니다.

마이크로스트래지의 CEO 마이클 세일러는 비트코인을 '디지털 금'으로 비유하며 장기적 가치 상승이 기대된다고 했습니다. 불과 몇 년 전만 해도 모두 인정하지 않았던 부분이지만 비트코인 ETF가 출시되고, 비트코인에 우호적인 트럼프 대통령이 당선되면서 비트코인이 디지털 금으로 갈 수 있는 환경이 다져지고 있습니다. 왜 비트코인 1개의 가격이 15억 원까지 갈 수 있는지 이제 아시겠죠? 우리는 발 빠르게 움직여야 합니다. 비트코인의 이런 성질을 잘 알고, 이해하고, 공부해서 빠르게 움직인 사람들은 이미 큰 수익을 내고 있습니다. 지금 이 뜨거운 비트코인 상승장에 많은 새로운 부자들이 탄생하고 있습니다. 여러분은 어떤 선택을 하겠습니까?

PART

2

전통 금융 자산이 몰락하고 있다

우리는 돈을 모으고 지키기 위해 오랜 시간 동안 다양한 방법을 사용해 왔습니다. 금과 같은 귀금속을 구입하거나, 은행에 예금과 적금을 맡기거나, 부동산을 매입하는 것이 대부분의 사람이 선택해온 전통적인 방법이었죠. 금은 그 희소성과 물리적 특성 덕분에 오랜 시간 동안 안정적인 부의 저장 수단으로 여겨졌습니다. 은행 예금과 적금은 안정성과 접근성을 기반으로 많은 사람에게 신뢰를 주었고, 부동산은 실물 자산으로서 장기적인 재산 증식의 도구로 활용됐습니다.

그러나 이러한 방식들은 디지털 시대가 도래하면서 새로운 도전에 직면하고 있습니다. 금은 그 보관과 거래에 있어 물리적인 제약이 많아 점점 더 비효율적으로 보이고 있습니다. 은행 예금과 적금은 낮은 금리와 인플레이션으로 인해 실질 구매력을 상실하고 있으며, 금융 시스템의 구조적 취약성은 은행 예금을 더 이상 안전한 자산으로 간주하기 어렵게 만들고 있습니다. 부동산은 높은 초기 투자 비용과 유동성 부족으로 인해 소수의 부유한 투자자들만이 접근할 수 있는 자산으로 변질되고 있습니다.

경제 환경의 변화와 기술의 발전은 전통 자산들이 가진 근본적인 약점을 더욱 부각시키고 있습니다. 오늘날의 경제는 더 빠르고 효율적인 자산 운용을 요구하고 있으며, 중앙화된 시스템에 대한 신뢰는 점점 감소하고 있습니다. 사람들은 이제 자신이 소유한 자산을 더 투명하고 안전하게 관리할 수 있는 새로운 방법을 찾고 있습니다.

이러한 맥락에서 우리는 전통적인 자산들이 가진 문제점을 자세히 검토해야 합니다. 금은 희소성을 바탕으로 오랫동안 부의 저장 수단으로 자리 잡아 왔지만, 디지털 시대에 들어서는 그 유용성이 점점 감소하고 있습니다. 은행 시스템은 낮은 금리와 금융위기로 인해 신뢰를 잃고 있으며, 부동산은 유동성과 접근성 측면에서 심각한 제한을 드러내고 있습니다. 이제 우리는 새로운 대안을 모색해야 할 때입니다.

비트코인은 디지털 시대에 부합하는 새로운 가치 저장 수단으로 주목받고 있습니다. 비트코인은 희소성과 탈중앙화를 통해 기존 자산이 가지지 못한 독창적인 장점을 제공하며, 새로운 금융 패러다임을 제시하고 있습니다. 이번 장에서는 금, 은행 예금 및 적금, 부동산과 같은 전통적인 자산들이 가진 문제점들을 심층적으로 살펴보고, 비트코인이 이러한 한계를 어떻게 극복할 수 있는지 분석하고자 합니다. 이는 단순히 투자 수단을 넘어, 금융의 본질적 변화를 이끌어가는 과정에 대한 논의입니다.

실물 자산, 금의 한계

금은 인류 역사상 가장 오랫동안 가치를 인정받아온 금속입니다. PART 1 기축통화의 역사에서도 금이 고대부터 현대까지 어떻게 사용되어왔고, 가치 저장 수단으로 어떤 역할을 해왔는지 살펴봤습니다. 금은, 고대부터 현대까지 각 시대를 거치며 다양한 의미와 역할을 담당해왔습니다. 고대 이집트인들은 금을 '신들의 살점'이라 부르며 태양신 라의 상징으로 여겼습니다. 기원전 3000년경 이미 이집트에서는 금이 화폐로 사용되었다는 기록이 있으며, 이는 금이 희소성과 광택으로 인해 권력과 신성의 상징으로 자리 잡았음을 보여줍니다. 금은 자연 상태에서 순수한 형태로 발견되는 드문 금속 중 하나로, 녹슬거나 부식되지 않고, 아름다운 광택과 가공 용이성으로 인해 장신구와 화폐로도 널리 사용되었습니다.

중세에는 금이 국제 무역의 기준으로 자리 잡았습니다. 실크로드를 통해 동양과 서양을 오가던 상인들은 금을 통해 서로 다른 문화권의 물건을 교환할 수 있었습니다. 1450년 무렵, 포르투갈인들이 아프리카 금을 유럽으로 대량 반입하면서 르네상스 시대의 번영을 이끌었고, 1800년대 미국의 골드러시는 미국 서부 개척 시대의 상징이 되었습니다.

20세기 초반에는 대부분 국가가 금본위제를 채택하여 화폐를 금과 연동시켰습니다. 이는 모든 화폐가 일정량의 금과 교환될 수 있음을 의미하며, 국제 금융 시스템의 안정성을 보장하는 역할을 했습니다. 그러나 1971년 닉슨 대통령의 정책으로 금본위제가 폐지되면서 금은 화폐로서의 역할을 상실하게 되었고, 이후에는 투자 자산 및 가치 저장 수단으로 주로 사용되었습니다. 2008년 금융위기와 같은 경제적 불안정 상황에서는 금의 가격이 급등하며 여전히 중요한 자산으로 여겨졌습니다. 각국 중앙은행들도 거대한 양의 금을 보유하며 그 가치를 인정하고 있죠.

가치 저장 수단으로서 금의 장점은 여전히 매력적입니다. 금은 희소성과 물리적 안정성으로 인해 시간이 지나도 변하지 않는 가치를 가지고 있습니다. 경제적 불확실성이 높아질수록 금은 안전자산으로서 더 큰 주목을 받습니다. 또한, 금은 인플레이션으로 인한 화폐 가치 하락에 대한 방어 수단으로 작용하며, 세계 어느 곳에서도 인정받는 자산으로 국제적 유동성을 보장합니다. 세계 각국에서도 금은 경제적 안정과 비상 상황에 대비하기 위한 전략적 자산으로 평가받고 있으며, 중앙은행들은 이를 일정 비율로 보유하려고 노력하고 있습니다. 2024년 국가별 금 보유 순위를 살펴보면, 미국은 약 8,133톤의 금을 보유하며 세계에서 가장 많은 금 보유량을 자랑합니다. 그 뒤를 독일(약 3,352톤), 이탈리아(약 2,452톤), 프랑스(약 2,437톤)가 잇고 있습니다. 이러한 국가들은 금을 통해 경제적 신뢰와 안정성을 유지하고자 하며, 금 보유는 국제 금융 시스템에서 중요한 역할을 합니다.

중국 또한, 금 보유량을 크게 늘리고 있습니다. 최근 중국 인민은행은 금 매입을 재개하며 금 보유를 강화하고 있는데, 이는 미국 달러에 대한 의존도를 줄이고 금융 제재에 대비하기 위한 전략으로 해석됩니다. 또한, 부동산 및 주식 시장의 부진과 위안화 가치 하락으로 인해 금을 안전자산으로 활용하려는 의도가 반영된 결과입니다. 이러한 움직임은 국제 금융 질서에서 중국의 입지를 강화하고, 경제적 불확실성 속에서 안정성을 확보하기 위한 다각적인 전략으로 볼 수 있습니다.

하지만 현대 디지털 시대에 들어 금은 여러 가지 심각한 한계를 드러내고 있습니다. 금은 물리적으로 보관이 어렵고, 안전하게 보관하려면 비용을 들여야 합니다. 실제로 금을 집에 보관하면 도난의 위험이 있으며, 은행 금고에 보관하면 매달 보관료를 내야 하죠. 예를 들어, 1kg의 금(약 8천만 원 상당)을 은행 금고에 보관할 경우 연간 10만 원 이상의 보관료가 발생할 수 있습니다. 또한, 금을 들고 이동하는 것은 어렵죠. 사실 아이들 돌잔치 때 받은 돌 반지나 금두꺼비 등 조금씩 모아둔 정도가 대부분일 겁니다. 이 정도면 이사를 한다고 해도 따로 보관해서 움직이는 정도겠지만 번거롭긴 하죠. 글쎄요. 독자분들 중에서는 금을 열심히 모아서 집에 금괴가 있다거나 하는 분들이 있을지 모르겠지만, 그런 분들은 더더욱 이동이나 보관할 때 골치가 아플 겁니다. 금을 가지고 해외로 나갈 일이 있다면 더 복잡해요. 공항에서는 금을 반입할 때 철저하게 신고해야 하고 분실의 위험도 있죠.

금의 진위 여부를 확인하는 것도 쉬운 일이 아닙니다. 이 문제는 고대 때부터 해결하기 위해 노력했던 부분이기도 합니다. 금을 구매할 때 가장 큰 걱정은 '이게 진짜 금이 맞나?'라는 점입니다. 거래소나 거래상에서 속이려고 들면 얼마든지 속일 수 있는 부분이거든요. 실제로 금으로 도금한 가짜 금괴가 시중에 유통되는 사례는 생각보다 많습니다. 일반인들은 육안으로 진짜와 가짜를 구별하기 매우 어렵기 때문입니다. 2016년에는 우리나라에서도 한 금 도매업자가 금괴의 내부를 텅스텐으로 채운 가짜 금괴를 판매해 업계에 충격을 준 사건이 있었어요. 결국은 믿고 거래할 수밖에 없다는 건데 늘 불안감이 있죠.

금은 분할 거래하기도 어렵습니다. 100만 원어치의 금을 정확히 30만 원어치와 70만 원어치로 나누는 것은 매우 어려운 일입니다. 또한, 금을 사고팔 때마다 중개인을 통해야 하며, 이 과정에서 상당한 수수료가 발생합니다. 금을 현금화하려면 금을 판매하는 전문 금 거래소 또는 귀금속 상점에 방문해야 합니다. 먼저 금의 순도와 무게를 확인하기 위한 감정을 받아야 하며, 이는 보통 일정한 수수료가 부과됩니다. 감정이 끝나면 금의 시세에 따라 매입가가 결정됩니다. 이 과정은 금 가격 변동에 민감하므로 최적의 매도 시점을 파악하는 것도 중요합니다. 현금화 과정에서 시간과 비용이 발생하며, 거래가 즉각적으로 이루어지지 않는 경우도 있습니다. 이러한 절차와 제약은 디지털 자산에 비해 접근성과 유동성 면에서 금을 크게 뒤처지게 만듭니다.

은행 예금과 적금의 실상

가치를 저장하는 방법 중 가장 전통적인 방법은 금을 모으는 방법일 겁니다. 아무래도 오래된 가치 저장 수단이니까요. 그다음으로 우리가 가장 익숙하게 사용하는 자산 보관 방법은 은행 예금일 것입니다. 은행은 곳곳에 지점들이 있기도 하고 온라인으로도 이용할 수 있다 보니 편하기도 하죠. 다양한 상품들이 있고, 신용 카드나 체크 카드 등 나의 계좌와 연결돼 있어서 우리가 생활하는 데에 꼭 필요한 금융 서비스이기도 합니다. 하지만 은행의 실체와 역사를 이해하면, 은행에 돈을 맡기는 것이 생각만큼 안전하지 않다는 것을 알 수 있습니다.

현대적 의미의 은행은 중세 시대 이탈리아의 금세공인들로부터 시작되었습니다. 당시 금세공인들은 금을 안전하게 보관할 수 있는 금고를 가지고 있었기 때문에, 사람들의 금화를 맡아주는 서비스를 시작했죠. 금세공인들은 금화를 맡긴 사람에게 보관증을 발급했는데, 이 보관증이 나중에 은행권(지폐)의 시초가 되었습니다. 이 고정에서 금세공인들은 중요한 사실을 발견했습니다. 사람들이 맡긴 금화의 일부만 보관하고, 나머지는 다른 사람에게 빌려주어도 아무도 모른다는 것이었습니다. 왜냐하면 모든 사람이 동시에 금화를 찾으러 오는 경우는 거의 없었기 때문입니다. 이것이 바로 '부분 지급 준비 제도'의 시작이었습니다. 부분 지급준비제도는 오늘날 은행 시스템의 핵심 구조로, 고객의 예금 중 일부만 실제로 보관하고 나머지는 대출이나 투자에 사용하는 방식입니다. 예를 들어, 지급 준비율이 10%라면 고객이 100만 원을 예금했을 때 은행은 10만 원만 실제로 보관하고, 나머지 90만 원은 대출이나 채권과 주식 등 투자에 활용합니다. 다시 말해, 우리가 생각하는 것처럼 은행이 우리의 돈을 금고에 안전하게 보관하고 있는 것이 아니라, 우리의 돈으로 '돈놀이'를 하는 것입니다. 이를 통해 은행은 신용 창출을 가능하게 하고, 경제활동을 지원할 수 있는 거죠.

이 시스템은 경제 성장과 대출 확대에 이바지하지만, 취약점도 존재합니다. 모든 고객이 동시에 예금을 인출하려 하면 은행은 지급 능력을 상실하게 되고, 이는 뱅크런bank run으로 이어질 수 있습니다. 역사적으로, 뱅크런은 경제적 혼란을 초래한 주요 사건 중 하나로 기록됩니다. 대

1931년 독일 베를린에서 일어난 뱅크런(출처: 위키백과)

표적인 사례로는 1930년대 미국 대공황 기간 동안 발생한 사건이 있습니다. 당시 경제는 주식 시장 붕괴와 은행들의 무분별한 대출로 인해 극도로 불안정해졌습니다. 이에 따라 은행 시스템에 대한 신뢰가 붕괴하였고, 개인들이 대거 예금을 인출하려는 움직임이 나타났습니다. 많은 은행이 이 요구를 감당하지 못하고 연이어 문을 닫았으며, 이는 결과적으로 경제활동의 급격한 위축을 초래했습니다. 수천 개의 은행이 파산하면서 실업률이 급증하고 경제 전반에 걸쳐 심각한 불황이 이어졌습니다. 대공황의 뱅크런은 금융 시스템의 안정성과 신뢰의 중요성을 여실히 보여준 사건으로 평가됩니다.

더욱 최근의 사례로는 2008년 금융위기를 들 수 있습니다. 이 금융위기는 미국의 서브프라임 모기지(저신용자 대상 주택담보대출) 시장에서 시작되었습니다. 당시 금융기관들은 부동산 시장이 지속적으로 상승할 것이라는 가정하에 고위험 대출을 대규모로 제공했고, 이를 기반으로 한 복잡한 파생상품(CDO, 신용부도스와프 등)이 전 세계적으로 판매되었습니다. 당시 어느 정도였냐면, "개도 대출받아 집을 산다"라는 말이 나올 정도로 무분별한 대출이 이루어졌습니다. 대출 심사가 거의 없었고, 소득이나 신용이 낮은 사람들에게도 대출이 승인되는 일이 흔했습니다. 이런 분위기 속에서 부동산 시장은 과열되었고, 금융기관들은 서브프라임 대출을 기반으로 한 상품을 끊임없이 확대했죠. 그러나 2006년부터 부동산 가격이 하락세로 돌아서면서 대출 상환 불능이 급증했고, 파생상품의 가치가 급격히 하락하며 금융기관들의 손실이 커졌습니다. 결과적으로 2008년, 리먼 브라더스라는 대형 투자은행이 막대한 손실을 견디지 못하고 파산하게 되었고, 이는 글로벌 금융 시스템 전반에 걸쳐 연쇄적인 충격을 일으켰습니다. 다른 은행들에서도 자금 인출 사태, 뱅크런이 발생했고, 금융시장은 극심한 혼란에 빠졌습니다. 이러한 상황은 전 세계 경제에 심각한 파급 효과를 미쳤으며, 주요 국가들은 은행 구제 금융 투입과 함께 경제 회복을 위한 긴급 조치를 취해야만 했습니다. 당시 리먼 브라더스와 같은 거대 은행이 파산하며 전 세계 금융 시스템에 충격을 준 사례는 은행 시스템의 취약성을 여실히 드러냈습니다.

우리나라에서는 비교적 엄격한 은행 규제 덕분에 대규모 은행 파산 사례는 없었지만, 1997년 외환위기 당시 일부 은행에서 실제로 뱅크런이 발생하며 은행들이 파산 직전까지 몰리기도 했습니다. 대표적인 사례로 부산저축은행 사태를 들 수 있습니다. 부산저축은행은 당시 부실한 대출 운영과 부동산 관련 무분별한 투자가 원인이 되어 대규모 손실을 입었고, 이에 따라 예금자들이 대거 돈을 인출하기 시작했습니다. 이러한 뱅크런 사태는 부산저축은행의 영업 중단으로 이어졌으며, 이는 예금자와 지역 경제에 심각한 영향을 미쳤습니다. 또한, 외환위기 당시 기아자동차와 한보그룹 등의 대기업 부도로 인해 금융권의 불안정성이 심화되었고, 이를 계기로 일부 중소 은행에서 예금자들이 대거 돈을 인출하는 일이 벌어졌습니다. 이러한 뱅크런 사태는 금융 시스템 전반의 위기를 초래하며 정부가 대규모 구조조정을 단행하게 만든 계기가 되었습니다. 정부는 은행들을 합병하거나 구제 금융을 투입하며 은행 시스템의 안정화를 시도했지만, 이 과정에서 수많은 금융기관이 문을 닫고 예금자들이 손실을 경험하기도 했습니다. 실제로 은행이 파산하면 어떻게 될까요? 많은 사람이 "예금자 보호가 있으니까 괜찮다"라고 생각합니다. 하지만 예금자 보호는 1인당 5천만 원까지만 보장됩니다. 또한, 예금자 보호는 정부의 약속일 뿐, 극심한 금융위기 상황에서는 제대로 작동하지 않을 수 있습니다. 2008년 금융위기 때 많은 은행이 파산 위기에 처했던 것을 기억해야 합니다. 역사적인 이런 사건들은 은행에 대한 대중의 신뢰에 조금씩 금이 가게 했습니다.

은행의 실체를 알게 됐다면 이제 슬슬 은행 예금과 적금에 대해서도 깊이 생각해봐야 합니다. 여러분, 예전에 한 재테크 프로그램에 개그우먼 송은이 씨가 나와서 20%대 이자를 주는 통장을 아직도 가지고 있다고 해서 화제가 된 적이 있습니다. 그날 방송 주제가 저금리 시대의 재테크 방법이었는데 토크 중에 20%대 금리의 은행 연금 저축을 공개했죠. 송은이 씨가 1993년에 월급 20만 원을 받을 때 가입했던 연금이었다고 하는데

우와~ 그때 통장을 아직도 가지고 있다니, 금리가 20%라니 부럽기도 하고 놀라기도 했습니다. 네, 우리나라에도 그런 시절이 있었습니다.

주요 금리

	시중은행 예금금리	시중은행 대출금리	회사채AA-3년만기금리
1945	3.4%	6.6%	
1950	3.8%	14.6%	
1960	10%	17.5%	
1970	22.8%	24%	
1980	18.6%	20%	30.7%
1990	10%	10.0~12.5%	16.48%
2000	7.01%	8.55%	9.35%
2010	3.19%	5.51%	4.66%
2014	2.43%	4.26%	2.98%

출처: 통계로 본 광복 70년 한국 사회의 변화, 통계청

위의 표는 통계 자료인데 세세하게 연도별로 나온 금리는 아니지만 대략 우리나라 시중은행 금리의 흐름을 살펴볼 순 있습니다. 위의 표를 보면 대략 1970년대에서 1980년대 시중은행 예금 금리가 20% 정도라고 추정해볼 수 있겠네요. 1억 원을 은행에 넣어두면 1년에 2,000만 원은 그냥 벌었겠죠. 요즘 세대들은 상상할 수 없는 시대이긴 합니다. 그때 그 시절 아버지들이 누런 월급봉투를 가져오면 어머니께선 저축부터 하셨더랬죠. 당시 월급을 차곡차곡 은행에 저축하기만 해도 몇 년 만에 집 한 채를 마련할 수 있을 정도로 자산 증식의 효과가 컸습니다. 예금 금리가 높았기 때문에 많은 사람이 은행에 돈을 맡기는 것이 가장 확실한 자

산 증식 방법이라 여겼고, 이를 통해 안정적인 미래를 계획할 수 있었죠. 이러한 고금리 시대는 경제 성장의 혜택을 서민들에게도 비교적 널리 제공한 시기였습니다.

당시 높은 금리는 국내외 경제 상황과 밀접하게 연관되어 있었습니다. 국내적으로는 고도 경제 성장과 함께 급격한 인플레이션을 억제하기 위해 정부가 금리를 높게 유지했죠. 또한, 자본시장이 미비했던 당시에는 은행 예금이 유일한 자산 증식 수단이었기에 높은 금리가 유지될 수 있었습니다. 국제적으로는 미국을 포함한 선진국에서도 금리가 높았던 시기로, 1980년대 초반 미국 연방준비제도Fed는 폴 볼커 의장의 강력한 통화 긴축 정책으로 금리를 20% 가까이 인상하며 전 세계적으로 고금리 시대를 주도했습니다. 이는 당시 높은 인플레이션을 억제하려는 조치였습니다. 이러한 글로벌 금리 환경은 한국을 포함한 많은 나라에서 금리가 높게 유지되는 원인이 되었습니다.

물론 금리는 꾸준히 내려갔습니다. 한국은행 기준금리가 1%대로 떨어진 시점은 2015년이고, 이후 2020년에는 기준금리가 0.5%까지 하락했죠. 지금은 조금 오르긴 했지만 대출 이자만 높아지고 예금 이자에 대한 혜택을 보겠다는 사람은 없습니다. 그나마 적금 이자가 조금 더 높다고는 하지만 자산 증식에 큰 도움이 되진 않습니다.

여기서 우리가 생각해봐야 할 것이 있습니다. 이제 더는 70~80년대처럼 20% 이자를 주는 시대는 오지 않습니다. 그러면 대체 왜 은행에 예금과 적금을 넣어서 이자로 자산을 증식할 수 없는 걸까요? 현재의 통화 정책은 세계 각국의 중앙은행이 관장하고 있습니다. 중앙은행은 화폐를

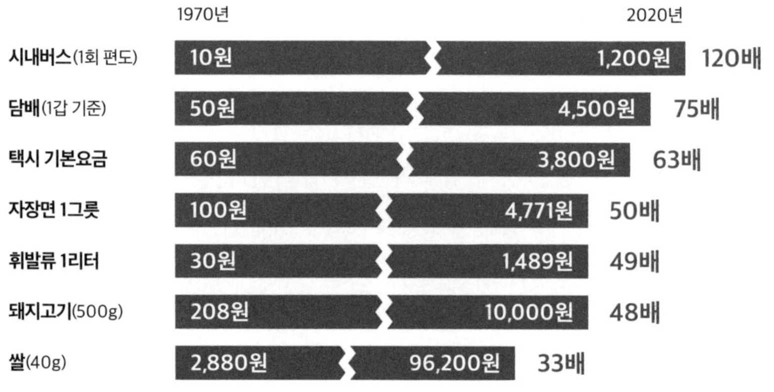

1970년부터 2020년까지 50년간 변화한 생활물가
(출처: 한국물가정보 데이터 분석(2020))

무한대로 찍어낼 수 있죠. 중앙은행이 돈을 많이 찍어내면 어떤 일이 일어날까요? 시중에 돈이 많아지면 우리가 가진 돈의 가치는 자연스럽게 떨어집니다. 실제로 2020년 코로나19 대응 과정에서 전 세계 중앙은행들이 엄청난 양의 돈을 새로 만들었고, 이는 전 세계적인 인플레이션으로 이어졌습니다. 물가가 오르는 거죠. 아주 큰 폭으로.

50년간 생활물가가 어떻게 변화했는지를 찾아봤더니 더 놀랍습니다. 1970년대에는 시내버스 요금이 10원이었는데 지금은 10원으로 할 수 있는 게 없죠. 택시 기본요금, 휘발유, 돼지고기, 쌀 등 모두 적게는 30배에서 최고 120배까지 올랐습니다. 50년 전 물가는 너무 멀게 느껴지니까 요즘 얘기해볼까요. 요즘 마트에 장 보러 한번 가면 뭐 얼마 담지도 않았는데 10만 원이 금방 넘어갑니다. 쌀 한 포대, 고기 몇백그램에 채소, 우유, 라면 등등 사면 금방 10만 원이에요. 얼마 전에 사무실 직원들하고 순댓국을 먹으러 갔는데 순댓국 정식이 12,000원인가 13,000원 하더라고요. 깜짝 놀랐습니다. 양이 많지도 않아요. 식단 관리하다 보니까 외식을 자주 하는 편은 아닌데 오래간만에 한 번씩 가니까 오히려 더 물가 상승의 무서움이 체감됩니다. 냉면 한 그릇이 16,000원~20,000원도 한다고 하니 말 다했습니다.

여러분, 현대 경제는 인플레이션이 구조적으로 내재되어 있습니다. 인플레이션은 화폐의 구매력이 하락하고 물가가 지속해서 상승하는 경제적 현상입니다. 겉보기에는 단순히 물가가 오르는 것으로 보이지만, 이는 개인의 자산과 부의 가치를 서서히 잠식하는 강력한 요인입니다. 가만히 있으면 우리의 월급이, 자산이 그냥 삭제되는 것과 마찬가지라는 겁니다.

인플레이션은 가장 먼저 화폐 가치의 하락으로 우리의 자산에 영향을 미칩니다. 현재 1,000원으로 구매할 수 있는 물건이 인플레이션으로 인해 10년 후에는 2,000원을 지불해야만 살 수 있게 되는 상황을 상상해보십시오. 화폐 가치가 떨어지고, 구매력이 떨어져서 같은 돈으로 이전만큼의 물건을 구매할 수 없게 됩니다. 결과적으로 저축된 현금의 가치는 시간이 지날수록 줄어들게 됩니다. 화폐 가치 하락은 저축에도 영향을 미쳐서, 은행 예금과 같은 전통적인 저축 수단의 실질 가치를 감소시킵니다. 연 2%의 금리를 제공하는 예금 상품이 있을 때, 같은 기간 동안 인플레이션이 연 3%라면, 명목상으로는 이자를 받더라도 실질적으로는 자산의 가치가 감소합니다. 이는 은행에 돈을 예치하는 것이 손실을 초래하게 되는 상황을 만들어내는 겁니다.

급격하게 물가가 오를 때, 가장 힘들어지는 사람들은 직장인과 연금으로 생활하는 고정 수입자들입니다. 연금이나 고정 월급으로 생활하는 사람들은 물가 상승에 따라 실질 구매력이 감소하기 때문에 생활비를 감당하기 어려워지는 거죠. 특히 인플레이션이 급격히 진행될 경우, 고정 수입은 점점 더 부족해지게 됩니다. 그러나 인플레이션은 부채를 지닌 사람들에게는 상대적 이점을 제공할 수도 있습니다. 화폐 가치가 하락하면서 고정 이자율로 설정된 부채의 실질 상환 부담이 줄어들기 때문입니다. 하지만 이는 전체 경제에 부채 중심의 구조적 문제를 발생시킬 수 있으며, 부채가 늘어나면 인플레이션이 더 심화되는 악순환을 초래할 가능성도 있습니다. 이러한 장단점이 남아 있는 가운데, 인플레이션의 장기적 영향은 사람들의 저축과 투자 행동을 변화시키며, 화폐를 보유하는 것이 손실로 이어진다는 인식이 강해지게 됩니다. 결과적으로 사람들은 더 많은 위험을 감수하면서 투자하거나 실물 자산을 선호하게 되고, 이는 금융시장의 변동성을 증가시키고 안정적인 자산 축적을 어렵게 만듭니다. 결국, 인플레이션은 단순히 물가 상승 이상의 영향을 미치며, 우리의 자산과 구매력을 서서히 잠식하는 경제적 장애물로 작용합니다. 이를 극복하기 위해서는 인플레이션을 고려한 자산 배분 전략과 다양한 투자 방법을 활용해야 하며, 안정적인 자산 관리와 함께 인플레이션에 대응할 수 있는 금융 지식이 필요한 시대가 된 것입니다.

부동산 투자의 허상

"왜 돈을 모으고, 왜 투자하시나요?" 이 질문에 많은 사람이 가장 먼저 떠올리는 답변은 단연 "내 집 마련을 위해서"일 것입니다. 특히 우리나라에서는 내 집 마련이 누구나 꿈꾸는 인생 목표처럼 여겨집니다. 얼마 전 소수 오프라인 모임에서 50대 구독자분을 만났는데, 과거 내 집 마련의 꿈을 갖고 한 알트코인에 몰빵해서 투자했다가 물려 있다가 2024년 불장 초입 상승 시기에 본전 회복하고 수익을 내고 있다며 기뻐하셨습니다. 평생 빌라에서 살던 그분의 꿈은 잠실 새 아파트로 이사를 하는 것이었습니다. 송파구의 잠실이라는 대표적인 부촌의 새 아파트는 그분의 평생 꿈이었던 거죠.

이렇게 한국에서 부동산, 특히 '내 집'은 단순한 거주 공간 이상의 의미가 있습니다. "집 없는 자식보다 땅 한 평이 낫다"라는 속담은 우리 사회에서 부동산이 가지는 특별한 의미를 잘 보여줍니다. 1960-70년대 급격한 산업화와 도시화를 겪으면서, 서울과 같은 대도시의 부동산 가격은 폭발적으로 상승했고, 많은 사람이 부동산 투자로 큰 부를 축적했습니다. 전세나 월세로 사는 것을 '남의 집 살이'라고 부르는 것에서도 알 수 있듯이, 자가주택 소유는 단순한 경제적 성취를 넘어 사회적 지위와 안정의 상징이 되었습니다. 2021년 통계에 따르면, 한국의 가계 자산 중 부동산이 차지하는 비중은 약 75%로, OECD 국가 중 최상위권입니다. 하지만 이러한 부동산 중심의 자산 구조는 점점 더 많은 문제를 드러내고 있습니다. 우리나라 부동산 시장은 기이할 정도로 가격이 상승했습니다. 물론 우리나라만 이런 현상이 나타나고 있는 것은 아니에요. 전 세계적인 현상이긴 합니다.

중국의 경우, 전체 가계 자산 중 약 70%가 부동산에 집중되어 있습니다. 특히 도시화가 급격히 진행되면서 대도시 부동산 가격이 크게 상승했고, 이는 '빠오파'(집을 사기 위해 모든 것을 희생하는 현상)라는 사회현상까지 만들어냈습니다. 일본은 1980년대 말 부동산 버블을 경험했지만, 현재도 전체 가계 자산의 약 40%가 부동산입니다. 다만 다른 아시아 국가들에 비해 금융 자산의 비중이 상대적으로 높은 편이죠. 호주는 세계에서 가장 높은 가계부채 비율을 보이는 국가 중 하나로, 이 부채의 대부분이 주택담보대출입니다. 가계 자산의 약 60%가 부동산에 집중되어 있습니다. 영국의 경우, 전체 가계 자산의 약 50%가 부동산입니다. 특히 런던의 부동산 가격은 세계적으로도 매우 높은 수준을 유지하고 있습니다. 미국은 상대적으로 부동산 자산 비중이 낮은 편으로, 전체 가계 자산의 약 35%를 차지합니다. 워낙에 주식 시장이 발달해 있어 금융 자산의 비중이 상대적으로 높은 겁니다. 독일은 유럽의 다른 국가들에 비해 주택 소유율이 낮은 편이지만, 그런데도 가계 자산의 약 40%가 부동산입니다. 이처럼 정도의 차이는 있으나, 대부분 국가에서 부동산이 가계 자산의 가장 큰 비중을 차지하고 있습니다. 그런데 의문이 들지 않나요? 많은 유형의 자산이 있는데도 불구하고 부동산에 이렇게 많은 자산이 집중돼 있을까? 그런데 여러분, 부동산으로의 자산 집중 현상은 사실 현대의 망가진 화폐 시스템 때문입니다.

세계의 자산 구조가 부동산으로 불균형하게 집중된 현상은 1970년대 이후부터입니다. 이 현상의 시작점은 1970년대 브레튼우즈 체제의 붕괴로 거슬러 올라갑니다. 1971년 닉슨 대통령의 금 태환 중지 선언, 즉 금본위제 폐지에서부터 그 실마리를 찾을 수 있습니다. 금본위제하에서는 정부와 중앙은행이 마음대로 돈을 찍어낼 수 없었습니다. 모든 화폐는 금과 교환될 수 있어야 했기 때문입니다. 하지만 금본위제가 폐지되면서 화폐 발행에 제약이 사라졌고, 각국 정부는 필요할 때마다 돈을 찍어낼 수 있게 되었습니다. 이는 전 세계적으로 통화량을 많이 증가시켰고, 그 결과 화폐 가치는 지속해서 하락했습니다. 예를 들어, 1971년과 비교했을 때 미국 달러의 구매력은 85% 이상 감소했습니다. 1971년, 미국에서는 자동차 한 대의 평균 가격이 4,000달러에도 미치지 못했지만, 오늘날에는 5만 달러에 가깝습니다. 휘발유 한 갤런은 당시 36센트였지만, 현재는 3달러 67센트 수준이죠. 1971년 새 집의 중위 가격은 대략 2만 5,000달러였는데, 오늘날 동일한 조건의 집을 사려면 약 40만 달러가 필요합니다. 이렇게 자동차, 휘발유, 기타 생필품은 물론, 부동산 가격도 15배에서 20배, 혹은 그 이상 오르게 되었습니다. 이렇게 화폐 가치가 지속해서 하락하는 상황에서, 사람들은 자연스럽게 '인플레이션 헤지' 수단을 찾게 되었습니다. 여기서 부동산이 주목받게 된 것입니다. 부동산은 다음과 같은 특징들 때문에 인플레이션 시대의 '완벽한' 자산으로 여겨졌습니다:

- **한정된 공급:** 땅은 더 이상 만들어낼 수 없습니다.
- **실물 자산:** 화폐와 달리 정부가 마음대로 가치를 희석할 수 없습니다.
- **레버리지 효과:** 적은 자기자본으로 큰 금액의 자산을 구입할 수 있습니다.
- **임대 수익:** 지속적인 현금 흐름을 만들어낼 수 있습니다.

화폐의 구매력이 떨어지면서 단순히 현금을 보유하거나 저축하는 것만으로는 부를 유지하기 어려워진 상태에서 부동산은 희소성과 실물 자산으로서의 특성을 바탕으로 법정 화폐의 구매력 하락에 대한 방어 수단으로 주목받게 된 거죠. 그 결과, 누구나 부동산 시장에 뛰어들어야만 "자기 구매력을 지킨다"라는 생각하게 되었고, 부동산은 사용 가치 이상의 "가치 저장 수단"으로서 프리미엄이 붙어버렸습니다. 부동산은 특히 가격이 큰 폭으로 하락하지 않고, 장기적으로는 상승 경향을 보이기 때문에 안전자산으로 간주됐죠.

사실 금융 시스템의 변화도 부동산 자산 집중에 영향을 미쳤습니다. 현대 금융 시스템은 신용 창출을 기반으로 작동하며, 은행은 대출을 통해 돈을 공급하는 구조로 되어 있습니다. 부동산은 가장 선호되는 담보자산으로, 대출 자금이 자연스럽게 부동산 시장으로 유입되는 환경이 조성되었습니다. 특히 저금리 기조가 유지되면서 대출 비용이 낮아졌고, 부동산 투자를 위한 자금 조달이 용이해졌습니다. 은행들은 부동산 담보 대출을 확대했고, 이는 부동산을 통한 레버리지 효과를 증가시켰습니다. 대출의 확대는 다시 부동산 가격 상승을 촉진하는 순환적인 구조를 만들어냈습니다.

우리나라의 경우는 이러한 세계적 흐름에 더해 몇 가지 독특한 요인들이 더해졌습니다. 고도 경제 성장 과정에서 발생한 급격한 도시화는 부동산 수요를 폭발적으로 증가시켰습니다. 여기에 제한된 국토 면적과 수도권 집중 현상이 겹치면서 부동산 가격 상승 압력은 더욱 거세졌습니다. 1997년 외환위기 이후 대출 규제가 완화되며 부동산 대출이 급증했고, 장기간 이어진 저금리 기조와 풍부한 유동성은 부동산 투자를 더욱 매력적인 선택지로 만들었습니다. 특히 우리나라는 부동산을 선호하는 전통적인 문화적 성향과 부동산 '불패' 신화와 정부의 대마불사 정책이 결합하여 결국, 국민 대다수 자산이 부동산에 쏠리게 되었습니다. 이에 따라 필요 이상으로 많은 집들이 투자 목적으로 매입되면서, 다른 사람들은 더욱 내 집 마련에서 멀어지는 악순환이 이어져 왔죠.

현재 전 세계적으로 330조 달러 규모의 부가 부동산에 투입되어 있고, 이는 세계 부富의 약 67%에 달합니다. 많은 사람이 "집이 필요해서" 소유한다기보다, 저축 수단으로써 부동산을 선택할 수밖에 없는 구조라는 거죠. 서울의 평균적인 아파트 가격은 보통 직장인의 30년 연봉을 훌쩍 넘어서고 있으며, 이는 세계 주요 도시 중에서도 가장 높은 수준입니

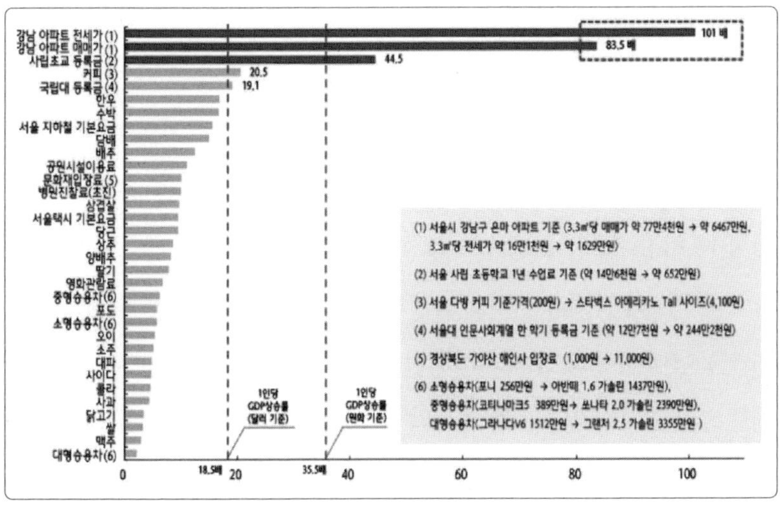

● 1980년부터 2020년까지 40년간 물가 항목별 변화. 서울 강남 아파트 매매가 및 전세가, 사립초교 등록금은 원화 기준 1인당 GDP 상승률보다 더 올랐다.(출처: 하나금융경영연구소)

다. 그런데 이런 모습이 과연 정상적일까요?

집을 살 때 전액 내 돈, 내가 가진 현금과 자산으로 집을 사는 사람은 없습니다. 많은 사람이 내 집 마련의 꿈을 이루기 위해 오랫동안 예·적금을 붓고, 주택담보대출을 받아 평생의 소득을 은행에 저당 잡히면서 집 한 채에 모든 것을 쏟아붓곤 합니다. 젊은 세대들에게 부동산은 '넘을 수 없는 벽'이 되었습니다. 서민들은 주거 안정성을 얻지 못한 채 임차인으로 살 수밖에 없는데, 그마저도 높은 월세나 전셋값 상승으로 부담이 커지는 상황입니다. 하지만 자세히 들여다보면, 집이라는 자산은 대출 원리금·세금·유지비 등 각종 비용이 계속해서 나가는 '부채'에 가깝습니다. 실제 차익을 얻기 위해서는 더 작은 집으로 이사를 가거나, 극단적인 시세차익을 거둬야만 의미가 있습니다.

집이라는 것은 본래 '살아가는 공간'입니다. 행복한 인생을 보내기 위한 수단이지, 결코 인생의 최종 목표가 되어서는 안 됩니다. 내 집이 주는 편안함과 이사를 다니지 않아도 된다는 안정감이 분명 큰 가치임은 맞습니다. 하지만 여러분의 인생 목표가 단지 '사는 것'인지, 아니면 '잘 사는 것'인지를 곰곰이 생각해봐야 합니다. 부동산 신화, 부동산 불패. 이 모든 것이 다 허상이라는 것을 알아야 합니다. 망가진 법정 화폐 시스템이 만들어낸 구조적 문제라는 것을 직시해야 합니다. 망가진 법정 화폐 시스템이 만들어낸 허상을 잡으려고 열심히 일해 대출받아 집을 사고, 그 집 한 채를 평생 갚아나간다고 해서 정말 우리 삶이 더 행복해지고 부유해질 수 있을까요? 평생 집 한 채에 올인한 끝에 노후화된 집 한 채만 남는다면, 그 선택이 과연 최선이었는지 돌아볼 필요가 있습니다.

디지털 금, 비트코인

현대 경제는 인플레이션이 구조적으로 내재되어 있습니다. 전통 자산은 화폐 가치 하락을 방어하지 못하며, 이에 따라 부의 저장 수단의 기능이 약화하고 있습니다. 금융 시스템은 중앙화된 구조로 운영되며, 이는 투명성과 효율성을 저해합니다. 중앙은행의 정책 실패, 부패, 그리고 금융위기는 이러한 한계를 명백히 드러냅니다. 디지털 경제는 신속하고 효율적인 거래를 요구합니다. 그러나 전통 자산은 이러한 요구를 충족하지 못하며, 기술 변화로 인해 점점 더 부적합한 자산으로 여겨지고 있습니다. 그렇다면 도래한 디지털 경제에 전통 자산을 대신할 수 있는 가치 저장 수단은 무엇일까요? 아시겠죠? 바로 비트코인입니다.

"비트코인은 디지털 금이다."

2013년, 이 단어를 세상에 퍼뜨린 사람은 비트코인 초창기 투자자이자 유명한 벤처 캐피털리스트인 윙클보스 형제였습니다. 그들이 비트코인을 디지털 금에 비유했을 때, 많은 사람은 의아한 표정을 지었습니다. 그러나 10여 년이 지난 지금, 비트코인은 그들의 예언에 가까워지고 있습니다. "비트코인은 디지털 금이다."라는 말은 미국 억만장자 투자자인 폴 튜더 존스가 비트코인의 미래 가능성을 예견하며 남긴 평가이기도 합니다. 마이크로스트래티지의 창립자 마이클 세일러 역시 비트코인을 "디지털 금"으로 지칭하며, 디지털 시대에 맞는 궁극적인 가치 저장 수단으로 비트코인의 잠재력을 강조했죠. 이러한 발언들은 비트코인이 단순한 암호화폐를 넘어, 전통 금을 뛰어넘는 새로운 세대의 자산으로 자리 잡을 가능성을 보여줍니다. 비트코인은 이러한 금의 속성을 디지털 영역에서 구현하며, 새로운 형태의 가치 저장 수단으로 주목받고 있습니다.

아래는 비트코인과 금의 공통점과 차이점을 한눈에 알아볼 수 있도록 표로 정리한 내용입니다.

항목	비트코인	금
희소성	최대 발행량 2,100만 개로 고정	매장량 제한 (채굴 가능량 유한)
비 주권적 자산	중앙은행, 정부의 통제를 받지 않음	중앙은행 통제 바깥의 자산
가치 저장 수단	디지털 자산으로 새로운 세대의 가치 저장 수단으로 각광	수천 년간 인정받아 온 전통적 가치 저장 수단
변동성	가격 변동성이 크지만 장기적 상승세	가격 변동성 있으나 상대적으로 안정적
이동성과 거래	인터넷 연결로 빠르고 저렴하게 전 세계 거래 가능	무거운 물리적 형태로 이동과 거래에 제약
투명성	블록체인 기술로 모든 거래 기록 투명	순도와 무게 검증에 시간과 비용 필요
분할 가능성	소수점 8자리까지 분할 가능 (최소 단위: 사토시)	소액으로 나누는 것이 비효율적
보관 용이성	디지털 지갑에 저장 (안전성과 편리성 동시 제공)	안전한 보관을 위해 물리적 금고 필요
보안성	탈중앙화 네트워크로 거래 및 보안 유지	물리적 형태로 인해 도난, 분실 위험 존재
프로그램 가능성	스마트 계약 등 다양한 금융 기능 지원	단순한 물리적 자산으로 활용 제한

발행량이 2,100만 개로 제한된 비트코인은 희소성을 기반으로 가치를 인정받고 있으며, 탈중앙화된 네트워크와 블록체인 기술은 안전성과

투명성을 보장하죠. 금과 비트코인은 모두 희소성을 가진 자산으로, 금은 물리적으로 한정된 자원이고 비트코인은 프로토콜에 의해 발행량이 제한됩니다. 또한, 두 자산 모두 정부나 중앙은행의 통제를 받지 않는 비주권적 자산으로, 경제적 불확실성 속에서도 신뢰받는 가치 저장 수단으로 작용합니다. 이와 더불어, 금과 비트코인은 단기적으로는 가격 변동성이 크지만, 장기적으로는 희소성과 내재 가치를 기반으로 안정성을 유지해왔습니다. 세계 경제 위기 속에서 비트코인은 금과 유사한 안전자산으로서의 역할을 점차 확대하며 새로운 시대의 디지털 금으로 부상하고 있습니다.

그러나 비트코인은 단순히 금과 같은 속성을 공유하는 데 그치지 않고, 이를 뛰어넘는 디지털 시대의 특화된 장점들을 제공합니다. 금은 물리적 자산으로서 이동과 보관이 어렵지만, 비트코인은 인터넷만 있으면 전 세계 어디서든 빠르고 쉽게 전송할 수 있습니다. 또한, 블록체인 기술을 통해 모든 거래가 투명하게 기록되고 누구나 이를 검증할 수 있는 비트코인은 위조나 순도 문제로부터 자유롭습니다. 금은 분할이 비효율적이고 실용성이 떨어지지만, 비트코인은 1BTC를 1억 개 단위인 사토시로 나눌 수 있어 소액 거래에도 적합합니다. 나아가, 비트코인은 스마트 컨트랙트를 통해 다양한 금융 서비스와 결합할 수 있어 활용 가능성이 훨씬 넓습니다.

금은 수천 년 동안 가치 저장 수단의 대명사였습니다. 그러나 디지털 경제로의 전환이 가속화되면서 물리적 자산보다 디지털 자산이 더 큰 경쟁력을 가지는 시대가 도래했죠. 비트코인은 인터넷 시대의 특성에 맞는 설계와 글로벌 경제에서의 잠재력 덕분에 금의 자리를 대신할 준비를 마쳤습니다. 비트코인은 더 이상 단순히 "디지털 금"이라는 비유에 머물지 않습니다. 곧 전통 금의 상징적 지위를 꿰차고, 새로운 시대의 안전자산으로 자리 잡을 것입니다. 폴 튜더 존스와 마이클 세일러의 통찰은 비트코인이 단순한 예측의 대상이 아닌, 새로운 금융 시대를 여는 상징이라는 것을 말하고 싶었던 것이 아닐까요!

디지털 부동산 비트코인!
이상적인 가치 저장 수단

비트코인은 돈·자산·에너지의 디지털 전환을 상징하며, 기존 화폐 시스템에 대한 근본적 패러다임 변화를 제시합니다. 금을 대체하는 가치 저장 수단으로 비트코인을 디지털 금으로 부르기도 하지만, 부동산을 대체하는 가치 저장 수단으로 비트코인을 바라보는 시각도 많습니다.

부동산이 정부가 발행한 '등기'에 의존한다면, 비트코인은 블록체인 상에서 소유권이 자동으로 증명됩니다. 게다가 소액 단위로 쪼개 투자할 수 있고, 매매나 양도 시 복잡한 등기 절차나 거액의 세금이 들지 않는다는 점이 큰 장점입니다. 실제로 2021년 말 비트코인 시가 총액은 약 1조 3,000억 달러에 달했으며(당시 사상 최고치), 전 세계 부동산 시장(약 330조 달러)과 비교하면 아직 규모가 훨씬 작지만, 그만큼 더 성장 여지가 크다는 평가도 있습니다.

현행 법정 화폐(명목화폐) 시스템 아래에서 부동산은 '거주의 목적'을 넘어 사실상 구매력을 지키기 위한 투자 수단으로 변질되어 왔습니다.

반면 비트코인은 거주 비용이나 관리비가 필요 없고, 국가나 기관이 함부로 몰수하기 어렵습니다. 이런 이유로 많은 사람이 "부동산"에서 "비트코인"으로 자산을 분산해 보는 방안을 고민하기 시작했습니다.

궁극적으로, "디지털 시대의 부동산"이라 할 수 있는 비트코인은 인플레이션과 법정 화폐 가치 하락에 대한 대안으로 떠오르고 있죠. 아직 가격 변동성이 크다는 단점이 있지만, 탈중앙화·희소성·유동성을 두루 갖춰 미래 자산 지형을 바꿀 중요한 플레이어가 될 가능성이 큽니다.

아래의 표는 부동산과 비트코인을 다양한 항목에서 비교해본 표입니다.

비교 항목	부동산	비트코인
초기 투자금	대체로 고액 (대출 활용)	소액 투자 가능
거래세·취득세	취득세·등록세·재산세 등 복합적으로 부담	거래소 수수료 (매수/매도 시 약간의 수수료)
유동성	낮음 (매도에 시간 소요)	높음 (24시간 거래 가능)
보관·유지비	세금·관리비·수리비	지갑(월렛) 보안 관리
정부 규제·압류	정부의 압류·몰수 가능	개인 키를 안전하게 보관 시 압류 어려움
가격 변동성	지역별 편차, 중장기 상승 경향	변동성 높지만 장기적 시세 상승 전망 (역사적 데이터)

초기 투자금부터 살펴보면, 부동산 투자는 초기 자금으로 대체로 고액이 필요하며, 대부분 대출을 활용하여 투자하는 경우가 많습니다. 이는 부동산의 높은 가격과 관련이 있으며, 대출 상환 및 이자 부담이 투자자에게 영향을 미칠 수 있습니다. 반면, 비트코인은 소액 투자도 가능하다는 점에서 접근성이 뛰어납니다. 초기 자본이 많지 않아도 일부 자산

을 분할 구매하여 투자할 수 있어, 다양한 투자자들에게 적합하죠.

세금 부문에서 비트코인 투자는 엄청난 장점이 있습니다. 부동산 투자는 취득세, 등록세, 재산세 등 다양한 세금이 복합적으로 부과되기 때문에 상당한 비용 부담이 있습니다. 이는 거래 과정에서 추가적인 재정적 책임을 동반하게 되죠. 반면 비트코인은 거래소에서 매수 및 매도 시 발생하는 약간의 수수료만 부담하면 되므로, 거래세 부담이 상대적으로 적습니다. 이에 따라 투자 접근성이 부동산보다 용이합니다.

유동성도 비트코인이 훨씬 뛰어납니다. 부동산은 유동성이 낮다는 점이 큰 단점으로 꼽힙니다. 집값이 하락하는 시기에는 집을 내놓아도 팔리지도 않고, 처분이 곤란합니다. 자산을 현금으로 바꿔서 필요할 때 사용하는 것이 힘들죠. 즉각 매도할 수 없습니다. 또한, 거래 과정이 복잡합니다. 거래 과정이 복잡하다 보니 이를 대신 처리해줄 공인중개사를 거쳐야 하고, 중개사 비용까지 내야 합니다. 복잡한 거래 과정은 자산을 즉각적으로 현금화하는 것을 방해하는 요소이기도 하죠. 반면 비트코인은 유동성이 매우 높습니다. 24시간 거래할 수 있으며, 투자자는 언제든 자산을 사고팔 수 있습니다. 이는 비트코인의 큰 장점 중 하나로, 투자자들에게 빠른 자산 운용을 가능하게 합니다.

보관성과 유지비는 어떻습니까. 부동산은 세금, 관리비, 수리비 등 다양한 유지비가 지속해서 필요합니다. 이는 장기적으로 보유하는 데 있어 부담될 수 있죠. 반면 비트코인은 별도의 물리적 유지비가 들지 않지만, 디지털 자산이기 때문에 월렛(지갑)을 통한 보안 관리가 중요합니다.

정부 규제와 압류에 관해서도 확인해보죠. 부동산은 정부의 정책과 규제에 따라 압류 또는 몰수될 가능성이 있습니다. 이는 외부 요인에 의해 투자 결과가 영향을 받을 수 있음을 의미합니다. 하지만 비트코인은 개인 키를 안전하게 보관한다면 압류가 어려운 특성을 가집니다. 그러나 디지털 자산의 특성상 개인의 보안 의식이 중요합니다.

가격 변동성의 경우, 부동산은 지역별 편차가 있지만, 일반적으로 중장기적으로 안정적인 상승 경향을 보입니다. 이는 안정적인 자산으로 평가받는 주요 이유 중 하나로 부동산의 큰 장점입니다. 반면 비트코인은 변동성이 매우 높다는 특징이 있습니다. 그러나 역사적 데이터를 통해 비트코인의 장기적인 시세 상승 전망이 예측됩니다.

비트코인은 지난 몇 년 동안 단순한 디지털 자산을 넘어 가치 저장 수단으로 자리 잡아가고 있습니다. 특히, 미국 평균 주택 가격을 기준

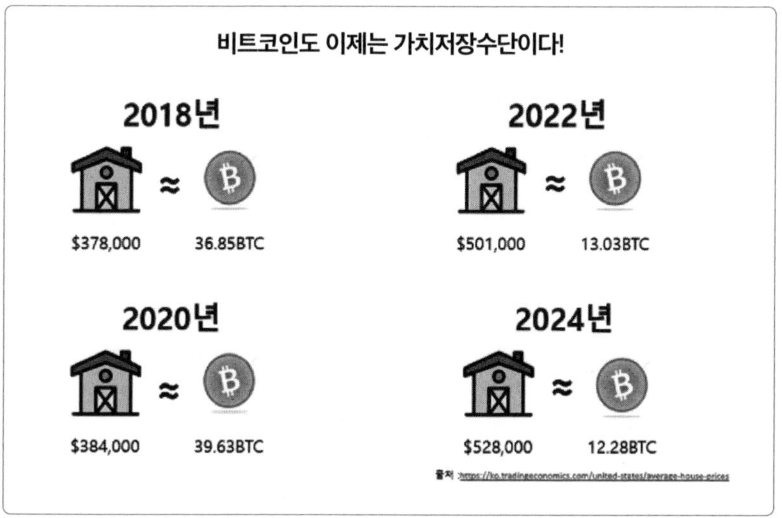

1970년부터 2020년까지 50년간 변화한 생활물가
(출처: 한국물가정보 데이터 분석(2020))

으로 비트코인의 구매력을 비교한 데이터는 그 가치를 이해하는 데 중요한 시사점을 제공합니다. 자료를 통해 한번 살펴볼까요? 위의 자료는 2018년부터 2024년까지 비트코인의 구매력이 어떻게 변화했는지에 대한 분석입니다.

2018년에는 미국 주택 한 채를 구매하려면 약 36.85 BTC가 필요했습니다. 당시 비트코인의 가치는 상대적으로 낮았으며, 부동산과 같은 전통 자산과 비교했을 때 구매력은 미미했습니다. 당시만 해도 비트코인이 투기적 자산으로 분류되던 시기였죠. 2020년에는 주택 평균 가격이 소폭 상승한 반면, 비트코인 가격은 약간 하락했습니다. 이에 따라 필요한 비트코인의 수는 39.63 BTC로 증가했죠. 비트코인의 구매력이 아직 제한적이었지만, 안정적인 가치 변화를 보이기 시작한 시점이었어요. 2022년 들어 비트코인의 가치는 큰 폭으로 상승했습니다. 같은 주택을 구매하는 데 필요한 비트코인의 수는 단 13.03 BTC로 줄어들었으니까요. 비트코인이 디지털 자산을 넘어 구매력이 크게 상승한 전환점이었다고 할 수 있죠. 2024년에는 평균 주택 가격이 상승했음에도 불구하고 비트코인의 가치가 이를 뛰어넘는 속도로 증가했습니다. 주택 한 채를 구매하는 데 12.28 BTC면 충분하게 됐죠. 이는 비트코인이 단순한 투기적 자산에서 벗어나 안정적인 가치 저장 수단으로서 자리 잡았음을 의미합니다.

6년 동안 비트코인의 구매력 변화는 그 가치를 입증하는 중요한 지표입니다. 2018년 약 36.85 BTC가 필요했던 주택 구매는 2024년 단 12.28 BTC로 가능해졌습니다. 이 글을 읽고 계신 지금, 미국 평균 주택 한 채를 구매하려면 비트코인이 몇 개 필요할까요? 현재 비트코인 가격이 10만 달러를 넘어섰다면, 단 6개의 비트코인으로 미국의 집 한 채를 구매할 수 있습니다. 독자분들에게 질문을 드리고 싶습니다. 비트코인이 단순한 거래의 수단에서 점점 더 안정적인 가치 저장 수단으로 변모하고 있다면, 여러분은 어떤 결정을 내리시겠습니까? 비트코인은 전통적인 자산과 비교해 더 강력한 구매력과 안정성을 제공하며, 새로운 시대의 금으로 부상하고 있습니다.

비트코인은 이제 글로벌 금융 시장에서 새로운 기준이 되고 있으며, 새로운 경제적 패러다임을 제시합니다. 전통 자산 대비 높은 희소성과 글로벌 시장에서의 수용성은 비트코인을 장기적인 투자자산으로 고려해야 할 중요한 이유로 작용합니다. 비트코인은 이제 글로벌 금융 시장의 새로운 기준점이 되고 있습니다. 이제 비트코인은 더 이상 변동성 높은 투기 자산이 아니라, 실제 경제활동과 자산 구매에서 중요한 역할을 하는 새로운 세대의 가치 저장 수단이 되고 있습니다. 투자자들에게 중요한 교훈은 비트코인과 같은 디지털 자산이 가져올 경제적 변화를 이해하고 이에 발맞춰 전략을 세우는 것입니다.

어떤가요. 비트코인이 디지털 부동산으로 전통 자산인 부동산의 자리를 대체할 수 있을 거라고 생각되시나요? 대한민국에서 원화 봉급자로 살아가며 모든 구매력을 원화 자산에만 묶어둔다는 것은, 단일 실패 지점Single Point of Failure에 노출되는 위험한 선택일 수 있습니다. 여러분이 사는 집은 현금 흐름을 창출하기보다는 대출과 유지비를 요구하는 '부채'일 가능성이 큽니다. 반면 같은 자금으로 비트코인을 축적한다면, 이미 본격화된 비트코인 지분 전쟁에서 선점 효과를 누리며 그 어떤 자산

보다도 강력한 구매력 보존 수단을 확보할 수 있습니다. 비트코인은 여러분이 인생의 다양한 순간을 스스로 선택할 수 있도록 자유와 선택권을 부여하는 자산입니다.

집 한 채에 올인하기 전에, 자산 가치 저장이라는 관점에서 좀 더 넓은 시야를 가져보길 바랍니다. 특히 각종 문제로 미래를 꿈꾸기 어려워진 대한민국의 현실에서, 기존 화폐 시스템이 가진 단점을 보완해줄 혁신적인 대안이 등장했다면 한 번쯤 고민해볼 만하지 않을까요? 여러분의 인생 목표가 단지 '사는 것'인지, 아니면 '잘 사는 것'인지, 그리고 그것을 위해 어떤 자산에 투자해야 할지, 이제 스스로 결정해볼 때입니다.

점점 더 많은 투자자가 금에서 비트코인으로, 부동산에서 비트코인으로 자산을 이동하고 있습니다. 은행 시스템의 위기 상황에서 비트코인은 안정성과 수익률을 제공해왔죠. 금, 예금과 적금, 부동산의 한계와 비트코인의 미래 가능성을 비교하며, 투자 가치가 어디에 있는지 생각해봐야 할 때입니다.

전통 금융 자산은 인플레이션, 중앙화된 시스템의 문제, 디지털 시대의 요구를 충족하지 못하며 몰락하고 있습니다. 반면 비트코인은 희소성, 탈중앙화, 그리고 디지털 경제에 적합한 특성을 바탕으로 새로운 표준으로 자리 잡고 있습니다. 변화하는 시대에 맞는 선택이 필요하며, 그 답은 비트코인에 있습니다.

부자들은
세금 때문에 비트코인을 산다

부자들에게 세금은 단순히 정부에 돈을 납부하는 행위를 넘어, 그들의 자산과 재정적 안정에 큰 위협으로 다가옵니다. 이는 단순한 의무가 아니라, 자산 축적의 결과물을 보호하고자 하는 그들의 본능과 직접적으로 충돌합니다. 자산이 많아질수록, 소득이 높아질수록 부담해야 할 세금의 비율은 가파르게 상승하며, 이는 부자들에게 큰 심리적 부담으로 작용합니다. 이러한 이유로, 많은 부자는 세금 납부를 단순한 법적 의무가 아닌, 자산 보존과 성장을 저해하는 장애물로 인식합니다.

고소득층은 자산을 지키기 위해 다양한 전략을 모색하며, 종종 이러한 전략은 합법적이든 불법적이든 세금 회피를 포함하게 됩니다. 세금의 압박이 커질수록 그들은 자신의 자산을 보호하려는 욕구가 강해지며, 이에 따라 새로운 방법과 도구를 찾는 데 몰두합니다. 이 과정에서 세금은 단순한 경제적 부담을 넘어, 재정적 계획의 중요한 고려 요소로 자리 잡습니다.

그렇다면, 구체적으로 세금이 어떻게 부자들에게 위협으로 작용하는지, 특히 시간이 흐르며 세율이 어떻게 변해왔는지를 살펴볼 필요가 있습니다. 과거부터 현재까지의 세율 변화는 부자들에게 점점 더 많은 세금 부담을 가중시키는 방향으로 변화하였으며, 이러한 변화는 부자들이 세금을 줄이려는 동기를 더욱 강화시켜 왔습니다.

과거 2017년의 종합소득세율을 살펴보면, 과세표준 기준으로 소득이 5억 원을 초과하는 고소득자들은 5억원 초과 소득에 대해 44%(지방세 포함)의 세율이 부과되었습니다. 이는 고소득자들에게 상당한 부담으로 작용했으며, 자산이 많을수록 세금 부담이 증가하는 누진세 구조는 부유층의 세금 회피 동기를 자극하는 주요 요소로 작용했습니다. 이는 단순히 높은 세율 때문만이 아니라, 세금을 통해 자산 축적의 속도를 제한받는다는 심리적 압박 때문입니다.

종합소득세 세율 (2017년 귀속)

과세표준	세율(지방세 포함)	누진 공제
12,000,000원 이하	6.6%	-
12,000,000원 초과 46,000,000원 이하	16.5%	1,080,000원
46,000,000원 초과 88,000,000원 이하	26.4%	5,220,000원
88,000,000원 초과 150,000,000원 이하	38.5%	14,900,000원
150,000,000원 초과 500,000,000원 이하	41.8%	19,400,000원
500,000,000원 초과	44%	29,400,000원

출처: 소득세법

이 표를 통해 알 수 있듯이, 소득이 증가할수록 적용되는 세율은 급격히 상승합니다. 예를 들어, 연간 소득이 1,200만 원 이하인 경우 6.6%(지방소득세 포함, 이하 동일)의 세율이 적용되지만, 소득이 5억 원을 초과하면 5억 원을 초과하는 소득에 대해서는 44%라는 높은 세율이 적용됩니다. 특히 고소득층에게는 누진세율(소득구간이 높아질수록 더 높은 세율이 적용되도록 정하는 것)이 적용되어 소득이 높아질수록 세금이 더욱 가파르게 가중됩니다. 이는 정부가 부유층으로부터 더 많은 세금을 징수하여 과세형평 및 부의 재분배 효과를 가져오려는 의도를 반영한 정책이라 할 수 있습니다.

그러나 이러한 조세정책 방향은 부유층에게 두 가지 감정을 불러일으킬 수 있습니다. 하나는 자신의 성공에 대한 보상이 충분히 인정받지 못한다는 불만이며, 다른 하나는 높은 세율로 인해 점점 자신이 얻는 소득에 비해 자산을 보존하기 어려워질 것이라는 두려움입니다. 이러한 심리적 요인들은 세금 회피를 고민하는 부자들의 행동을 설명하는 데 중요한 단서가 됩니다. 2017년까지는 위와 같은 세율구간으로 과세를 하였으나, 이후 정부는 과세형평 제고와 소득재분배 기능 강화라는 명분을 내세워 지속적으로 부유층을 겨냥하여 세율을 올려왔습니다.

종합소득세 세율 (2018~2020년 귀속)

과세표준	세율(지방세 포함)	누진 공제
12,000,000원 이하	6.6%	-
12,000,000원 초과 46,000,000원 이하	16.5%	1,080,000원
46,000,000원 초과 88,000,000원 이하	26.4%	5,220,000원
88,000,000원 초과 150,000,000원 이하	38.5%	14,900,000원
150,000,000원 초과 300,000,000원 이하	41.8%	19,400,000원
300,000,000원 초과 500,000,000원 이하	44%	25,400,000원
500,000,000원 초과	46.2%	35,400,000원

출처: 소득세법

2018년 이후, 세율 체계는 점차 세분화되었습니다. 특히 3억 원 초과 ~ 5억 원 이하 소득에 대해 별도의 세율(44%)이 설정되었고, 5억 원을 초과하는 소득에 대해서는 세율이 기존 44%에서 46.2%로 인상되었습니다. 이는 고소득층의 세금 부담을 증가시키는 데 중점을 둔 조치로, 세분화된 과세표준을 통해 더욱 정밀하게 소득 구간별 세금을 부과하려는 정부의 정책 방향을 보여줍니다.

여기서 주목할 점은, 3억 원 초과 5억 원 미만 소득 구간에 대한 추가 세율 적용으로 인해 고소득층 내에서도 세부적으로 소득 수준에 따라 사실상 더 높은 부담이 가해졌다는 것입니다. 이는 세금 회피의 필요성을 느끼게 하는 또 다른 요인으로 작용할 수 있습니다. 예를 들어, 5억 원 초과 소득자들은 5억원 초과 소득에 대해 46.2%의 높은 세율을 감수해야 했으며, 이는 고소득자들에게 기존 세율 체계보다 더욱 부담스러운 환경을 조성했습니다.

종합소득세 세율 (2021~2022년 귀속)

과세표준	세율(지방세 포함)	누진 공제
12,000,000원 이하	6.6%	-
12,000,000원 초과 46,000,000원 이하	16.5%	1,080,000원
46,000,000원 초과 88,000,000원 이하	26.4%	5,220,000원
88,000,000원 초과 150,000,000원 이하	38.5%	14,900,000원
150,000,000원 초과 300,000,000원 이하	41.8%	19,400,000원
300,000,000원 초과 500,000,000원 이하	44%	25,400,000원
500,000,000원 초과 1,000,000,000원 이하	46.2%	35,400,000원
1,000,000,000원 초과	49.5%	65,400,000원

출처: 소득세법

2021년에는 고소득자들 대상으로 10억 원 초과 소득에 대해 49.5%라는 높은 세율구간이 새로 설정되었습니다. 이러한 세율 구간 설정은 고소득층에 대해 추가적인 세금 부담을 의도한 것으로, 사회적 불평등을 완화하고 공정한 분담을 촉진하려는 정부의 목표를 반영합니다.

이 시기의 변화는 기존의 세율 체계보다 더 높은 소득자들에 대해 많은 세금을 징수하는 것에 초점을 맞춘 것으로, 정부의 세수 확보를 위한 강력한 의지를 보여줍니다. 이러한 정부정책으로 인해 고소득층이 느끼는 세금 부담은 더욱 커졌으며, 이는 세금 회피의 동기를 강화하는 결과를 초래할 가능성이 있습니다.

종합소득세 세율 (2023년 귀속)

과세표준	세율(지방세 포함)	누진 공제
14,000,000원 이하	6.6%	-
14,000,000원 초과 50,000,000원 이하	16.5%	1,260,000원
50,000,000원 초과 88,000,000원 이하	26.4%	5,760,000원
88,000,000원 초과 150,000,000원 이하	38.5%	15,440,000원
150,000,000원 초과 300,000,000원 이하	41.8%	19,940,000원
300,000,000원 초과 500,000,000원 이하	44%	25,940,000원
500,000,000원 초과 1,000,000,000원 이하	46.2%	35,940,000원
1,000,000,000원 초과	49.5%	65,940,000원

출처: 소득세법

2023년에는 과세표준 하한선이 일부 상향 조정되었지만, 고소득층에 대해서는 계속해서 세율이 유지되거나 세금 부담이 오히려 강화되었습니다. 이는 사회적 재분배를 강화하고자 하는 정부의 의도를 반영하며, 특히 고소득 구간에서 세부적으로 부담을 높이는 방식으로 이루어졌습니다.

고소득층의 부담은 이러한 변화 속에서 점점 더 증가하고 있습니다. 특히, 10억 원 초과 소득자들에게 적용된 49.5%의 세율은 고소득층 내에서도 상위 1%가 감당해야 하는 부담을 명확히 보여줍니다. 이는 사회적 형평성과 정부의 세수 확보 의지를 동시에 충족하려는 시도로 해석될 수 있습니다.

이러한 정부의 조세 정책의 방향 및 추세를 보았을 때 시간이 지남에 따라 종합소득세 세율 체계는 점점 더 세분화되고 세율은 높아지며, 부유층에게 더 많은 부담을 지우는 방향으로 변화하고 있습니다. 이는 세수 확보와 사회적 형평성을 동시에 달성하려는 정부의 전략적 움직임을 나타냅니다. 하지만 이러한 변화는 고소득층의 세금 회피 동기를 증가시킬 수 있는 요인이기도 합니다. 따라서 정부는 공정한 세금 부과와 함께, 세금 회피를 방지하기 위한 강력한 규제와 투명성을 제공해야 할 것입니다.

이러한 구조는 자산 규모가 커질수록 세율이 가파르게 상승하며, 부유층에게 점차 부담을 가중시킵니다. 예를 들어, 연간 소득이 5억 원을 초과하는 고소득층은 5억원 초과 소득에 대해서는 자신이 번 돈의 44%를 세금으로 내야 했으며, 이는 그들이 세금 회피 전략을 모색하게 되는 중요한 동기로 작용했습니다. 세금 부담이 가중될수록 부유층은 자산을 보존하고 증식하기 위해 새로운 방안을 찾는 데 더 많은 자원을 투자하게 됩니다.

이처럼 세금이 부유층에게 미치는 영향은 단순히 재정적 부담에 그치지 않습니다. 이는 자산을 보존하려는 본능과 충돌하며, 더 나아가 세금 납부를 통해 사회적 공헌을 요구받는다는 압박감을 동반합니다. 부자들은 이러한 압박에서 벗어나기 위해 점차 다양한 자산 관리 전략을 구사하며, 그중 하나로 떠오르는 것이 바로 가상자산입니다.

▪ 왜 부자들은 세금을 회피하려 하는가?

부자들이 세금을 회피하려는 이유는 여러 가지 요인으로 설명될 수 있습니다. 여기에는 경제적, 심리적, 법적 측면에서의 다양한 동기가 포함됩니다.

먼저, 부유층은 높은 세율에 대한 부담을 느낍니다. 소득세, 종합부동산세, 재산세, 상속세 등 다양한 고율의 세금은 부자들에게 경제적 압박으로 작용합니다. 특히, 고소득자에 대한 소득세 누진세율은 소득이 높아질수록 세율이 급격히 높아져, 부자들은 자신이 창출한 부의 상당 부분을 세금으로 잃는다고 느낄 수 있습니다. 예를 들어, 종합소득 과세표준 10억 원 이상의 고소득자에게 적용되는 49.5%의 한계세율은 10억 원을 초과하는 소득에 대해서는 소득의 거의 절반을 소득에 대한 세금으로 납부해야 한다는 의미이며, 이는 OECD 가입국가 중 가장 높은 수치입니다. 이로 인해 고소득자들은 경제적, 심리적 부담을 크게 느낄 수 밖에 없습니다.

두 번째로, 부자들은 자산을 보존하고 증식하려는 강한 욕구가 있습니다. 이는 부의 유지를 넘어 가족과 후손에게 더 많은 자산을 물려주고자 하는 열망으로 이어지기도 합니다. 하지만 높은 세율은 이러한 계획에 장애물이 될 수 있으며, 이를 극복하기 위해 부자들은 세금 회피 수단을 모색하게 됩니다.

세 번째로, 일부 부자들은 정부에 대한 신뢰 부족으로 세금 회피를 정당화합니다. 정부가 세금을 효율적으로 사용하지 못한다고 믿는 사람들은 자신이 납부한 세금이 낭비되거나 부적절하게 사용된다고 생각하며, "내 돈은 내가 더 잘 활용할 수 있다"는 논리를 바탕으로 세금 회피를 선택할 가능성이 큽니다.

네 번째로, 국제적인 세금 체계의 법적 허점은 부자들에게 세금을 줄일 수 있는 다양한 전략을 제공합니다. 조세피난처나 해외 Vehicle 등 역외거래의 허점을 이용한 세금회피 전략은 전통적으로 부자들에게 세금을 회피하기 위한 수단으로 이용되어 왔습니다. (참고: 다만 위의 수단들 중에는 합법적인 절세나 세금회피 수단들도 있으나 현재 국내 세법 규정상 금지하는 수단도 있을 것입니다)

다섯 번째로, 암호화폐와 같은 새로운 기술의 부상은 부자들에게 세금 회피를 위한 혁신적인 방법을 제공합니다. 익명성과 국경을 초월한 거래 가능성은 기존 금융 시스템의 감시망을 벗어나 자산을 숨기는 데 유리한 환경을 제공합니다. 특히, 비트코인, 이더리움과 같은 암호화폐는 블록체인 기술을 기반으로 거래 내역을 추적하기 어렵게 만들어 부자들의 세금 회피를 돕는 도구로 활용됩니다.

여섯 번째로, 고소득자 중 일부는 사회적 불평등에 대한 반감으로 세금 납부에 저항합니다. 이들은 자신이 낸 세금이 공정한 분배로 이어지지 않으며, 정치적 목적이나 비효율적인 프로젝트에 사용된다고 믿습니다. 이러한 믿음은 세금 회피를 정당화하는 심리적 요인으로 작용할 수 있습니다.

마지막으로, 글로벌화된 경제 환경에서 부자들은 자산 증식을 위한 경쟁을 압박받습니다. 이러한 문화적 압박은 세금 회피를 하나의 전략적 선택으로 간주하게 만듭니다. 예를 들어, 같은 부류의 사람들이 세금을 줄이기 위해 사용하는 방법을 공유하거나 따라 하는 현상이 발생하기도 합니다.

이와 같이 현재 부자들은 세금을 내지 않는 것을 중요하게 생각하며 이러한 측면에서 가상자산 투자에도 점차 관심이 커지고 있습니다.

- **그렇다면 다른 금융 자산에 투자하는 것이 어떤가?**

해외주식을 매매할 때는 일정 금액 이상의 수익에 대해 양도소득세를 납부해야 하는 제도가 적용됩니다. 현재 기준으로, 1년 동안 250만 원을 초과하는 해외 주식 매매 이익이 발생할 경우, 그 초과분에 대해 양도소득세를 납부해야 합니다. 예를 들어, 해외주식을 통해 1,000만 원의 수익을 얻었다면, 250만 원을 초과한 750만 원에 대해 약 22%의 양도소득세(지방소득세 포함)가 적용되어 약 165만 원의 세금을 납부해야 합니다. 이는 해외주식 투자자들에게 있어 중요한 고려 사항으로, 투자 전략에 큰 영향을 미칠 수 있습니다.

반면, 암호화폐 거래에 있어서는 아직 양도소득세가 적용되지 않는다는 점이 많은 투자자에게 매력적으로 다가오고 있습니다. 암호화폐는 주식과는 다른 자산으로 분류되며, 현재 한국에서는 암호화폐 거래를 통한 이익에 대해 별도의 세금을 부과하지 않습니다. 현재 정부는 가상자산 거래에 대해 22%의 세금을 부과하는 규정을 도입하여 25년부터 과세를 예정하고 있었으나 현재 27년부터 과세하는 것으로 시행시기가 유예된 상황입니다. 이는 단기적으로 암호화폐 투자자들에게 세금 부담 없이 이익을 극대화할 수 있는 기회를 제공하고 있습니다. 예를 들어, 동일하게 1,000만 원의 수익을 올렸을 경우 현재로서는 세금을 납부하지 않아도 되며, 이는 수익의 전액을 재투자하거나 다른 용도로 활용할 수 있는 이점을 제공합니다.

그러나 해외주식 외에도 채권이나 부동산 등 다양한 투자 자산에 대해 세금이 부과된다는 점을 알아둘 필요가 있습니다. 채권 투자에서 발생하는 이자소득과 배당소득을 합산하여 해당 연도에 2천만 원까지는 15.4% (지방소득세 포함)로 분리과세하지만, 2천만 원을 초과하는 경우 초과분에 대해서는 종합소득에 합산하여 종합소득세율 (최고세율 49.5%)이 적용됩니다. 예를 들어, 채권 투자로 1,000만 원의 이자를 받았다면 약 154만 원의 세금을 납부해야 합니다. 이는 국채나 회사채 등 다양한 형태의 채권 투자자들에게 적용됩니다. 또한 부동산 투자에서는 양도할 때 발생하는 양도소득세 외에도 취득세 및 보유세(종합부동산세 및 재산세)와 임대 소득에 대한 소득세도 발생할 수 있습니다. 예를 들어, 부동산 매매로 5,000만 원의 양도차익이 발생했을 경우, 보유 기간과 과세표준에 따라 세율이 다르지만, 지방소득세를 포함해 기본적으로 6.6%~49.5%의 세율이 적용되며, 보유기간이나 부동산 종류에 따라 더 높은 세율도 적용될 수 있어서 경우에 따라서는 거의 절반을 세금으로 납부해야 할 수 있습니다.

이와 같은 환경 속에서 암호화폐는 상대적으로 규제와 세금 부담이 적은 투자처로 주목받고 있습니다. 다만, 이는 현시점에서의 상황일 뿐, 암호화폐 시장의 확대와 정부의 규제 강화 움직임에 따라 이러한 세제상의 이점이 언제든 변화할 수 있다는 점도 유념해야 합니다. 실제로 정부는 25년부터 가상자산에 대한 소득에 대해 과세를 예정하고 있었으나, 현재 27년으로 과세를 유예해 놓은 상황입니다.

따라서 투자자들은 현재의 세제 환경을 잘 활용하는 동시에, 장기적인 투자 계획을 세울 때 변화 가능성을 염두에 두는 것이 중요합니다. 암호화폐와 해외주식뿐만 아니라 채권, 부동산 등 다양한 투자 자산에 대해 각기 다른 세제 구조와 규제를 이해하고, 자신의 투자 목적과 리스크 허용 범위에 맞는 전략을 수립하는 것이 필요합니다. 또한 투자 수익을 극대화하기 위해 각종 세액 공제나 절세 방안을 미리 검토하고 준비하는 것도 장기적인 관점에서 매우 유익할 것입니다.

▪ 부자들은 세금 때문에 비트코인을 산다

가상자산(암호화폐)은 단순한 투자 수단을 넘어, 고소득층과 부자들에게 세금 회피의 새로운 가능성을 제공하는 자산으로 부상하고 있습니다. 애스펜 디지털Aspen Digital과 홍콩 패밀리오피스협회의 공동 조사에 따르면, 아시아 패밀리오피스의 가상자산 투자 비율은 2022년 58%에서 2024년 10월 기준 76%로 많이 증가했습니다. 이는 단순한 투자 유행을 넘어, 가상자산이 주요한 자산군으로 자리매김하고 있음을 보여줍니다.

국내에서도 유사한 흐름이 관찰됩니다. 금융위원회에 따르면, 국내 코인 투자자는 2023년 하반기 645만 명에서 2024년 상반기 778만 명으로 21% 증가했습니다. 또한,, KB금융지주 경영연구소의 조사에 따르면 한국 부자의 가상자산 보유율은 2023년 4.3%에서 2024년 7.3%로 증가했습니다. 부유층의 투자 이유로는 '유망한 투자처라 생각되어서'(38.9%), '장기적 높은 수익률이 기대되어서'(38.9%), '가상자산의 장기적 비전에 공감해서'(36.1%)가 주요 요인으로 꼽혔습니다. 이는 가상자산이 단순히 투기적 수단으로 여겨지던 과거에서 벗어나, 장기적인 비전과 디지털 금으로서의 가치를 인정받고 있음을 의미합니다.

가상자산이 세금 회피와 관련해 주목받는 이유는 그 특유의 익명성과 국경을 초월한 거래 가능성 때문입니다. 특히, 고소득층은 가상자산을 통해 자산을 해외로 이전하거나 소득을 분산시켜 신고 의무를 회피하는 방식으로 세금 부담을 줄이려는 경향을 보입니다. 예를 들어, 해외 거래소를 이용하거나 개인 지갑에 보관된 암호화폐는 현행 세금 체계 내에서 추적하기 어렵습니다.

KB금융지주의 조사에 따르면, 한국 부자의 35.1%가 가상자산의 미래에 대해 낙관적인 전망을 하고 있으며, 69.5%는 가상자산이 '광범위한 결제 수단'(41.7%)이나 '안정적 투자 자산'(27.8%)으로 인정받을 것이라고 기대하고 있습니다. 이러한 낙관적인 전망은 가상자산이 점차 제도권 내로 편입되고, 장기적으로 금융시장의 중요한 축으로 자리 잡을 가능성을 크게 평가하는 결과로 볼 수 있습니다.

그러나 이러한 낙관론 이면에는 세금 회피에 대한 잠재적 우려가 공존합니다. 세수 확보가 중요한 정부 입장에서, 고소득층의 가상자산 활용은 국가 재정에 부정적 영향을 미칠 수 있습니다. 특히, 자산의 국제적 이동과 익명성을 통해 세율 적용을 회피하려는 시도는 공정한 세금 부과 체계에 큰 문제가 되고 있습니다.

부자들이 비트코인에 관심을 두는 가장 큰 이유 중 하나는 바로 세금 문제를 효율적으로 관리할 수 있기 때문입니다. 비트코인은 탈중앙화된 특성과 익명성을 기반으로 하여, 기존 금융 시스템에서 발생하는 세금 부담을 줄이는 데 유리한 투자 수단이 될 수 있습니다. 특히, 세수가 부족한 국가적 상황에서 세금을 피하려는 투자 방식은 법적·도덕적 논란을 불러일으킬 수는 있겠지만, 자산을 보호하고 부를 축적하려는 인간 본능을 결국 막기는 어렵습니다.

결국 중요한 것은 투자와 도덕적 책임 사이의 균형을 찾는 것입니다. 우리 자산을 지키는 동시에 사회적 책임을 다하기 위한 방법을 고민해야 합니다. 하지만 세금을 최소화할 수 있는 합법적인 투자 방법이 존재한다면, 이를 적극적으로 활용하는 것도 현명한 재정 관리의 일부일 것입니다.

비트코인은 단순히 자산 증식 수단을 넘어, 새로운 금융 패러다임으로 자리 잡고 있습니다. 변화하는 금융 환경 속에서 우리는 과거의 방식에 얽매이지 않고 새로운 가능성을 탐구해야 할 때입니다. 비트코인은 그 가능성의 중심에 서 있습니다. 결국 우리의 자산을 보호하고 더 나은 미래를 설계하기 위해, 비트코인은 한 번쯤 진지하게 고려할 가치가 있는 투자 수단임을 부인할 수 없습니다.

PART

3

불장은 누구에게나 오지만 누구나 벌 순 없다

1

비트코인 사이클 바이블

역사가 반복되듯 사이클도 반복된다

"지금 우리가 마켓 사이클의 어느 지점에 있는지 아는 것이 가장 중요하다."

하워드 막스가 한 말입니다. 하워드 막스는 세계적인 투자자이자 오크트리 캐피털 매니지먼트Oaktree Capital Management의 공동 창립자로, 위험 관리와 시장 사이클 분석에 탁월한 통찰력을 가진 인물로 잘 알려져 있죠. 하워드 막스는 그의 저서 〈투자에 대한 생각The Most Important Thing〉과 〈마켓 사이클의 법칙Mastering the Market Cycle〉에서 시장 사이클을 이해하는 것이 중요하다고 강조하고 있습니다. 투자자들이 현재의 시장 위치를 파악하는 능력이 성공적인 투자 전략의 핵심이며, 시장의 주기적 변동을 분석함으로써 기회와 위험을 균형 있게 판단할 수 있다고 말합니다. 그렇다면 이 시장의 사이클은 어떻게 이해할 수 있을까요?

많은 투자 전문가들이 주식 시장의 사이클을 다양한 모델을 통해 분석해왔습니다. 일본의 전설적인 투자자이자 분석가인 우라가미 구니오는 주식 시장을 '4개의 계절'로 설명했습니다. 그는 주식 시장을 봄(상승 시작), 여름(본격적인 상승), 가을(하락 시작), 겨울(본격적인 하락)로 구분했고, 계절마다 적합한 투자 전략이 있다고 주장했습니다.

월스트리트저널의 창립자이자 다우존스 산업평균지수의 창시자 찰스 다우는 다우이론을 통해 시장의 트렌드를 설명했죠. 시장을 기본 추세Primary Trend, 중급 추세Secondary Trend, 단기 추세Minor Trend로 구분했으며, 이 중 기본 추세가 가장 중요하다고 봤어요. 그의 이론은 현대 기술적 분석의 기초가 되었습니다.

글로벌 투자의 선구자이자 가치투자의 대가 존 템플턴은 "시장 사이클에서 가장 위험한 말은 '이번에는 다르다'이다"라는 유명한 말을 남겼습니다. 그는 시장 사이클을 투자자의 감정 사이클과 연결시켰으며, 특히 극단적인 비관론이나 낙관론이 나타날 때가 투자할 기회라고 했죠.

트레이딩 전문가이자 기술적 분석가 래리 윌리엄스는 시장 사이클을 거시경제 지표와 연결해 설명했습니다. 그는 특히 금리, 인플레이션, 경제성장률 등의 변화가 시장 사이클에 미치는 영향을 강조했으며, 이를 바탕으로 한 투자 전략을 제시하기도 했습니다.

우선 주식 시장의 사이클 중 가장 많이 알려진 우라가미 구니오의 사

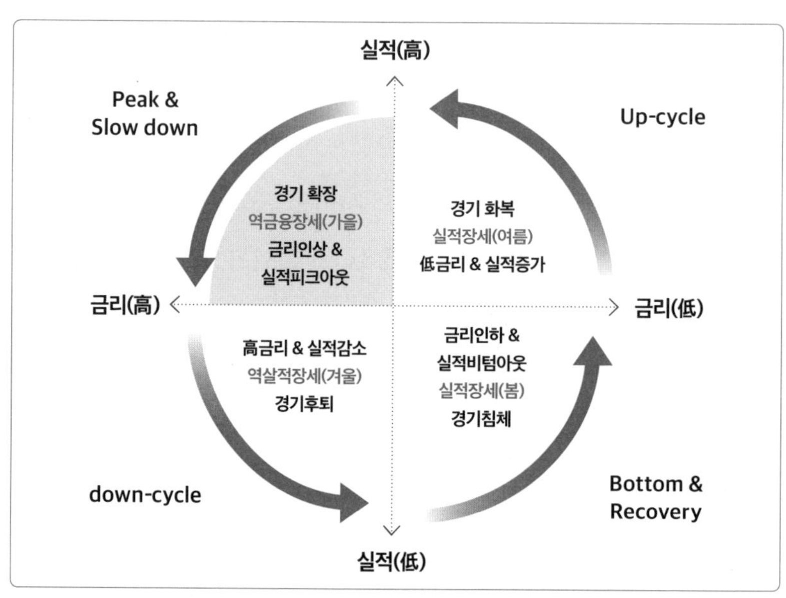

주식시장 사계(四季): 역금융장세를 지나고 있는 글로벌 시장(자료: 삼성증권 정리)

계절 이론을 먼저 살펴볼까요. 우라가미 구니오의 "주식 시장의 사계"는 시장을 봄, 여름, 가을, 겨울이라는 네 단계로 나눕니다.

"봄"은 상승 초입으로, 경제와 시장이 회복되고 새로운 성장 가능성이 보이는 단계입니다. 투자 심리가 점진적으로 개선되고, 초기 투자자들이 시장에 진입하며 점진적 상승이 시작되죠.

"여름"은 시장 과열의 단계로, 시장의 낙관적 심리가 극대화되고, 주식과 자산의 가격이 급격히 상승합니다. 대중의 관심이 집중되고, 과도한 기대감이 팽배해지며 투기적인 행동도 나타납니다.

"가을"은 하락의 조짐이 보이는 시점으로, 경제 성장이 둔화하고, 시장 과열로 인한 조정이 시작됩니다. 이때에는 매도 압력이 증가하고, 투

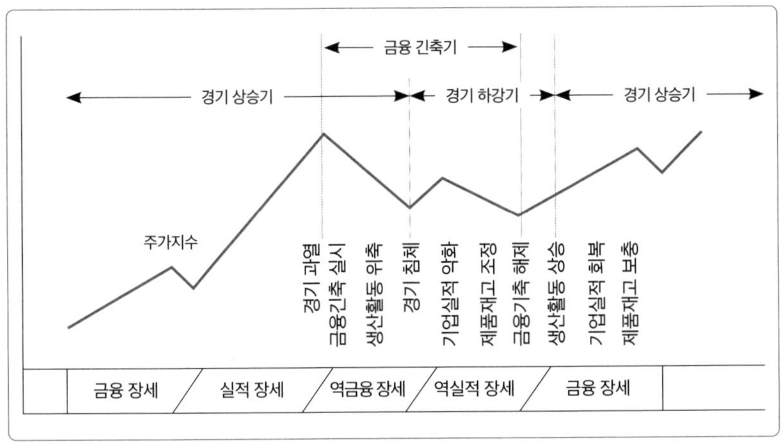

경기 순환과 주식시장(자료: 메리츠종금증권 리서치센터)

자 심리가 점차 약화합니다.

"겨울"은 침체기로, 시장이 본격적으로 하락하며 부정적 심리가 지배적입니다. 이 시기에는 시장의 관심이 크게 줄어들고, 자산 가격이 낮은 수준에서 머무르게 됩니다.

그런데 여러분, 우라가미 구니오의 사계절 이론을 비롯하여 전설의 투자가들이 주장한 주식 시장의 사이클은 비트코인 시장에도 유효하게 적용된다고 생각합니다. 비트코인의 역사 또한, 사이클을 통해 반복적으로 나타나는 투자 심리의 표본이기 때문이죠. 비트코인 투자 역시 사이클을 이해하는 것이 투자의 기본입니다.

비트코인 사이클은 주로 비트코인의 가격 변동 패턴을 설명하는 데 사용됩니다. 비트코인 가격은 주기적으로 급등과 급락을 반복하는 경향이 있으며, 이러한 패턴은 몇 가지 주요 요인에 의해 영향을 받죠. 사실 이 책을 보시는 분 중에는 이제 막 코인 투자에 입문하시는 분들도 있을

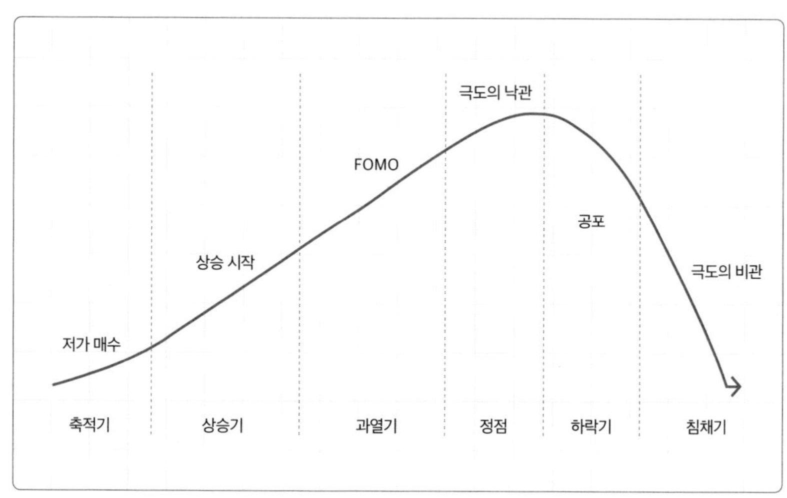

테고, 이미 이 사이클이 머릿속에 입력된 분들도 있을 거예요. 입문자분들은 사이클을 이해하는 데에, 이미 아시는 분들은 복습하는 의미로 한 번 같이 보시죠.

비트코인 사이클의 주요 단계는 다음과 같습니다.

1. 축적기 Accumulation Phase

이 단계에서는 가격이 상대적으로 낮고 안정적입니다. 그런데 장기 투자자나 기관 투자자들은 이 시기에 비트코인을 축적하기 시작합니다. 거래량이 적고 변동성이 적은 편이죠.

2. 상승기 Uptrend Phase

축적이 일정 수준에 도달하면 가격이 서서히 상승하기 시작합니다. 이 단계에서는 긍정적인 뉴스와 시장의 관심이 증가하면서 새로운 투자자들이 시장에 진입하게 됩니다. 가격 상승이 가속화되면서 거래량도 증가하죠.

3. 과열기Parabolic Phase

가격 상승이 극도로 가속화되는 단계입니다. 많은 신규 투자자들이 FOMOFear Of Missing Out(놓칠까 하는 두려움)로 인해 시장에 진입하면서 가격이 폭발적으로 상승합니다. 이 단계에서는 가격이 매우 높은 수준에 도달할 수 있으며, 비이성적인 과열 현상이 나타날 수 있습니다.

4. 정점Peak Phase

가격이 최고점에 도달합니다. 이 시점에서는 더 이상 상승할 동력이 부족해지고, 매도 압력이 증가합니다. 거래량이 급증하고 변동성이 많이 증가합니다.

5. 하락기Correction Phase

정점에 도달한 후 가격이 급격히 하락하기 시작합니다. 많은 투자자가 이익 실현을 위해 매도하면서 가격이 빠르게 내려갑니다. 이 단계에서는 공포심리가 작용하여 손실을 최소화하려는 투자자들이 많아집니다.

6. 침체기Bear Market Phase

하락이 어느 정도 안정되면 가격은 일정 기간 낮은 수준에서 머무르게 됩니다. 이 시기에는 시장의 관심이 감소하고, 거래량도 줄어듭니다. 그러나 일부 장기 투자자들은 다시 비트코인을 축적하기 시작합니다.

시장을 분석하고 예측하는 데 있어 시장 사이클을 이해하는 것은 매우 중요합니다. 첫째, 시장 사이클을 이해하면 효과적으로 투자 기회를 포착할 수 있어요. 예를 들어, 축적 단계에서 매수는 상승장에서 큰 수익을 가능하게 하고, 분배 단계에서의 매도는 하락장에서 발생할 수 있는 손실을 최소화할 수 있습니다. 사이클 분석을 통해 투자 적기를 보다 정교하게 조율할 수 있는 것입니다. 둘째, 시장 사이클을 이해하면 리스크 관리가 용이해집니다. 각 단계의 특징을 이해함으로써 지나친 낙관이나 비관을 피할 수 있고, 감정적인 거래를 줄이고 더 체계적이고 분석적으로 접근할 수 있는 거죠. 셋째, 시장 조작의 패턴을 인지하고 대응할 수 있는 능력을 키울 수 있습니다. 예를 들어, 대규모 자본이 특정 자산을 조작해 인위적으로 가격을 상승시키거나 하락시키는 경우, 투자자는 이러한 움직임을 조기에 파악하여 손실을 방지하거나 반대로 수익 기회를 극대화할 수 있죠.

예를 들어볼까요? 2018년 비트코인은 약 2만 달러까지 급등했습니다. 그러나 2019년에는 가격이 80% 이상 하락하며 하락 사이클을 맞이했어요. 이 과정에서 많은 투자자가 큰 손실을 겪었지만, 축적 단계에서 매수한 일부 투자자들은 이후의 상승장에서 막대한 수익을 얻었죠. 2020년 팬데믹 이후에는 글로벌 경제의 불확실성이 증가하며 비트코인이 안전자산으로 부각되었고, 다시 급격한 상승 사이클에 진입했습니다. 이 시기에는 기관 투자자들이 대거 시장에 진입하며 암호화폐가 주류 투자 자산으로 자리 잡기 시작했습니다.

시장의 사이클을 숙지하고 있는 투자자라면 아무도 비트코인에 관

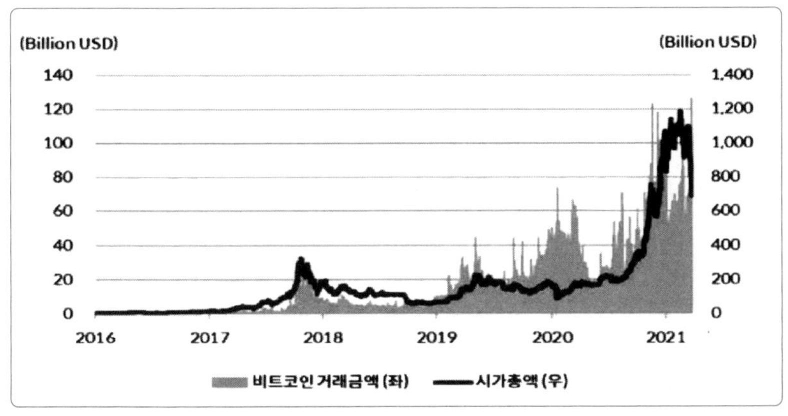

비트코인 거래금액과 시가총액

심이 없는 2017년부터 아마 조금씩 매수를 해뒀을 겁니다. 그리고 서서히 가격이 오르면서 어느 정도 사람들이 광기에 차올라서 너도나도 코인 투자 얘기할 때쯤 이제 가격이 정점에 올랐다고 생각하고 그 전부터 분할 매도에 들어갈 겁니다. '공포에 사서 환희에 팔아라'는 말이 여기에서 나온 거죠. 하지만 이 사이클을 모르는 사람들은 시장에 뒤늦게 참여해 환희에 사서 십중팔구 손해를 보기 마련입니다. 사이클을 아는 사람이라면 정점에서의 광기가 어느 정도 식어서 시장이 싸늘하게 식어가고, 아무도 관심을 두지 않을 때까지 기다리며 매수 타이밍을 보겠죠.

그다지 어려운 내용 없죠? 사실 별거 없습니다. 시장에 참여해서 이미 투자하고 계신 분들은 몇 차례 이 사이클을 겪으셨을 테고, 아직 투자를 시작하지 않은 분들도 읽다 보면 자연스럽게 알게 되는 내용입니다. 역사가 반복되듯 비트코인 사이클도 반복됩니다. 비트코인이 끊임없이 우상향할 수밖에 없다는 투자에 대한 확신과 사이클이 반복된다는 믿음이 있다면 얼마든지 여러분도 큰 수익을 낼 수 있습니다. 시장은 아주 큰 흐름에서 본다면 결국, 이 6단계에 따라 사이클이 진행되겠지만, 가까이 들여다보면 수많은 변수로 인해 투심이 흔들릴 수밖에 없습니다. 시시각각 변하는 비트코인 가격에 대응하기 위해서는 추세를 따라야 하죠. 그런데 이 추세는 결국, 시장 참여자들의 심리에 의해 만들어지고 형성됩니다. 추세를 알기 위해서는 결국, 수요와 공급의 법칙을 알아둬야 할 필요가 있어요. 학창 시절에 다들 배운 내용이겠지만 코인 시장에서 이 수요와 공급의 법칙이 어떻게 적용되는지 한번 살펴보도록 하죠.

수요와 공급으로 이루어지는 비트코인 사이클의 원칙

시장 사이클은 금융시장에서 반복적으로 나타나는 가격 변동의 패턴으로, 수요와 공급의 역학 관계에 따라 형성됩니다. 수요가 공급을 초과하면 가격은 상승하고, 공급이 수요를 초과하면 가격은 하락합니다. 수요와 공급의 원칙은 단순해 보이지만, 시장 참여자들의 심리, 경제적 변화, 외부적인 요인들로 인해 복잡하고 다양한 형태로 나타나죠. 금융위기나 혁신적인 기술 도입과 같은 사건들은 시장 사이클의 지속 기간과 강도에 영향을 미칠 수 있는 것처럼요.

먼저, 공급 법칙에 대해 알아봅시다. 공급Supply이란 생산자가 특정 기간 일정한 가격으로 시장에 상품이나 서비스를 제공하려는 의도를 뜻

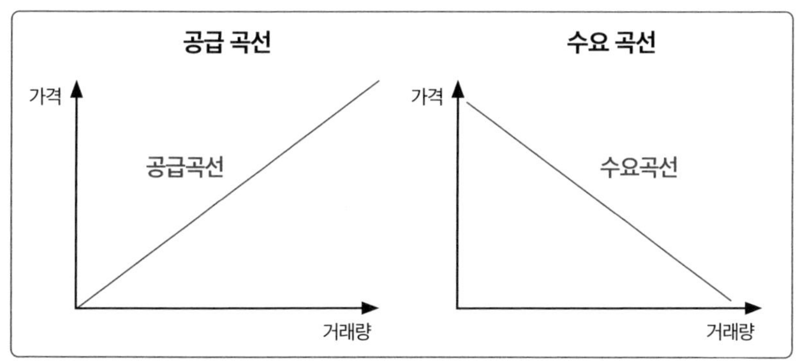

합니다. 이는 소비자의 수요와 함께 시장에서 균형 가격과 거래량을 결정하는 중요한 요소 중 하나입니다. 공급 법칙은 모든 조건이 일정하다는 가정하에, 상품의 가격이 상승하면 생산자는 더 많은 상품을 공급하려 하고, 가격이 하락하면 공급량이 줄어드는 경향을 설명합니다. 가격과 공급량 간에는 정(+)의 관계가 있습니다. 가격이 상승하면 생산자는 더 많은 이윤을 기대하며 공급을 늘립니다. 반대로 가격이 하락하면 생산자는 공급을 줄이는 경향을 보입니다.

공급과 관련된 관계를 시각적으로 표현한 것이 공급 곡선입니다. 공급 곡선은 일반적으로 우상향하는 형태를 띠며, 이는 가격이 상승할수록 공급량이 증가한다는 사실을 나타냅니다. 이 곡선은 시장에서 공급자들이 어떤 방식으로 행동하는지 이해하는 데 중요한 도구입니다.

이번에는 수요에 대해서 알아보죠. 수요Demand란 소비자가 일정 기간 특정 가격에 구매하려는 상품이나 서비스의 양을 뜻합니다. 이는 공급과 함께 균형 가격과 거래량을 결정하는 핵심 요소입니다. 수요 법칙은 다른 조건이 일정하다는 가정 아래, 상품의 가격이 상승하면 소비자는 구매를 줄이고, 가격이 하락하면 구매를 늘리는 경향을 설명합니다. 이는 가격과 수요량 간의 부(-)의 관계를 나타냅니다. 예를 들어, 휴대전화 가격이 하락하면 더 많은 소비자가 이를 구매하려 하고, 이는 시장에서의 수요량 증가로 이어집니다. 수요 곡선은 가격과 수요량 간의 관계를 그래프로 나타낸 것으로, 일반적으로 우하향하며, 가격이 낮아질수록 수요량이 증가하는 패턴을 보여줍니다.

시장에서는 상품의 가격과 거래량이 어떻게 결정되는가를 이해하는 것이 매우 중요합니다. 가격이 상승하거나 하락하는 과정은 단순한 수치의 변화가 아니라, 소비자와 생산자 간의 상호작용으로부터 비롯됩니다. 이 상호작용은 공급과 수요라는 두 가지 핵심 요소에 의해 형성됩니다. 공급과 수요는 각각 생산자와 소비자의 행동을 반영합니다. 공급은 생산자가 시장에 제공하려는 상품의 양을 나타내며, 수요는 소비자가 특정 가격에 구매하려는 상품의 양을 나타냅니다. 이 두 요소의 교차점에서 시장은 균형 상태를 이루며, 균형 가격과 균형 거래량이라는 중요한 결과를 만들어냅니다. 이러한 시장의 작동 원리를 이해하기 위해 공급과 수요의 관계를 시각적으로 표현한 그래프가 활용됩니다.

수요와 공급이 만나는 곳에서 가격이 형성되는 사실을 우리는 잘 알았습니다. 그렇다면 이제 이 공급의 측면에서 비트코인 시장을 한번 볼까요. 비트코인과 같은 암호화폐 시장에서도 수요와 공급의 원칙은 그대로 적용됩니다. 그러나 디지털 자산으로서의 특성과 고정된 공급량으

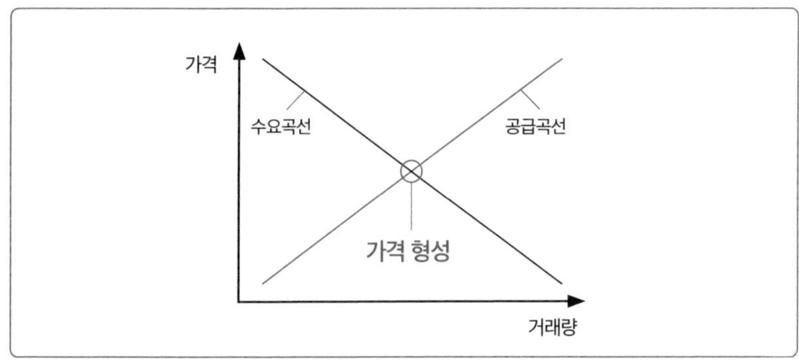

로 인해 독특한 메커니즘을 가지고 있습니다.

향후 비트코인의 가격이 어떻게 될지 수요와 공급의 원칙에 의해 한번 살펴보죠. 우선 공급부터 따져볼게요. 비트코인의 총공급량은 2,100만 개로 제한되어 있어, 시간이 지나도 추가적인 공급이 발생하지 않습니다. 이러한 고정된 공급 구조는 비트코인을 희소 자산으로 만들며, 시장에서는 이를 중요한 가치 상승 요인으로 인식합니다. 특히, 약 4년마다 발생하는 반감기는 채굴 보상이 절반으로 줄어들면서 공급 증가율을 감소시키며, 이는 장기적으로 가격 상승 압력을 가중하는 요인으로 작용합니다. 반감기에 대해서는 다음 챕터에서 더 상세하게 다룰 예정입니다.

다음은 수요. 비트코인을 사려는 사람들은 다양한 이유로 수요를 만듭니다. 예를 들어, 비트코인을 "디지털 금"으로 생각하며, 돈을 안전하게 보관할 곳으로 여기는 투자자들이 점점 많아지고 있죠. 특히 물가가 많이 오르거나 경제 상황이 불안정할 때, 비트코인은 더 큰 관심을 받습니다. 또한, 비트코인은 송금이나 결제, 탈중앙화 금융(DeFi) 같은 여러 곳에서 사용할 수 있기 때문에 이런 실제적인 쓰임새가 증가하는 것도 수요를 증가시키는 요인이 됩니다.

한편, 비트코인 가격은 투기적인 요소로도 영향을 받습니다. 비트코인의 가격이 급격히 오르거나 내릴 때, 더 많은 이익을 기대하며 사람들이 사고팔기를 반복하면서 가격이 크게 움직이기도 합니다. 비트코인 시장은 다른 자산 시장에 비해서는 아직은 거래량이 적은 편이라, 큰 거래가 가격에 더 큰 영향을 미칠 수 있습니다. 예를 들어, 기관 투자자들이 한꺼번에 비트코인을 많이 사거나, 정부가 비트코인과 관련된 긍정적인 발표를 하면 가격이 갑자기 오를 수 있죠. 실제로 2024년 비트코인 현물 ETF가 승인되면서 기관 투자자들의 유입이 빠르게 증가했고, 큰 가격 상승 요인으로 작용했습니다. 하지만 기관 투자자들의 자금이 비트코인으로 흘러 들어가는 것은 이제 시작일 것이고, 비트코인에 대한 수요는 점차 늘어갈 전망입니다.

장기적으로 비트코인에 대한 수요는 비트코인의 희소성, 점점 더 많은 사람이 비트코인을 사용하는 네트워크 효과, 그리고 실질적인 사용 사례가 가격에 가장 큰 영향을 줍니다. 네트워크 효과란 비트코인을 사용하는 사람이 많아질수록 비트코인의 가치가 더 커지는 현상을 말합니다. 이처럼 비트코인은 시간이 지나면서 점점 더 많은 분야에서 사용될 가능성이 커지고, 그에 따라 수요도 꾸준히 증가할 가능성이 큽니다.

단기적으로는 뉴스나 투자자들의 심리가 비트코인의 가격을 결정하는 데 중요한 역할을 합니다. 좋은 뉴스가 나오면 사람들이 비트코인을 많이 사려고 해서 가격이 오르고, 반대로 규제가 강화되거나 해킹 사건이 발생하면 가격이 내려가는 경우도 많죠.

결론적으로, 비트코인의 가격은 단기적으로는 사람들의 심리에 따라 변동성이 크지만, 장기적으로는 희소성과 실제적인 사용 사례가 중요한 역할을 합니다. 비트코인의 가격은 오르고 내릴 수 있지만, 비트코인의 공급량은 고정돼 있는데 수요는 점점 늘어나고 있어서 비트코인 가격은 꾸준히 우상향할 것이며, 투자 대상으로 매력적일 수밖에 없습니다.

이 내용을 잘 이해하셔야 비트코인이 15억 원 가는 흐름에 올라타서 흔들리지 않고 15억 원이 될 때까지 잘 홀딩할 수 있습니다. 제가 라이브 방송에서도 늘 말씀드리는 말 중, "출렁이는 파도를 보지 말고 바람을 봐라."라는 말이 있습니다. 잘 이해하시고 비트코인의 장기적인 폭등 흐름에 잘 올라타시길 바랍니다.

사토시 나카모토가 만들어낸 완벽한 예술

2008년 10월, 한 암호학 메일링 리스트에 "Bitcoin: A Peer-to-Peer Electronic Cash System"이라는 제목의 백서가 게시되었습니다. 저자는 사토시 나카모토였습니다. 그는 2009년 1월 비트코인을 출시한 후 2010년까지 개발에 참여했고, 그 후 홀연히 사라졌습니다. 아무도 그가 누구인지, 한 사람인지 혹은 팀인지 모릅니다. 하지만 그의 유산은 금융의 역사를 새로 쓰고 있습니다.

사토시는 비트코인을 통해 인류 역사상 최초로 진정한 의미의 디지털 희소성을 만들어냈습니다. 이전까지 디지털 자산은 무한 복제가 가능했지만, 비트코인은 달랐습니다. 그는 암호학, 게임 이론, 분산 시스템,

경제학을 결합해 완벽한 디지털 화폐를 설계한 거죠.

비트코인의 핵심은 블록체인이라는 분산 원장입니다. 원장Ledger은 금융과 회계에서 거래 내역을 기록하는 책이나 데이터베이스를 의미하는데, 비트코인의 맥락에서 원장은 블록체인 기술로 구현된 분산된 디지털 거래 기록 시스템을 뜻하죠. 전통적인 금융 시스템에서는 원장이 은행이나 금융기관에 의해 중앙집중적으로 관리됩니다. 이 원장에는 거래 정보, 예금 및 인출 기록 등이 포함되어 있습니다. 하지만 이러한 중앙 집중식 원장은 신뢰할 수 있는 제3자(예: 은행)가 필요하며, 관리 비용과 데이터 위변조의 위험이 존재할 수 있습니다. 하지만 비트코인은 분산 원장입니다. 중앙기관 없이도 거래 기록을 투명하고 안전하게 관리할 수 있는 기술입니다. 블록체인 기술을 기반으로, 모든 거래 내역은 네트워크에 참여하는 모든 노드(컴퓨터)에 복사되고 저장됩니다. 즉, 거래 기록이 여러 곳에 분산되어 있어 단일 기관이나 개인이 원장을 조작할 수 없습니다. 채굴자들은 강력한 컴퓨터로 복잡한 수학 문제를 풀어 새로운 블록을 생성하고, 그 보상으로 새로운 비트코인을 받죠. 특히 주목할 만한 것은 비트코인의 발행 구조입니다. 사토시는 화폐 공급을 철저히 통제하는 시스템을 만들었습니다. 총발행량은 2,100만 개로 제한되어 있으며, 약 4년마다 채굴 보상이 절반으로 줄어드는 '반감기' 메커니즘을 도입했습니다. 반감기는 비트코인의 가격에 지대한 영향을 미칩니다.

비트코인 반감기Bitcoin Halving에 대해 조금 더 자세히 설명해 드리면, 비트코인 채굴 보상이 절반으로 줄어드는 이벤트입니다. 비트코인 반감기의 주요 특징은, 매 21만 블록(약 4년)마다 발생합니다. 이때 채굴자들이 받는 보상은 정확히 절반으로 감소하는데, 이것이 바로 비트코인의 총발행량을 제한하는 핵심 메커니즘이라고 할 수 있어요.

비트코인BTC 반감기 예정표

반감기	블록당 보상	채굴량	총 채굴량	완료 비중
첫 채굴기	50	10500000	10500000	50.00%
2012년	25	5250000	15170000	75.00%
2016년	12.5	2625000	18375000	87.50%
2020년	6.25	1312500	19687500	93.75%
2024년	3.125	656250	20343750	96.88%
2028년	1.5625	328125	20671875	98.44%
2032년	0.7812	164062.5	20835937.5	99.22%
2036년	0.3906	82031.25	20917968.75	99.61%
2040년	0.1953	41015.625	20958984.38	99.80%

출처: BLOCK MEDIA

지금까지의 반감기 역사를 살펴보면, 2009년 첫 채굴에 대한 보상은 50BTC였습니다. 그로부터 4년 후인 2012년은 첫 반감기로 보상이 25BTC로 감소하죠. 2016년은 두 번째 반감기로 채굴 보상이 또 절반 감소해서 12.5BTC로 줄어듭니다. 2020년은 세 번째 반감기로 채굴 보상이 6.25 BTC, 2024년은 네 번째 반감기로 3.125 BTC로 감소하는 거죠.

반감기의 효과는 단순하지만 강력합니다. 첫 21만 개의 블록에서는 총 10,500,000BTC가 생성되었습니다. 다음 21만 개의 블록에서는 보상이 절반으로 줄어들어 총 5,250,000BTC가 추가로 생성됩니다. 이후에는 2,625,000BTC, 1,312,500BTC가 생성되며, 이러한 과정이 반복됩니다. 수학적으로 표현하면, 비트코인의 총발행량은 다음과 같은 무한급수로 나타낼 수 있습니다.

$$\text{총발행량} = 50 + 25 + 12.5 + 6.25 + \cdots$$

이 무한급수의 합은 2,100만 BTC에 수렴합니다. 즉, 반감기가 지속될수록 보상의 양은 점점 작아지며, 새로운 비트코인의 발행량은 점차 줄어들게 됩니다. 이 설계 덕분에 비트코인의 총공급량은 2,100만 개를 넘지 않도록 제한되는 거죠.

반감기가 중요한 이유가 있습니다. 반감기는 총발행량을 2,100만 개로 공급량을 제한하는 역할을 합니다. 일반 화폐는 중앙은행이 무제한으로 발행할 수 있어 인플레이션 위험이 있죠. 그런데 비트코인은 반감기를 통해서 신규 발행량이 점진적으로 줄어서 자동으로 인플레이션을 통제합니다. 금을 채굴하는 것이 점점 어려워지는 것과 유사한 개념이죠. 만약 채굴 보상이 계속 같은 수준이면 시간이 지날수록 너무 많은 비트코인이 발행될 겁니다. 하지만 반감기라는 시스템 때문에 자동으로 비트코인 발행이 줄어드니 결과적으로 희소성을 높여서 장기적으로 비트코인의 가치를 높이는 요인으로 작용하는 거죠.

또 비트코인은 초기에 더 많은 보상을 제공해서 네트워크 참여를 촉진하고, 시간이 지날수록 보상을 줄여 급격한 공급 증가를 방지하는데 이와 같은 시스템은 건전한 생태계 형성을 유도합니다. 채굴 보상이 반으로 줄어드는 것도 채굴자들의 참여도를 조절하는 자연스러운 시장 분위기를 만들고, 결과적으로 네트워크의 안정성을 높이는 효과가 있습니다. 또 반감기 전후로 시장 참여자들의 기대감을 형성해 끊임없이 수요를 창출하는 작용도 합니다. 이러한 반감기 시스템은 비트코인의 핵심 특징 중 하나로, 사토시 나카모토가 의도적으로 설계한 메커니즘입니다. 일반적으로 반감기 이후에는 공급 감소로 인한 가격 상승효과가 나타나는 경향이 있었습니다.

반감기를 파악하면 타이밍이 보인다

비트코인은 4년에 한 번씩 찾아오는 반감기라는 이벤트를 통해 자연스럽게 수요와 공급이 창출됩니다. 그렇다 보니 반감기가 사이클을 형

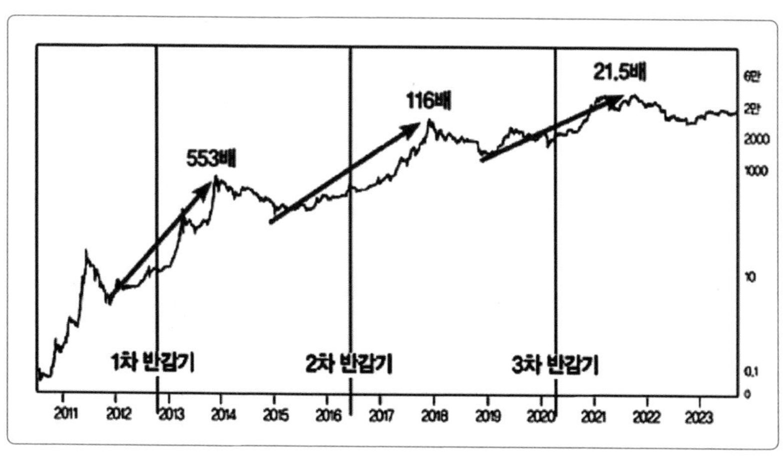

비트코인 가격 추이(단위: 달러, 자료: 코인데스트)

성하고, 그에 따라 비트코인의 가격이 형성될 수밖에 없어요. 그래서 비트코인 투자는 반감기를 잘 파악하고 반감기에 맞춰서 하는 것이 현명합니다.

자, 비트코인 차트입니다. 차트를 보면서 매수와 매도 타이밍을 살펴보죠. 차트를 보면 알겠지만 축적기, 상승기, 과열기, 정점, 하락기, 침체기의 6단계 사이클에 따라 비슷한 패턴으로 진행되어온 것을 알 수 있어요. 차트에 역대 반감기를 표시해뒀어요. 공통점이 보일 겁니다. 반감기는 대체로 비트코인의 6단계 사이클에서 축적기와 상승기 사이에 위치하는 경향이 있습니다. 시간 순서로 따져보자면, 6단계 사이클이 진행되고 침체기의 시기에 조금씩 매수 물량이 들어오는 시기가 있을 겁니다. 그리고 반감기가 찾아오고 그 후에 비트코인 가격이 서서히 오르면서 상승기에 접어드는 거죠. 왜냐하면 반감기가 발생하면 시장에서는 신규 공급량 감소를 예상하며 비트코인 희소성이 강화됩니다. 이에 따라 많은 투자자가 비트코인을 매수하려는 심리를 가지게 되고, 수요가 증가하면서 가격 상승의 초기 신호가 나타나는 겁니다. 과거의 데이터를 보면, 반감기 이후에는 일정 기간 가격이 꾸준히 상승하는 상승기로 이어졌습니다.

첫 번째 반감기(2012년) 이후 비트코인 가격은 약 12달러에서 1년 후 1,000달러 가까이 급등했습니다. 두 번째 반감기(2016년) 이후에도 비슷한 패턴이 반복되어, 비트코인은 약 650달러에서 시작해 2년 후 20,000달러에 도달했습니다. 세 번째 반감기(2020년) 이후에는 비트코인의 가격이 약 9,000달러에서 시작해 1년 만에 60,000달러를 넘어섰습니다. 이는 반감기 이후 시장에서 공급 감소에 따른 희소성이 어떻게 가격에 반영되는지를 보여주는 대표적인 사례입니다.

그 때문에 우리는 비트코인 반감기를 알아둘 필요가 있습니다. 비트코인 가격이 정점을 찍은 후 하락과 침체에 빠지면서 한 사이클이 마무리되는데, 전 사이클의 침체기와 다음 사이클의 축적기에 해당하는 그 기간이 시장에 진입하기 좋은 최적의 매수 타이밍이라고 볼 수 있는 거죠. 이때 적립식으로, 시드가 생길 때마다 조금씩 매수 물량을 늘려나가면 반감기와 상승기, 정점 때까지 큰 수익을 낼 수 있을 겁니다.

그러나 사실 쉽지 않습니다. 왜냐하면 하락기와 침체기에는 극도의 공포와 극도의 비관이 시장을 지배하고 있기 때문입니다. 급격한 하락에 대처하지 못한 사람들이 고가에 산 코인을 미처 팔지 못해서 속칭 물린 상태로 자발적 장기 투자자의 길로 접어들어야 한다거나, 심한 손실을 안고 패닉에 빠져 있는 상태이기 때문에 선뜻 매수하기가 쉽지 않은 거죠. 다시는, 영원히 코인 시장에 상승장이 오지 않을 것 같은 그야말로 어둠의 시기이기 때문입니다. 하지만 여러분, 비트코인의 이 6단계 사이클은 너무나도 극명하게 반복되어 돌아옵니다. 왜냐하면 사토시 나카모토라는 천재가 비트코인의 메커니즘을 그렇게 만들어놓았기 때문입니다.

사이클에 따른 비트코인 매수매도 전략

비트코인 사이클에 대한 확신은 어떻게 보면 사토시 나카모토가 만들어놓은 메커니즘에 대한 확신이라고 할 수 있어요. 우리는 앞서 공급과 수요가 만나는 지점에서 가격이 형성된다는 것을 알았습니다. 공급 측면에서 본다면 비트코인의 발행량은 총 2,100만 개로 제한돼 있죠. 사토시 나카모토가 만들어놓은 시스템에서 공급에 대한 변수는 없는 것이나 마찬가지입니다. 가격이 올라간다고 해서 다른 재화들처럼 무한정 발행하거나 할 수 없는 거죠. 그럼 오히려 더 심플합니다. 수요만 잘 따져보면 됩니다. 비트코인에 대한 수요는 어떻습니까? 비트코인 수요는 갈수록 증가하고 있습니다. 점점 더 많은 사람이 비트코인을 원하고 있죠. 단적으로 비트코인 현물 ETF가 승인되면서 수많은 자금이 폭발적으로 비트코인으로 흘러들어오고 있어요. 그리고 미국을 가상자산의 거점으로 만들겠다고 한 도널드 트럼프가 대통령으로 당선된 것도 긍정적인 신호입니다. 공급은 제한된 상태에서 수요는 늘어나고 있다는 것은 결국, 비트코인의 가격이 우상향할 수밖에 없다는 것을 말합니다. 그러니 이제 여러분이 할 일은, 비트코인 사이클에 따른 매수와 매도 전략을 잘 세우는 것 외엔 없습니다.

여러분이 언제 이 책을 보게 될지는 모르겠지만 현재 시점으로 우선 얘기해드리겠습니다. 현재 2025년 1월은 2024년 반감기 이후 상승기가 진행되고 있는 상태입니다. 사실상 이 책을 보고 있는 여러분 중에 이미 이번 사이클에 진입해 있는 분이라면 이제 언제 팔아야 할지, 매도 타이밍을 신경 써야 하는 때이죠. 어디가 상승기의 최고점, 정점인지는 사실 아무도 모릅니다. 세력 마음이죠. 결국, 분할 매도로 접근하는 것이 가장 좋습니다. 만약 이번 사이클에 진입하지 못한 분이라면 다음 사이클을 노려야 합니다. 지금 섣부르게 진입했다가는 십중팔구 물리게 되어 있습니다. 왜냐하면 사이클을 움직이는 것은 우리와 같은 일반 투자자들이 아니기 때문입니다. 사이클을 움직이는 것은 결국, 뒤에 숨어 있는 세력입니다. 그 때문에 세력을 알아야 세력한테 당하지 않을 수 있습니다. 이제 세력이 어떻게 비트코인의 사이클을 움직이고 만드는지 알아볼 차례입니다.

불장을 만드는 킹 메이커, 세력

비트코인의 가격 사이클은 주기적이며, 다양한 그룹이 상호작용하여 형성됩니다. 비트코인 시장은 탈중앙화되어 있지만, 여러 주요 플레이어들이 각기 다른 방식으로 가격과 시장 심리에 영향을 미칩니다. 우선 비트코인 투자에 참여하는 그룹들은 어떻게 나누어지는지 한번 살펴보죠.

1. 고래Whales

고래는 대량의 비트코인을 보유한 개인 또는 기관을 의미하며, 시장의 유동성에 큰 영향을 미칩니다. 이들은 대규모 매도나 매수를 통해 가격을 단기간에 급등 또는 급락시킬 수 있습니다. 고래는 초기 채굴자, 초창기 투자자, 또는 자산운용사와 같은 기관 투자자로 구성됩니다. 이들의 주요 목적은 자산 가치 극대화이며, 특정 시점에서 대규모 거래를 통해 시장 심리에 영향을 줍니다.

2. 기관 투자자

기관 투자자는 헤지펀드, 연기금, 상장기업 등 대규모 자금을 운용하는 투자자로, 비트코인 시장에 장기적인 안정성을 제공하는 역할을 합니다. 이들은 비트코인을 디지털 금이나 인플레이션 헤지 수단으로 인식하며, 대규모 자금을 투자하여 시장의 상승장을 견인하는 경우가 많습니다. 예를 들어, 상장기업이 비트코인을 매수하거나 비트코인 ETF가 승인될 경우, 시장은 긍정적인 방향으로 크게 움직이는 경향이 있습니다.

5. 거래소와 마켓메이커

중앙화 거래소Centralized Exchange와 마켓메이커는 비트코인 거래가 이루어지는 핵심 플랫폼입니다. 거래소는 매수와 매도의 유동성을 제공하며, 일부 경우 스프레드 조정이나 거래량 확대를 통해 시장 가격에 영향을 미칩니다. 특히 마켓메이커는 가격 변동성을 완화하거나, 때로는 과도한 레버리지와 같은 거래 조건을 제공하여 가격 상승 또는 하락을 유도할 수 있습니다. 탈중앙화 거래소DEX 또한, 점점 더 많은 개인 투자자를 끌어들이며 시장의 탈중앙화를 가속화하고 있습니다.

4. 채굴자

채굴자는 비트코인의 네트워크 보안을 유지하는 동시에 새로운 비트코인을 시장에 공급하는 역할을 합니다. 이들의 주요 수익원은 블록

보상과 거래 수수료로, 채굴된 비트코인을 매도함으로써 운영비를 충당합니다. 특히, 비트코인의 공급량이 절반으로 줄어드는 반감기Halving는 채굴자 수익성을 감소시키는 동시에 시장 공급량을 감소시켜 상승장을 촉진하는 중요한 역할을 합니다.

5. 정부 및 규제 당국

정부와 규제 당국은 비트코인 시장의 외부 변수로 작용합니다. 규제 발표, 세금 정책, ETF 승인 여부 등은 시장 심리에 직접적인 영향을 미칩니다. 예를 들어, 특정 국가가 비트코인 채굴을 금지하거나, 반대로 합법적인 투자 자산으로 인정하면 시장의 방향이 크게 변할 수 있습니다. 이러한 규제는 단기적으로는 가격 변동성을 유발하지만, 장기적으로는 시장의 신뢰성을 높이는 역할을 할 수 있습니다.

6. 개인 투자자

개인 투자자는 비트코인 시장의 대다수를 차지하는 세력으로, 시장 심리와 유동성에 큰 영향을 미칩니다. 개인 투자자들은 종종 뉴스, 소셜 미디어, 또는 유명 인사의 발언에 따라 과도한 공포FUD나 기대FOMO에 휩쓸리곤 합니다. 이러한 감정적 반응은 시장의 과열 또는 공황을 유도하며, 단기적인 가격 변동성을 촉진합니다.

7. 비트코인의 프로그래밍이 된 구조

비트코인은 탈중앙화된 디지털 자산으로, 일정한 주기와 공급량 제한을 하고 있습니다. 특히 반감기와 채굴 난이도 조정은 비트코인의 희소성을 증가시키며, 자연스럽게 장기적 상승 사이클을 형성합니다. 이는 인간의 개입 없이도 비트코인 가격이 주기적으로 변동하게 만드는 중요한 요인입니다.

비트코인의 사이클은 고래, 기관 투자자, 채굴자, 거래소, 개인 투자자, 그리고 프로그래밍이 된 구조 등 다양한 그룹의 상호작용으로 이루어집니다. 이들 그룹은 각자의 목적과 전략에 따라 시장의 방향성을 형성하며, 외부 요인인 정부 규제와 글로벌 경제 상황도 중요한 역할을 합니다. 그런데 사실 비트코인 사이클을 만들어 나가고 주도하는 그룹은 따로 있습니다. 이른바, '세력'이라고 불리는 그룹입니다. 대규모 자본으로 이 사이클을 메이드해 나가는 세력. 우리와 같은 개인 투자자들이 부르는 세력은 위에서 언급한 그룹 중에 고래, 기관 투자자, 거래소 정도까지가 될 것 같습니다. 결국, 비트코인 시장을 이해하기 위해서는 거대한 자금을 움직이는 고래, 기관 투자자, 거래소의 심리를 알고, 이들이 주기적 사이클에 어떤 영향을 미치는지 깊이 탐구해야 합니다. 이를 통해 비트코인의 가격 변동과 시장의 본질을 더욱 명확히 이해할 수 있을 것입니다.

세력은 과거에도 있었고, 지금도 있다
세기의 나쁜 부자들은 어떻게 부를 축적했나?

부의 축적은 언제나 강력한 세력과 연결됐습니다. 역사 속에 한 획을 그을 만큼 활약(?)했던 큰 부자들은 혁신의 상징으로 칭송받기도 하지만, 동시에 그들의 행적은 윤리적 논란과 사회적 비난을 불러일으키기도 했습니다. 그들이 축적한 부의 규모가 크면 클수록 논란과 비난의 화살도 커지죠. 일반적이지 않은, 과도한 부는 평범한 방법으로는 쌓을 수 없다는 것을 모두가 알고 있기 때문입니다. 세기의 부자들은 평범하지 않습니다. 그들은 무자비하고, 무도합니다. 오직 부를 축적하는 것만이 삶을 살아가는 이유처럼 보입니다. 함께 잘 먹고, 잘 사는 것이 아니라 혼자만 잘 먹고, 잘 버는 것이 목적입니다.

비트코인 사이클을 움직이는 큰 손, 세력들도 마찬가지입니다. 누군가가 잃는 만큼 누군가가 버는 구조인 투자 시장에서 결국, 세력들은 세기의 나쁜 부자들처럼 행동하고, 움직입니다. 그 때문에 비트코인을 투자하기 위해서는 세력을 알고, 생각하고, 이해할 수 있어야 합니다. 그리고 그들과 함께해야만 합니다. 그들의 생각을 읽고, 행동 패턴을 알아차려 그들과 함께 가야 투자에 성공할 수 있습니다. 어떻게 알 수 있냐고요? 우리에게는 역사라는 위대한 자료가 있습니다. 역사 속에는 모든 것이 들어 있죠. 역사 속의 큰 부자들의 행적을 따라가다 보면 비트코인 사이클을 움직이는 세력들의 생각과 행동 패턴을 자연스럽게 알 수 있습니다. 이들의 심리와 전략을 이해하는 것은 단지 과거를 아는데 그치지 않고, 오늘날에도 반복되고 있는 부와 권력의 메커니즘을 이해하는 열쇠가 되기 때문입니다. 지금부터는 이들이 부를 축적하기 위해 어떤 방법을 사용했는지, 그리고 그로 인해 어떤 영향을 미쳤는지를 이야기하려 합니다. 이들의 이야기는 단순히 과거의 역사가 아니라, 현대 투자와 경제의 본질을 이해하기 위한 중요한 통찰을 얻을 수 있기 때문입니다.

로스차일드 가문의 문장(출처: 위키백과)

1. 로스차일드 가문: 금융 제국의 탄생

로스차일드 가문은 250년간 유럽의 금융계를 지배하며 막대한 부를 축적한 가문으로, 금융업의 대명사로 불립니다. 19세기에 일가가 모은 재산은 4억 파운드로 60억 달러가 넘는 것으로 추산된다고 합니다. 〈화폐 전쟁〉을 집필한 중국 국제금융학자 쑹훙빙이 개인적으로 로스차일드 가문의 재산을 추정한 결과, 60억 달러를 현재 물가로 환산하면 놀랍게도 '5경' 이상에 이른다고 합니다. 대체 그들은 어떻게 이렇게 엄청난 부를 만들 수 있었던 걸까요?

이들의 이야기는 18세기 후반 독일 프랑크푸르트의 작은 동전상에서 시작됩니다. 로스차일드 가문의 창시자인 마이어 암셸 로스차일드는 게토라 불리는 유대인 격리 구역에서 태어나 어린 시절 천연두로 부모를 잃고 소년 가장이 되었습니다. 그는 친척의 도움으로 은행 업무를 배우며 금융 기술을 습득했고, 프랑크푸르트에서 환전과 고화폐 수집을 병행하며 귀족과 거래를 시작했습니다. 그의 집 앞에 걸려 있던 붉은 방패 모양의 간판에서 이름을 따 "로스차일드"라는 성을 만들었습니다.

마이어는 다섯 아들을 런던, 파리, 프랑크푸르트, 빈, 나폴리로 보내 각국에 금융 네트워크를 구축했습니다. 이들은 철저한 단결과 비밀 유지로 가문 내 유기적인 국제 네트워크를 형성했습니다. 특히, 유대인 공동체 간의 편지 교환 전통을 활용해 정보력을 극대화했고, 이를 통해 금융 자본의 선두 주자가 되었습니다.

로스차일드 가문이 큰 부를 축적할 수 있었던 계기는 1812년 나폴레옹 전쟁 시기였습니다. 이 시기 이들이 부를 축적한 방식을 두고 비판적인 의미에서 '최초의 주가조작단'이라고도 말합니다. 마이어의 아들 중 하나인 네이선이 워털루 전투의 승전 정보를 미리 접했는데, 이를 이용한 거죠. 영국이 전투에서 졌다고 반대로 소문을 퍼뜨린 것입니다. 그러자 영국 사람들이 패닉에 빠졌고, 소유하고 있던 영국 채권을 팔기 시작한 겁니다. 네이선은 패닉셀 나온 채권을 헐값에 사들였고, 하루에 20배 가까운 차익을 올렸다고 합니다. 당시 영국 채권의 62%가 로스차일드 가문의 손에 들어간 반면, 영국의 명문 자산가들은 대부분 파산했습니다. 이를 두고 '로스차일드가 영국을 샀다'라는 표현이 등장하기도 했습니다. 이 일화는 대중의 공포를 이용한 채권 투기로 하루에 20배 이상의 차익을 올렸다는 '양털 깎기' 전략의 상징으로 남아 있습니다. 이 이야기가 사실이 아니라는 말도 있습니다. 유대인 혐오 정책을 추진했던 히틀러의 독일 나치 정권이 지어냈다는 소문도 있죠. 네이선이 의도적으로 헛소문을 퍼뜨린 건지는 알 수 없지만, 로스차일드 가문이 이전이나 이후로든 다른 이들보다 빠른 정보력을 적극적으로 활용한 방식으로 자본을 축적한 것만큼은 부정할 수 없는 사실이긴 합니다. 로스차일드 가문은 대중의 공포를 이용해 고의적 불황을 만들어서 주식이 최저가일 때 대량 매수하여 자본을 수탈하는 투기 방식을 자주 써먹었기 때문이죠. 이후 네이선은 영국 최고 채권자이자 영국 중앙은행의 공채발행 실권자로 등극했습니다.

로스차일드 가문은 19세기 중반 60억 달러의 재산을 축적하며 유럽의 '제6왕조'로 불렸습니다. 철도, 산업화, 공공 인프라 투자에 적극 나서며 산업혁명을 촉진했고, 그 결과 세계 경제에 엄청난 영향을 미쳤습니다. 동시에 이들은 유대 민족 국가 이스라엘 건국에도 이바지하여 팔레스타인 지역의 땅을 매입하고 정착촌 건설을 지원했습니다.

그러나 두 차례의 세계 대전과 극심한 반유대주의는 로스차일드 가문에 큰 타격을 입혔습니다. 오스트리아와 프랑스 등지에서 재산이 몰수되었고, 가문은 재건 과정에서 자산 규모와 활동을 철저히 비밀에 부치게 되었습니다. 하지만 오늘날에도 로스차일드 가문은 금융, 와인업, 예술품 수집 등 여러 분야에서 영향력을 유지하며 건재합니다. 이들의 이야기는 정보와 단결, 네트워크의 중요성을 보여주는 한편, 그들이 부를 축적하는 방식과 사회적 책임에 대한 논란을 여전히 남기고 있습니다.

2. 존 D. 록펠러: 석유 제국의 황제

존 D. 록펠러는 1839년에 태어나 1937년 97세의 나이로 세상을 떠난 미국 역사상 가장 부유한 인물 중 하나입니다. 석유왕이라는 별명으

존 D. 록펠러(출처: 위키백과)

로도 많이 알려져 있죠. 그의 재산은 사망 당시 14억 달러에 달했는데요. 어느 정도인지 감이 오지 않을 수도 있어요. 경제적인 맥락에서 각 인물이 가진 재산의 상대적 비중을 파악하려면 GDP 대비 비율이 더 정확한 척도가 됩니다. 록펠러 사망 당시의 재산인 14억 달러는 당시 미국 GDP의 약 1.5%에 해당하는 엄청난 규모였습니다. 현대 최고 부자로 꼽히는 일론 머스크의 재산이 미국 GDP의 약 0.8%에 해당한다는 점을 감안하면, 록펠러가 당시 얼마나 거대한 부를 쌓았는지 실감할 수 있죠. 록펠러는 스탠다드 오일을 통해 석유 산업의 모든 단계를 수직적으로 통합하며 경쟁자를 제거하고 시장을 독점했습니다. 록펠러는 경쟁사들을 끊임없이 매수하거나 파산시켜 시장을 장악했는데, 이 과정은 당시 "무자비한 사업 방식"으로 평가받았습니다.

남북전쟁 직전인 1859년, 펜실베이니아주에서 최초로 유전이 개발되면서 수많은 사람이 너도나도 원유를 채굴하는 사업에 뛰어들게 됩니다. 그런데 록펠러는 사람들이 원유를 채굴하는 데만 관심을 쏟고 있을 때 채굴해 낸 원유를 정제하는 정유사업에 대해 알게 되고는 1862년부터 정유사업에 뛰어들었습니다. 당시 대부분의 정유회사는 채굴해 낸 원유에서 등유만을 뽑아내고 남은 부산물들은 강가에 버려버리는 아까운 짓을 하고 있었는데, 록펠러는 등유를 뽑고 남은 타르를 활용해서 아스팔트나 석유 젤리 등의 상품을 개발하면서 정유 시장에서 강력한 경쟁력을 가지게 되었죠. 점차 사업을 확장한 끝에 1870년 록펠러는 정유회사 '스탠다드 오일'을 설립하게 됩니다. 스탠다드 오일의 초기 자본금은 100만 달러였고, 록펠러의 지분은 27%였는데, 이때 스탠다드 오일은 미국 석유 산업 전체의 10분의 1을 차지하고 있었습니다.

록펠러가 사용한 주요 전략 중 하나는 '수직계열화'였습니다. 이는 원유 시추부터 정제, 운송, 판매까지 모든 과정을 회사가 직접 관리하는 방식이죠. 이를 통해 스탠다드 오일은 비용을 크게 절감할 수 있었고, 품질 관리도 용이해졌습니다. 또 다른 중요한 전략은 철도 회사와의 리베이트 협상이었습니다. 오늘날 뉴스에 왕왕 나오는 리베이트Rebate(환급제) 거래가 바로 록펠러가 시작한 겁니다. 리베이트는 일단 지급받은 상품이나 용역의 대가 일부를 다시 그 지급자에게 되돌려주는 행위를 말하죠. 록펠러는 대량의 석유를 운송하는 대가로 철도 회사로부터 할인받았고, 때로는 경쟁사가 철도를 이용할 때 추가 요금을 부과하도록 하는 비밀 협정을 맺기도 했습니다. 이런 전략은 나중에 불공정 경쟁의 대표적 사례로 지목되었습니다. 결국, 록펠러는 모든 석유 수송 차량과의 독점 계약을 맺게 됩니다. 그렇게 되자 스탠다드 오일의 경쟁업체들은 막상 원유를 정제해서 석유를 생산해 내도 기관차가 없어서 다른 지역으로 판매하지 못하는 상황에 부닥쳤고, 스탠다드 오일은 철도를 통해 막대한 양의 석유를 팔아치우며 많은 이득을 보게 되죠.

록펠러의 스탠다드 오일은 대대적인 M&A와 확장에 나서기 시작합니다. 당시 미국의 정유 시설은 수요의 3배나 과잉이었고, 록펠러는 과잉 설비를 줄여 합리화해야 한다고 생각했기 때문이죠. 스탠다드 오일은 경쟁사들을 공격적으로 인수하는 전략을 구사했습니다. '우리와 함께하든지, 아니면 파산하든지 선택하라'라는 유명한 문구는 바로 이때 나왔습니다. 스탠다드 오일은 경쟁회사를 쓰러뜨려 먹거나 부실 회사를 인수했죠. 그들은 이 인수작업을 철저하게 비밀로 진행했는데, 매수할 상대를 비밀에 부쳐두고 엉뚱한 회사를 지목했다고 합니다. 인수 대상 업체는 선뜻 회사 정보를 흘려주었고, 조용하게 스탠다드 오일의 입으로 들어가게 됐죠. 그는 피인수 회사에 대해 넉넉하게 대금을 치렀다고 합니다. 게다가 피인수 회사의 유능한 경영진을 스탠다드 오일에 채용해 활용했죠. 그렇게 클리블랜드의 정유 시장을 접수한 록펠러는 다른 지역까지 진출해서 클리블랜드에서 했던 것과 같은 방식을 쓰며 압도적인 가격 경쟁력을 갖게 되었고 그 힘을 바탕으로 자신의 합병 제안을 거절하는 업체에는 피 말리는 치킨게임을 걸어서 그들을 파산시켜 버렸습니다. 그렇게 자신의 트러스트(카르텔)에 수많은 기업을 받아들인 결과 록펠러는 불과 12년 만에 석유 산업의 90퍼센트를 장악하게 되면서 미국의 석유 시장을 독점하는 석유왕이 되었습니다.

그러나 정부의 규제를 피하려고 도입한 트러스트 구조 또한, 논란의 중심에 있었습니다. 록펠러는 자신의 기업을 여러 계열사로 쪼개고, 이를 다시 신탁(트러스트)으로 묶어 관리하며 실질적인 지배권을 유지했습니다. 이 복잡한 구조는 당시의 독점금지법을 우회하는 데 효과적이었지만, 시장의 공정성을 해치고 소비자와 경쟁사를 모두 압박하는 결과를 낳았습니다.

1914년 콜로라도 루드로에서 발생한 노동자 학살 사건은 록펠러 가문의 산업 운영 방식을 둘러싼 논란을 가장 극명하게 보여주는 사건입니다. 당시 록펠러가 소유한 콜로라도 연료 철강 회사의 광산 노동자들은 열악한 작업 환경과 저임금에 항의하며 파업을 벌였습니다. 그러나 회사 측은 이들을 진압하기 위해 민병대를 동원했고, 이 과정에서 수십 명의 노동자와 가족이 희생당했습니다. 이 사건은 미국 노동 운동의 전환점이 되었으며, 이후 노동법 개혁의 계기가 되었습니다. 그리고 록펠러 가문은 이 사건으로 인해 대중의 강한 비난을 받았죠.

스탠다드 오일의 독점적 지위는 많은 논란을 불러일으켰습니다. 언론은 스탠다드 오일을 '문어발'이라고 부르며 비난했고, 정부도 이 거대 기업을 주시하기 시작했죠. 1890년 셔먼 반독점법이 제정된 것도 이러한 배경에서였습니다. 결국, 1911년, 미국 대법원은 스탠다드 오일이 반독점법을 위반했다고 판결했습니다. 법원은 스탠다드 오일을 34개의 독립된 회사로 분할하라고 명령했죠. 이 판결은 미국 반독점법 역사상 가장 중요한 사건 중 하나로 기록되었습니다. 흥미로운 점은 이 판결이 록펠러의 부를 오히려 증가시켰다는 것입니다. 분할된 회사들의 주가가 올라 록펠러의 자산 가치가 많이 늘어난 것입니다. 록펠러는 "하나님께서 저희를 축복하셨습니다"라고 말했다고 합니다. 스탠다드 오일은

34개로 쪼개졌지만, 그 후손 회사들은 오늘날 엑슨 모빌Exxon Mobil, 셰브론Chevron, 아모코Amoco, 메러선 페트롤리엄Marathon Petroleum 등으로 이어져 여전히 세계석유 시장을 좌지우지하고 있습니다.

3. 앤드루 카네기: 철강 왕의 두 얼굴

앤드루 카네기는 미국 철강 산업을 이끌며 "철강 왕"으로 불렸습니다. 그의 재산은 사망 당시 약 3억 7천만 달러에 달했으며, 이는 오늘날 가치로 환산하면 약 3,100억 달러에 이르는 엄청난 부였습니다. 이는 당시 미국 GDP의 2% 이상에 해당하는 규모로, 현대 부자들과 비교해도 압도적인 부의 크기를 자랑합니다. 그는 스코틀랜드의 가난한 이민자 가정에서 태어나 12살의 나이에 가족과 함께 미국으로 이주했죠. 카네기는 피츠버그의 면직 공장에서 1.2달러의 주급을 받는 보조 노동자로 시작했지만, 이후 철도 회사의 전보 배달원으로 일하며 교육을 독학하고 경영과 투자에 대한 감각을 키웠습니다.

그의 첫 번째 돌파구는 철도 업계에서 시작됐습니다. 그는 펜실베이니아 철도 회사에서 일하며 경영진의 신뢰를 얻었고, 이를 바탕으로 철도 투자와 석유 산업에 초기 자본을 투입해 큰 수익을 거두었습니다. 이 초기 성공을 발판으로 그는 철강 산업으로 눈을 돌렸고, 1870년대 카네기 스틸 회사를 설립하면서 철강 산업에 본격적으로 진출하게 됩니다.

카네기는 혁신적인 생산 방식을 도입하여 철강을 대량 생산할 수 있는 기반을 마련했습니다. 특히, 철강 공정에서 베세머 전로를 적극적으로 활용하며 생산 비용을 획기적으로 줄였습니다. 그는 철강 원자재의

앤드루 카네기(출처: 위키백과)

채굴, 제련, 운송, 판매까지 모든 과정을 통합하는 수직적 통합 전략을 통해 경쟁자들을 압도했습니다. 그러나 이러한 성공은 값싼 노동력과 노동자들의 희생을 바탕으로 이루어진 것이었습니다. 카네기는 당시 노동자들에게는 악덕 기업주였던 것입니다.

당시 카네기 철강 공장의 노동자들은 하루 12시간 이상 작업하며, 일주일에 6일을 일해야 했습니다. 임금은 하루 평균 1.81달러로, 생활을 유지하기에도 턱없이 부족했습니다. 작업 환경도 매우 열악하여, 고온의 용광로와 중장비 사이에서 사고가 빈번했죠. 실제로 1889년 한 해 동안 홈스테드 공장에서만 195명의 노동자가 부상을 입거나 사망한 사례가 기록되었습니다. 이러한 환경 속에서도 카네기는 비용 절감을 이유로 끊임없이 노동자들에게 더 많은 생산성을 요구했죠.

이러한 경영 방식은 결국, 1892년 홈스테드 파업으로 이어졌습니다.

노동자들은 임금 삭감과 열악한 작업 환경에 항의했으나, 카네기 측은 핑커턴 경비대를 고용해 파업을 폭력적으로 진압했습니다. 이 과정에서 노동자와 경비대원 간 충돌이 발생해 다수의 사상자가 나왔으며, 이는 미국 노동 운동의 역사에 깊은 상처를 남긴 사건으로 기억됩니다. 이러한 사건들은 카네기의 이미지를 크게 손상했지만, 그는 끝까지 노동자 문제에 대해 명확한 책임을 지지 않았습니다.

그런데도, 카네기는 말년에 "부의 복음"을 주장하며 자신의 부를 사회에 환원하려는 모습을 보였습니다. 그는 자신의 철강 회사를 JP 모건에게 매각하며 얻은 막대한 부를 바탕으로 도서관, 대학, 콘서트홀 등을 설립하며 긍정적인 유산을 남겼습니다. 그는 "돈은 죽기 전에 사회에 환원해야 한다"라는 철학을 주장하며 자선 사업에 몰두했지만, 그의 부의 근본적인 축적 방식은 여전히 논란거리로 남아 있습니다.

4. JP 모건: 금융계의 황제

JP 모건은 미국 금융계를 지배한 거물로, 철도와 전력 산업에 막대한 영향을 미쳤습니다. 그의 재산은 사망 당시 약 8,000만 달러로, 오늘날 가치로 환산하면 약 25억 달러에 이릅니다. 이는 당시 미국 경제에서 상당한 비중을 차지하며, 금융계에서 그의 영향력이 얼마나 강력했는지를 보여줍니다.

모건의 금융 경력은 1857년, 그의 아버지 주니어스 스펜서 모건의 은행에서 일을 배우면서 시작되었습니다. 남북전쟁 시절, 그는 이스트먼이라는 사람과 함께 북군으로부터 낡은 카빈총 5,000정을 1정당 3.5달러에 사들여 약간의 수리 후 남군에게 1정당 22달러에 되파는 방식으로

JP 모건(출처: 위키백과)

막대한 돈을 벌었습니다. 이에 따라 그는 6배 이상의 수익을 올렸죠. 이러한 거래는 비록 오늘날의 기준으로 보면 독점이나 사재기에 가까운 논란의 여지가 있는 행동이긴 합니다. 게다가 남북전쟁 중 무기를 싸게 사들여 높은 가격으로 되팔며 양측 모두에서 이익을 챙긴 것은, 생명을 앗아가는 전쟁을 기회로 삼았다는 점에서 비판받을 수 있기도 하죠.

또한, 그는 금괴 투기를 통해 전쟁으로 인한 금과 지폐 사이의 가격 차이를 활용하여 엄청난 부를 축적했습니다. 북군이 우세하면 금 가격이 내려가고 남군이 우세하면 금 가격이 치솟는 시장 흐름을 이용해 시세차익으로 16만 달러(현재 가치로 약 2,000억 원)를 벌어들였습니다. 그는 북군 지휘관 듀폰과의 친밀한 관계를 통해 전황을 미리 파악했고, 이를 바탕으로 금을 대량 매집하여 해외로 빼돌렸다가 금값이 오를 때 다시 팔아 막대한 수익을 창출했습니다. 금괴 투기 사건에서 북군의 지휘관과의 친분을 통해 전황 정보를 미리 파악한 후 이를 활용해 시장에서 이익을 얻은 것은 정보 독점의 부당성을 드러냅니다. 이는 당시의 불공정한 금융 관행의 전형적인 예로, 모건의 투기적 행태를 비난하는 목소리를 키우기도 했습니다.

이처럼 전쟁으로 대박을 이룬 그는 철도가 광대한 미국 영토를 연결해 자원을 개발하고 국가를 부흥시킬 미래 산업이라 여기고 철도 회사에 집중적으로 투자하기 시작했죠. 그는 파산 위기에 놓인 철도 기업들을 인수하거나 재조직하며 자기 지배력을 확립했습니다. 대표적인 사례로 이리 철도Erie Railroad를 들 수 있습니다. 모건은 이리 철도의 경영권 분쟁에 개입해 회사를 구조조정하고, 자신의 이사회를 구성하도록 강제함으로써 실질적인 통제권을 확보했습니다. 이는 단순한 재정 지원을 넘어 기업 운영 전반에 그의 영향력을 행사할 수 있도록 한 전략이었습니다. 모건은 또한, 여러 철도 회사 간의 담합을 주도하여 운임 가격을 조정했습니다. 이를 통해 불필요한 경쟁을 제거하고, 철도망 전체를 안정적으로 통제할 수 있었습니다. 이러한 방식은 초기에는 철도 산업의 혼란을 줄이는 긍정적인 효과를 낳았지만, 결과적으로 독점적 지배로 이어져 소비자와 경쟁업체에 피해를 줬다는 비판을 받았습니다.

그는 이 과정에서 웨스턴 유니언이라는 전신 회사를 장악하여 통신 내용을 도청함으로써 금괴가 이동하는 정보를 파악하고 이를 바탕으로 이익을 극대화했습니다. 또한, 전신과 전화 관련 모든 회사를 흡수하며 '미국전신회사AT&T'를 설립하여 미국 내 통신망을 완전히 지배했습니다. 이뿐만 아니라 웨스턴유니언에서 일하던 발명왕 에디슨을 발굴해 훗날

GE General Electric사를 설립하며 그의 발명품들을 통해 범접할 수 없는 전설의 자리를 향했습니다.

모건은 기업 합병을 통해 자신의 제국을 확장했습니다. 가장 대표적인 사례는 1901년 카네기 스틸과 다른 철강 기업들을 합병해 US 스틸을 설립한 것입니다. 이러한 대규모 합병은 월스트리트를 미국 금융의 중심지로 만드는 데 기여했습니다. 모건은 철강, 전신, 전력 산업에 대규모 투자를 집중시키며 월스트리트를 단순한 금융 거래의 장소에서 국가 경제와 국제 금융을 조율하는 허브로 발전시켰습니다. 이는 세계 최초의 10억 달러 규모 기업으로, 미국 철강 산업의 거의 70%를 통제하게 했습니다. 이 과정에서 모건은 은행과 산업의 연결을 통해 자기 영향력을 더욱 강화했습니다.

특히 1907년 금융위기 당시, 모건은 자신의 자금을 동원해 대형 은행과 기업에 유동성을 공급하며 미국 경제를 구했다는 평가를 받았습니다. 이 과정에서 월스트리트는 신뢰와 구제의 상징으로 자리 잡았으며, 뉴욕 증권거래소는 미국 금융 시스템의 심장부로 확고히 자리매김하게 되었습니다. 당시 미국의 은행 시스템은 붕괴 직전이었고, 소규모 은행들은 줄줄이 파산하며 금융시장이 공황 상태에 빠져 있었습니다. 모건은 뉴욕의 금융 리더들을 자신의 도서관으로 소집해 밤새 회의를 열며 구제 방안을 마련했으며, 이 과정에서 영국 로스차일드 가문과도 협력하여 자금을 조달했습니다. 로스차일드 가문은 유럽 금융계에서 강력한 영향력을 행사하며, 모건의 구제 자금을 국제적으로 연결하는 데 중요한 역할을 했습니다. 그의 결정적인 조치는 뉴욕 증권거래소의 붕괴를 막기 위해 자금을 직접 투입하고, 신뢰를 회복하기 위해 대중을 안심시키는 연설을 한 것입니다. 이러한 노력 덕분에 시장은 안정되었고, 대규모 금융 공황을 피할 수 있었습니다. 이 사건은 그를 시장 안정화의 상징으로 추앙하게 만든 동시에, 금융 시스템에 대한 그의 독점적 지배력과 책임감을 보여준 사례로 남았습니다. 그러나 이러한 행위는 비판의 여지도 큽니다. 모건과 로스차일드 가문은 위기 상황을 해결하며 금융계에서 '구세주'로 칭송받았지만, 동시에 금융 시스템에 대한 과도한 지배력과 독점적 영향력을 행사했다는 지적을 받았습니다. 이들은 자신들의 이익을 극대화하기 위해 위기를 활용한 것으로 보이며, 이는 공공의 경제 안정보다는 자신들의 금융 제국을 강화하는 데 초점이 맞춰졌다는 비판으로 이어졌습니다. 이 사건은 금융 시스템이 특정 세력의 과도한 영향력에 얼마나 취약한지를 보여주는 사례로도 남아 있습니다.

모건은 그의 생애 동안 막대한 재산을 쌓았지만, 그가 금융계를 장악한 방식은 독점과 권력 집중에 대한 우려를 낳았습니다.

로스차일드 가문, 존 D. 록펠러, 앤드루 카네기, JP 모건. 이들은 단순한 부자를 넘어 시대를 초월해 세상을 움직였던 거대한 존재들이었습니다. 그들의 이야기를 탐구하며 우리는 그들이 부를 축적했던 방식에서 몇 가지 공통된 요소를 발견할 수 있습니다.

첫째, 정보와 네트워크의 힘입니다. 로스차일드는 나폴레옹 전쟁 당시 빠르고 정확한 정보망을 통해 금융시장에서 엄청난 수익을 올렸고, JP 모건은 당시 미국의 금융 네트워크를 장악하며 경제적 위기를 기회로 바꿨습니다. 이들은 정보를 단순히 수집하는 것에 그치지 않고, 이를 활용해 남들이 보지 못한 미래를 내다보는 혜안을 가졌습니다.

둘째, 위기를 기회로 만드는 역발상적 사고입니다. 대공황, 전쟁, 경제 위기 등 극단적인 상황 속에서도 이들은 두려움에 굴복하지 않고, 오히려 그 속에서 기회를 찾아내었습니다. 록펠러는 석유 산업의 혼란기에서 과감한 합병과 투자를 통해 시장을 장악했고, 카네기는 철강 산업의 불확실성 속에서 인프라 건설 수요를 예견하며 전설적인 부를 쌓았습니다.

셋째, 거대한 비전과 철저한 실행력입니다. 이들은 단기적인 이익에만 집착하지 않았습니다. 그들의 눈은 항상 더 큰 그림을 그리고 있었으며, 이를 실현하기 위해 엄청난 노력과 계획을 세웠습니다.

이와 같은 방식은 현대의 투자 시장, 특히 주식이나 코인 시장에서 움직이는 세력이라 불리는 집단과도 흡사합니다. 이들 역시 정보와 네트워크를 기반으로 시장을 움직이고, 일반 투자자들이 미처 깨닫지 못한 흐름을 미리 포착합니다. 그들의 방식은 개인 투자자들에게 위협적으로 보일 수 있지만, 이를 이해하고 활용할 수 있다면 오히려 기회가 될 수도 있습니다.

결국, 우리가 얻을 수 있는 가장 큰 교훈은 시장을 단순히 따라가는 것이 아니라, 시장을 움직이는 원리를 이해하는 것이 중요하다는 점입니다. 세기의 부자들은 시장의 흐름 속에서 남들보다 한발 앞서 나갔고, 자신만의 철학과 전략으로 부를 축적했습니다. 오늘날 투자 시장에서도 그들의 사고방식과 행동 패턴을 이해한다면, 단순히 세력의 희생자가 되는 것이 아니라 그들의 움직임을 예측하며 성장할 수 있을 것입니다.

부는 우연히 찾아오지 않습니다. 그것은 철저한 계획, 끊임없는 학습, 그리고 과감한 실행의 결과입니다. 세기의 부자들에게서 배우는 교훈은 단순히 그들의 삶을 존경하라는 의미가 아니라, 그들의 사고방식을 통해 자신의 길을 찾아가라는 메시지입니다.

이제는 당신의 차례입니다. 주식이든 코인이든, 그 무엇이든지 간에 시장을 관찰하고, 분석하며, 당신만의 전략을 구축하십시오. 그리고 그 속에서 기회를 찾아 부를 만들어가십시오. 세기의 부자들이 그랬던 것처럼.

세력은 어떻게 불장을 만드나?

지금까지 우리는 세기의 부자들이 어떻게 부를 축적했는지 알아봄으로써 투자 시장에서 큰 손이라 불리는 세력들의 심리와 행동 패턴을 살짝 엿봤습니다. 자, 이제 투자 시장에서 세력들이 어떻게 비트코인 사이클을 쥐고 움직이는지, 어떻게 불장을 만드는지를 알아볼 차례입니다.

전통적인 시장에서 가격 형성은 수요와 공급의 상호작용으로 이루어집니다. 수요는 소비자가 특정 가격에서 구매하려는 의지를 나타내며, 공급은 생산자가 특정 가격에서 제공하려는 의지를 반영합니다. 이 두 곡선이 만나는 지점에서 시장은 균형 상태에 도달하며, 이때 결정되는 가격이 바로 균형 가격입니다. 그러나 비트코인과 같은 암호화폐 시장에서의 투자는 변동성이 크고 예측이 어려운 경우가 많습니다. 특히, 시장의 큰 흐름을 좌우하는 세력(고래, 기관 투자자 등)의 움직임을 이해하는 것은 성공적인 투자를 위해 매우 중요합니다. 이를 이해하는 데 도움을 줄 수 있는 이론 중 하나가 바로 와이코프 이론Wyckoff Theory입니다. 이 이론은 시장에서 세력의 행동을 파악하고 그들의 의도에 따라 가격 움직임을 예측할 수 있는 강력한 도구를 제공합니다.

와이코프 현상은 시장 참여자들의 행동과 자본 흐름이 가격 움직임에 미치는 영향을 분석하는 이론입니다. 이 이론은 20세기 초 금융 분석가 리처드 D. 와이코프Richard D. Wyckoff에 의해 개발되었으며, 세력이 어떻게 자산을 사고파는지를 분석합니다. 이 이론은 세 가지 주요 법칙을 바탕으로 합니다.

- **공급과 수요의 법칙:** 가격은 시장에서 자산을 사고파는 수요와 공급의 균형에 따라 움직입니다. 세력은 공급을 제한하거나 수요를 늘려 자신들에게 유리하게 가격을 바꿀 수 있습니다.
- **원인과 결과의 법칙:** 세력이 자산을 매집하거나(사들이기) 분배(팔기)하는 과정이 가격 상승과 하락의 원인이 됩니다.
- **노력과 결과의 법칙:** 거래량(얼마나 많은 자산이 거래되었는지)과 가격 변화를 비교해서 시장이 강한지 약한지 판단할 수 있습니다. 예를 들어, 거래량이 많은데 가격이 움직이지 않는다면 세력이 매집이나 분배하고 있다는 신호일 수 있습니다.

와이코프 이론은 시장의 움직임을 네 가지 단계로 나눕니다.

- **축적**Accumulation**:** 세력이 가격이 낮을 때 자산을 사들이는 단계입니다. 이때 가격은 일정한 범위에서 움직이며, 일반 투자자들은 별다른 변화가 없는 구간으로 보기도 합니다.

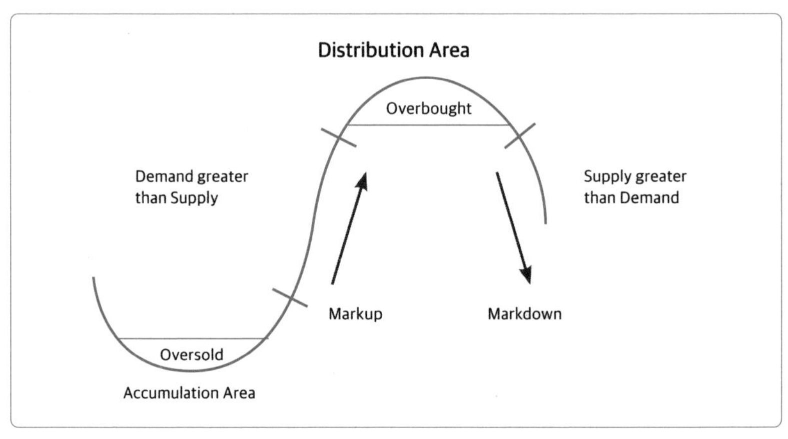

와이코프 가격 사이클 4단계(출처: 스탁차트)

- 상승 단계Markup: 세력이 충분히 매집한 뒤 가격을 올리는 단계입니다. 일반 투자자들은 이 상승을 보고 더 많이 사기 시작하며, 가격이 빠르게 오릅니다.
- 분배Distribution: 세력이 자산을 높은 가격에 팔기 시작하는 단계입니다. 이때 가격은 일정한 범위에서 움직이고, 거래량은 증가하지만, 가격이 더 이상 오르지 않습니다.
- 하락 단계Markdown: 세력이 매도를 끝낸 후 가격이 하락하는 단계입니다. 일반 투자자들은 공포에 빠져 매도하게 되고, 가격은 빠르게 내려갑니다.

와이코프 이론의 핵심 구성 요소는 축적과 분배라는 두 단계로 요약됩니다. 축적 단계는 시장이 하락하거나 안정적인 상태일 때 대규모 자본이 자산을 매집하는 시점입니다. 이 단계에서는 일반 투자자들이 불안감을 느껴 자산을 매도하지만, 스마트 머니는 반대로 이를 기회로 활용합니다. 이후, 분배 단계에서 자산 가격이 고점에 도달했을 때 대규모 자본이 자산을 매도하며 수익을 실현합니다. 이 과정에서 시장은 과열되고 일반 투자자들은 낙관적인 심리로 매수에 나서게 됩니다.

축적 단계는 시장 가격이 하락한 후 바닥권을 형성하며, 대규모 투자자(스마트 머니)가 자산을 조용히 매집하는 구간을 말합니다. 이 단계는 시장이 과매도Oversold 상태에 진입했을 때 시작되며, 몇 달에서 몇 년간 지속될 수 있습니다. 축적 단계는 시장이 하락한 후 안정적인 구간으로 접어드는 것이 특징입니다. 자산의 가격이 급격히 하락한 이후 일정 범위 내에서 횡보하며 매도 압력이 점차 완화되죠. 이 과정에서 시장의 관심은 감소하지만, 스마트 머니는 기회를 포착해 매집을 시작합니다. 또 축적 단계에서는 변동성과 거래량이 모두 감소하는 현상이 나타납니다. 일반 투자자들이 시장을 떠나는 가운데, 스마트 머니는 가격을 크게 움직이지 않으면서 자산을 매집합니다. 이때 거래량의 점진적 증가는 축

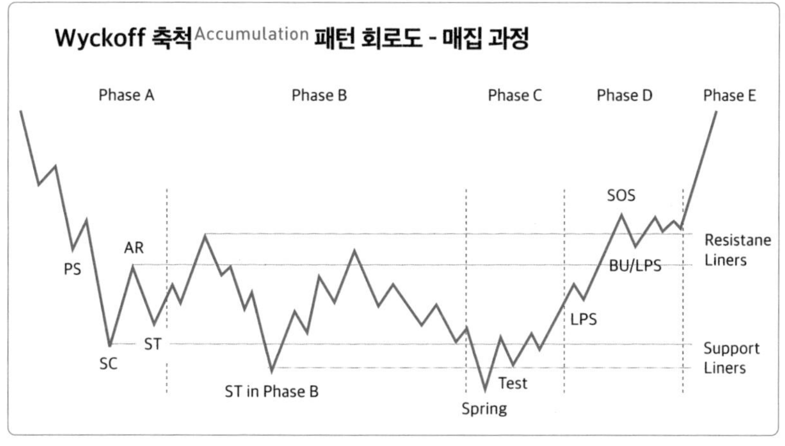

와이코프 분석법의 축적 단계와 분배 단계의 구성 요소(출처: 스탁차트)

적 단계의 끝을 알리는 중요한 신호가 됩니다. 마지막으로 축적 단계의 끝에서 대규모 투자자들은 매집을 마무리하며, 시장은 상승 단계로 전환됩니다. 이 시점에서 수요는 공급을 초과하게 되며, 가격은 상승세를 보이기 시작합니다.

와이코프 이론에 따르면, 축적 단계는 다음과 같은 주요 구성 요소로 나뉩니다. 이들은 대규모 투자자들이 자산을 매집하며 시장을 상승세로 전환시키는 과정을 설명합니다.

- PS Preliminary Support: 초기 지지선이 형성되며, 매도 압력이 점차 줄어드는 구간입니다.
- SC Selling Climax: 급격한 매도세로 인해 가격이 단기적으로 급락하고 바닥을 형성합니다.
- AR Automatic Rally: 매도 압력이 감소한 후 첫 번째 반등이 발생하며 새로운 지지와 저항선이 형성됩니다.
- ST Secondary Test: 초기 지지선을 다시 테스트하여 시장의 안정성을 확인합니다.
- TR Trading Range: 가격이 일정 범위 내에서 횡보하며, 스마트 머니가 자산을 매집하는 구간입니다.
- Spring: 마지막 하락 테스트로, 지지선을 잠시 이탈하며 투자자들의 공포를 유발합니다. 이 과정에서 거래량이 급격히 증가하는 경향을 보이며, 스마트 머니는 이러한 공포 속에서 자산을 저가로 매집합니다. 예를 들어, 2019년 초 비트코인 시장에서 $3,500 지지선이 잠시 이탈된 후 강하게 반등한 사례는 전

형적인 Spring 이벤트로 볼 수 있습니다. 이는 시장의 전환점을 나타내는 중요한 신호로 작용합니다. 이후 가격은 강하게 반등합니다.

- SOS Sign of Strength: 가격이 지지선 위에서 상승세를 유지하며 강한 매수 신호가 나타납니다.
- LPS Last Point of Support: 지지선 근처에서 가격이 안정되고 지속적인 상승이 이어지는 구간입니다.

이 구성 요소들은 거래량 변화와 가격 움직임을 분석하여 축적 단계의 진행 상황을 파악하는 데 도움을 줍니다. 축적 단계의 끝에서는 거래량 증가와 함께 가격이 상승하는 경우가 많습니다.

비트코인 시장에서도 축적 단계는 명확히 관찰됩니다. 실제 사례를 들어 볼까요? 2018년 비트코인은 약 $19,000에서 $3,200까지 급락했습니다. 이 시점에서 투자자들은 극심한 공포와 불안감을 느꼈으며, 많은 개인 투자자들이 손실을 감수하며 시장에서 철수했죠. 반면, 대규모 투자자들은 이러한 공포 속에서 매수 기회를 포착하며 자산을 조용히 매집하기 시작했습니다. 이는 축적 단계의 전형적인 모습으로, 스마트 머니가 시장을 주도하기 시작하는 시점입니다. 이 시점에서 투자자들의 공포와 부정적 심리가 극에 달하며, 거래량과 변동성이 모두 감소했습니다. 이후 2019년 초 비트코인은 $4,000까지 반등하며 "Automatic Rally(AR)"를 형성했습니다. 이후 $3,500~$4,000구간에서 가격이 횡보하며 "Secondary Test(ST)"가 진행되었습니다. 2019년 중반에는 거래량 증가와 함께 $3,500~$4,000구간에서 축적 단계가 마무리되었고,

비트코인은 상승 단계로 전환되며 $14,000까지 상승했습니다. 이 사례는 와이코프 이론의 축적 구조가 비트코인 시장에서도 적용될 수 있음을 보여줍니다.

축적 단계의 구성 요소들을 명확히 기억하고, 차트를 볼 때 대입하여 분석해보면 적절한 매수 전략을 수립할 수 있습니다.

첫째, 축적 단계에서는 대규모 투자자들이 거래량이 낮은 시기를 활용하여 자산을 매집합니다. 일반 투자자들이 공포 속에 자산을 매도하는 동안, 스마트 머니는 저가 매수 기회를 포착합니다.

둘째, 거래량 변화와 가격 움직임 간의 상관관계를 분석하여 축적 단계를 식별할 수 있습니다. 가격 횡보와 함께 거래량이 증가하는 패턴은 축적 단계의 특징적인 신호입니다.

셋째, 축적 단계에서 매수한 자산은 상승 단계로 전환된 이후 큰 수익으로 이어질 가능성이 큽니다. 반면, 이 구간을 간과하면 상승세 초기의 매수 기회를 놓칠 수 있습니다.

결론적으로, 축적 단계는 투자자들에게 시장의 전환점을 이해하고 적절히 대응할 수 있는 기회를 제공합니다. 예를 들어, 거래량 분석 및 과매도 지표(RSI, MACD 등)를 활용해 축적 단계를 식별하거나, 와이코프 모델과 같은 데이터 기반의 전략을 적용하면 상승세 전환을 미리 포착할 수 있습니다. 또한, 시장 심리와 주요 이벤트의 영향을 파악하는 도구를 통해 투자 결정을 더욱 정교화할 수 있습니다. 이 단계를 제대로 활용한다면 상승장에서의 수익을 극대화할 수 있습니다. 이 구조는 거래량 변화와 가격 움직임을 통해 대규모 자본의 활동을 분석하는 데 필수

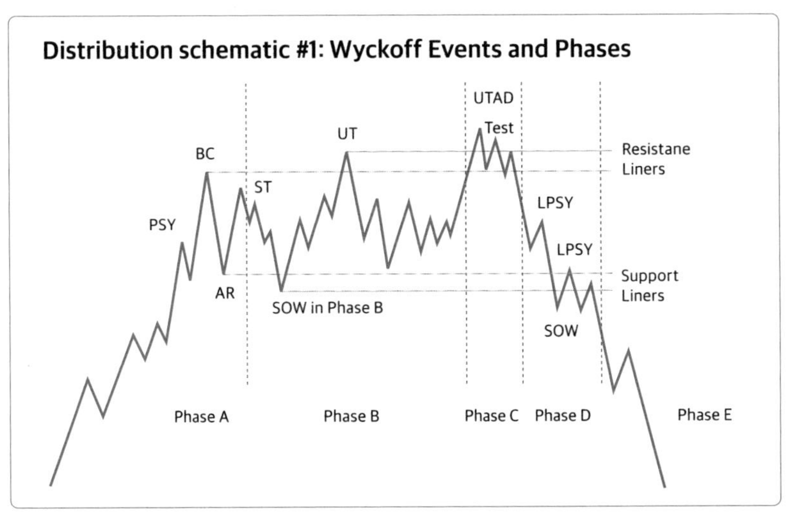

와이코프 분석법의 축적 단계와 분배 단계의 구성 요소(출처: 스탁차트)

적입니다. 축적 단계의 끝에서는 거래량 증가와 함께 가격 상승이 나타나는 경우가 많습니다.

이번에는 분배 단계를 살펴봅시다. 와이코프 분배 단계는 시장이 고점에 도달한 이후 대규모 투자자(스마트 머니)가 자산을 매도하며 하락 추세로 전환되는 과정을 설명합니다. 이 과정에서 투자자들의 심리는 낙관에서 점차 불안으로 전환되며, 기술적으로는 거래량 감소와 함께 상승세가 둔화하는 신호가 관찰됩니다. 동시에 스마트 머니는 가격을 급격히 움직이지 않으면서 점진적으로 매도를 진행하여 이익을 실현합니다. 이 단계는 시장의 과매수Overbought 상태에서 시작되며, RSI(상대강도지수)와 같은 기술적 지표에서 70 이상으로 과열 신호가 관찰됩니다. 이때 투자자들은 낙관적 심리에 사로잡혀 자산을 추가 매수하려는 경향을 보입니다. 하지만 대규모 투자자들은 이러한 심리를 활용해 점진적으로 매도를 진행하며 하락 추세로의 전환을 준비합니다.

분배 단계의 특징은 아래와 같습니다.

첫째, 분배 단계는 가격이 고점에서 일정 구간을 횡보하며 투자자들 간의 심리적 기대감이 최고조에 이르는 것이 특징입니다. 대규모 투자자(스마트 머니)는 이 구간에서 자산을 조용히 매도하여 수익을 실현합니다.

둘째, 분배 단계에서는 거래량과 가격 움직임 간의 관계가 전환됩니다. 가격이 상승할 때 거래량이 감소하고, 하락할 때 거래량이 증가하는 패턴이 나타나며, 이는 매도 압력이 증가하고 있음을 시사합니다.

셋째, 분배 단계가 완료되면 시장은 하락세로 전환됩니다. 가격은 급격히 하락하며 새로운 지지선을 형성하려는 움직임을 보입니다.

와이코프 이론에서의 분배 단계는 어떤 구성 요소로 나뉠까요? 대규모 투자자들이 자산을 매도하며 시장을 하락세로 전환시키는 과정을 설명합니다.

- PSY Preliminary Supply: 초기 매도세가 증가하며 가격 상승세가 둔화되는 구간.
- BC Buying Climax: 강한 매수세로 인해 가격이 고점에 도달하지만, 이후 매도 압력이 급격히 증가합니다.
- AR Automatic Reaction: 매도세가 강해지며 가격이 처음으로 하락하는 구간.
- ST Secondary Tes: 저항선을 다시 테스트하며 매도세와 매수세 간의 균형을 확인.
- UT/UTAD Upthrust/Upthrust After Distribution: 저항선을 돌파하는 가짜 상승 신호로, 투자자들에게 추가 상승 기대감을 주지만 실제로는 대규모 매도가 진

행됩니다. 이 과정에서 거래량은 상승 초기에는 소폭 증가하다가 상승세가 둔화되면서 점차 감소합니다. 이후, 가격이 하락으로 전환될 때 거래량이 급격히 증가하는 특징을 보입니다. 예를 들어, 2021년 말 비트코인 시장에서 $64,000~$68,000구간에서 관찰된 UTAD는 대규모 매도와 함께 급격한 가격 하락으로 이어졌습니다.

이러한 구성 요소들은 거래량 변화와 가격 움직임을 분석하여 분배 단계의 진행 상황을 파악하는 데 도움을 줍니다. 분배 단계의 끝에서는 거래량 증가와 함께 가격이 급격히 하락하는 경향이 나타납니다.

비트코인 시장에서도 분배 단계는 명확히 관찰됩니다. 다음은 비트코인 시장에서 분배 단계를 보여주는 사례예요.

첫째, 비트코인이 약 $64,000로 최고점을 기록한 2021년 초, 시장 참여자들의 기대감이 최고조에 달하며 "Buying Climax(BC)"가 형성되었습니다. 이 시기는 기관 투자자들의 대규모 유입과 함께 테슬라가 비트코인을 구매한 발표가 있었던 시점으로, 시장의 낙관론이 극대화되었습니다. 또한, 글로벌 시장에서 디지털 자산의 채택이 가속화되며 개인 투자자들의 관심이 급증했습니다. 이 시점에서 거래량은 급격히 증가했으나, 가격 상승이 점차 둔화되었습니다.

둘째, 이후 비트코인은 $60,000~$64,000구간에서 횡보하며 "Secondary Test(ST)"와 "Upthrust(UT)" 신호를 보였습니다. 저항선을 돌파하려는 시도는 가짜 상승 신호로 나타났으며, 대규모 투자자들의 매도가 본격적으로 시작되었습니다.

셋째, 2022년 초중반, 비트코인은 $50,000 이하로 급격히 하락하며 "Last Point of Supply(LPSY)"와 "Sign of Weakness(SOW)"를 명확히 보여주었습니다. 거래량은 하락세와 함께 증가하였으며, 분배 단계가 종료되고 하락 추세로 전환되었습니다.

이 사례는 와이코프 분배 구조가 비트코인 시장에서도 적용될 수 있음을 보여줍니다. 고점에서의 매도 압력과 거래량 패턴은 분배 단계를 식별하는 데 중요한 단서가 됩니다.

분배 단계는 시장이 상승세에서 하락세로 전환되는 중요한 과정으로, 이를 이해하면 적절한 매도 전략을 수립할 수 있습니다.

첫째, 분배 단계에서는 투자자들의 낙관적 심리가 고조되지만, 대규모 투자자들은 자산을 조용히 매도하여 수익을 실현합니다. 이 과정에서 일반 투자자들은 상승 기대감에 자산을 추가 매수하는 경우가 많습니다.

둘째, 거래량 변화와 가격 움직임 간의 상관관계를 분석하여 분배 단계를 식별할 수 있습니다. 가격 상승 시 거래량 감소, 하락 시 거래량 증가 패턴은 분배 단계의 특징적인 신호입니다.

셋째, 분배 단계에서 적절히 자산을 매도하면 하락세로의 전환을 대비할 수 있습니다. 반면, 이 구간에서 추가 매수를 진행하면 큰 손실을 볼 위험이 있습니다.

결론적으로, 분배 단계는 투자자들에게 시장의 전환점을 이해하고 적절히 대응할 수 있는 기회를 제공합니다. 예를 들어, UTAD와 같은 가짜 상승 신호를 감지한 투자자들이 성공적으로 매도 전략을 실행한 사례는 대규모 손실을 방지하고 수익을 극대화한 좋은 예시입니다. 또한, RSI나 거래량 분석과 같은 데이터 기반 도구를 활용하면 이러한 신호를 보다 정확하게 식별하여 적시에 대응할 수 있습니다. 이 단계를 제대로 활용한다면 하락장에서의 리스크를 줄이고 수익을 극대화할 수 있습니다.

와이코프 패턴을 실제로 적용할 때 주의해야 할 축적과 분배에서의 변수는, 바로 스프링Spring과 업스러스트Upthrust입니다.

와이코프 이론에서 "스프링"과 "업스러스트"는 시장 심리의 전환점을 나타내는 중요한 개념이죠. 스프링은 하락세에서 예상보다 낮은 지점을 테스트한 후 강하게 반등하는 상황을 의미합니다. 이는 시장 참여자들에게 매수 신호를 제공하며, 상승 전환의 신호로 작용할 수 있습니다. 반대로, 업스러스트는 상승세에서 예상보다 높은 지점을 테스트한 후 하락으로 전환되는 상황을 나타냅니다. 이는 매수 압력이 약화되었음을 시사하며, 매도 신호로 해석됩니다.

스프링과 업스러스트는 시장 참여자들의 심리를 이용하여 중요한 매매 포인트를 식별하는 데 유용합니다. 예를 들어, 암호화폐 시장에서 특정 자산의 가격이 갑작스레 하락하거나 상승할 때 이를 단순한 변동성으로 간주하기보다, 시장 조작이나 대규모 매집/매도의 신호로 분석할 수 있습니다. 이는 투자자들이 단기적인 변동성에 휘둘리지 않고, 보다 전략적으로 시장에 대응할 수 있는 기반을 제공하는 거죠.

와이코프 이론은 비트코인 시장에서 세력의 움직임을 이해하고 이에 대응하는 데 매우 유용합니다. 세력의 매집과 분배 과정을 분석해 투자 타이밍을 잡고, 속임수에 대비하며, 올바른 시점에 거래를 실행할 수 있습니다. 변동성이 큰 비트코인 시장에서는 이 이론이 투자자들에게 필수적인 도구가 될 수 있습니다. 이를 활용해 세력의 의도를 파악하고 전략적으로 시장에 참여하세요.

당신이
돈을 잃을 수밖에 없는 이유

여러분, 대불장이 오면 누구나 돈을 벌 수 있을 것 같지요? 물론 인생 역전이 가능합니다. 2021년, 2022년 대불장에서도 인생 역전한 사람들이 많았습니다. 50만 원을 투자해서 500억 원을 만든 사람도 있었고, 300만 원을 투자해서 3천억 원을 만든 친구도 있었어요. 제가 아는 동생들도 트레이딩으로 100억 원, 200억 원까지 벌었습니다. 정말 쉽게 돈을 많이 벌 수 있었죠. 지난해부터 시작된 상승장에서 많은 분이 돈 복사를 하고 있지요. 어쩌면 제가 산증인일지도 모르겠습니다. 저 역시 매달 트레이딩으로 많은 돈을 벌고 있습니다. 2024년 11월에는 약 7억 원가량의 수익금을 냈으니까요. 그런데 여러분, 2021년부터 2022년까지 있었던 이 대불장에서 많은 수익금을 낸 사람들, 모두 그 수익금을 실현했을까요? 대불장에서 많은 사람이 돈을 벌어서 졸업할 것 같지만 사실 돈을 버는 사람은 극소수입니다. 대부분의 사람은 돈을 벌지 못하고, 아니 오히려 가지고 들어왔던 시드를 모두 잃어버리고 불장의 끝을 맞이합니다.

비트코인 사이클과 반감기 매커니즘에 따라 불장은 4년마다 한 번씩 찾아오게 돼 있습니다. 물론 상승률은 예전만큼 뜨겁지 못할 수 있지만 어쨌든 우리는 4년에 한 번씩은 대불장을 맞이합니다. 지금 2024년부터 시작된 상승장은 물론이고, 곧 다시 찾아올 이 슈퍼 사이클, 슈퍼 불장에서 우리가 시드와 함께 벌어놓은 수익금을 챙겨서 어떻게 안전하게 나오면 되는지 알아보겠습니다.

우리는 앞서 비트코인 사이클과 반감기에 대해 알았고, 세기의 부자들이 어떤 식으로 부를 축적했는지 살펴봄으로써 투자 시장에서 세력들이 어떤 식으로 사이클을 움직이고, 불장을 만드는지 알아봤으며, 그때 나타나는 패턴을 와이코프라는 현상으로 공부해봤습니다. 자, 이제는 현실에 대입해 볼 차례입니다.

2022년 루나 사태, FTX 파산 사태 때 공포에 질린 개미들이 비트코인을 던지고, 매도했죠. 이때 세력들은 장외 거래OTC, Over-The-Counter를 통해서 비트코인을 대량으로 싸게 매집해왔습니다. 세력들이 장외 거래를 통해 비트코인을 매집하는 이유 중 하나는 시장 가격에 영향을 최소화하려는 데 있죠. 장외 거래는 중앙화된 거래소에서 이루어지지 않기 때문에, 거래 내용이 일반 투자자들에게 즉각적으로 공개되지 않아서 시장에 직접적인 영향을 미치지 않습니다. 세력이 공개 시장에서 대량 매수를 하면 수요 증가로 인해 즉각적으로 가격이 급등하게 됩니다. 세력들이 장외 거래를 통해 비트코인을 매집하면 가격 상승이 급격하게 나타나지 않는 이유는, 시장에서의 수요·공급 곡선을 직접적으로 건드리지 않기 때문입니다. 하지만 장외 거래를 활용하면 이러한 가격 급등을 피하고 조용히 매집을 완료할 수 있는 거죠. 그러나 이는 장기적으로 공급 부족을 유발하며, 나중에 상승 모멘텀이 더 강하게 나타날 가능성을 만들어냅니다. 세력들이 장외 거래를 통해 비트코인을 매집하면, 그 비트코인은 실제 시장에서 유통되지 않고 장기 보유로 전환될 가능성이 큽니다. 이는 장기적으로 유통할 수 있는 공급량을 줄여서 나중에, 그들이 원할 때 시장 가격 상승을 촉진할 수 있어요.

세력들은 장외 거래를 활용하면서도 일정 부분은 공개 시장에서 매수하여 시장 참여자들에게 비트코인 가격에 대한 상승 기대감을 심어줍니다. 시장의 심리를 조작하는 데에도 활용하는 거죠. 장외에서 매집이 끝난 후, 세력은 시장에서 물량을 줄이고 가격 상승을 유도해 개인 투자자들이 심리적으로 압박감을 느끼고 높은 가격에서 매수하도록 유도하는 거죠. 이러한 세력들의 행동은 과거의 로스차일드 가문이나 JP 모건처럼 시장을 통제하고 심리를 활용했던 전통적인 금융 전략과도 유사합니다. 비트코인 시장에서도 비슷한 패턴이 관찰되는 것이 흥미롭죠.

자, 여기서부터 시작입니다. 2022년부터 2023년, 2024년 초까지 세력들은 장외 거래를 통해 비트코인을 매집해왔습니다. 그런데 비트코인 현물 ETF의 승인 소식이 들려오면서 슬슬 시장에 비트코인 가격 상승에 대한 기대감을 심은 결과 비트코인 가격이 처음으로 1억 원을 넘겼죠. 이때 많은 개미 투자자들이 관심을 가지기 시작하면서 다시 코인 투자 시장에 발을 넣기 시작했어요. 이대로 비트코인 상승이 쭉 이어지나 싶었지만, 그 후 수개월 동안 비트코인 가격에 조정을 줬어요. 그래서 많은 투자자를 지치게 했고 많은 사람이 떠나갔습니다. 그런데 사실 2024년 3월 비트코인이 최고가를 찍은 이후 조정을 받았던 이 기간은 마지막 절

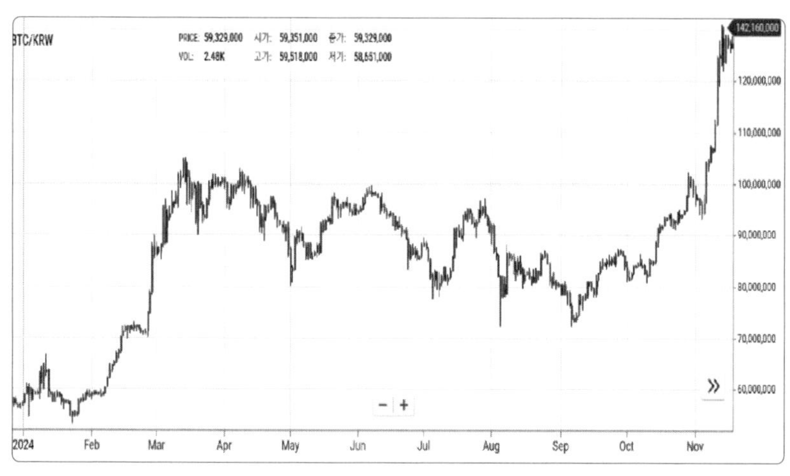

비트코인 2024년 차트(출처: 업비트)

호의 매수 찬스였습니다. 몇 달씩의 조정을 마치고 세력들은 급격히 비트코인 가격을 펌핑하기 시작했으니까 말입니다. 2024년 말 비트코인 가격이 100K를 넘어가며 이번 사이클의 상승장이 시작되었고, 2025년 초인 지금 상승장은 계속되고 있습니다. 비트코인의 미래에 대한 확신을 가지고 사이클과 반감기에 대해 미리 공부해서 시장에 일찍 참여한 저와 제 패밀리분들, 개인 투자자들은 꽤 많은 수익을 내고 있죠. 언제까지 이 상승장이 지속될지 모르겠지만, 세력들은 우리의 수익률과 수익금을 그대로 둘 리가 없습니다. 상승과 조정을 반복하면서 우리를 헷갈리게 만들고, 불안하게 만들고, 지치게 만들어서 떨어져 나가게 할 겁니다. 그래도 버틴 투자자들은 큰 변동성으로 고점에서 미처 빠져나가지 못하도록 만들겠죠. 우리가 우리의 시드를 제대로 불리고, 불린 수익금을 제대로 잘 챙기고 이 사이클을 안전하게 나오기 위해서는 세력이 만들어 나가는 흐름에 올라타야만 합니다.

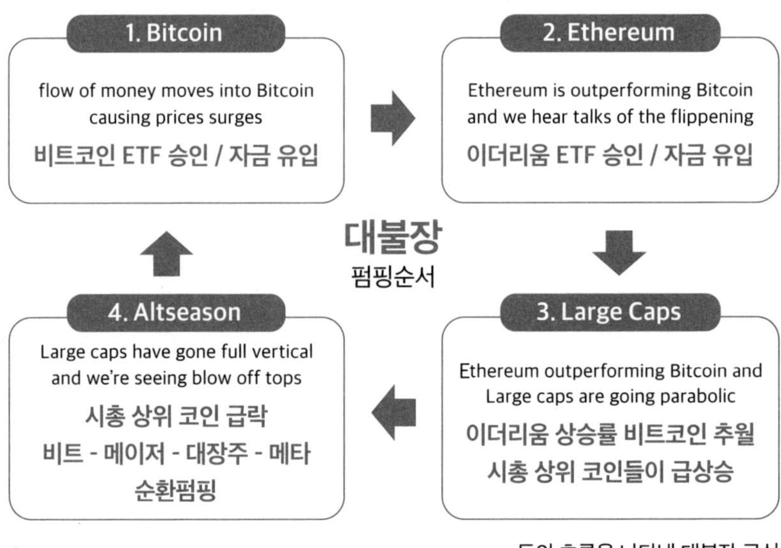

돈의 흐름을 나타낸 대불장 공식

세력이 만든 흐름에 올라타라

세력이 어떤 흐름으로 비트코인 불장 사이클을 만드는지는 앞서 있었던 세 번의 비트코인 사이클과 반감기를 통해 어느 정도 증명이 됐고, 나름의 공식이 생겼습니다.

코인 시장에서 자금은 특정 종목에 머무르지 않고 순환하면서 시장 파이를 키웁니다. 주식 시장에서 어떤 큰 호재나 이슈가 있을 때 그와 연관된 산업이나 섹터들이 돌아가면서 오르는 순환매 장세와 결이 비슷하다고 보시면 됩니다. 사실 이 흐름은 세력들이 만들어 나가는 것이기도 합니다. 세력이 만들어 나가는 돈의 흐름에 올라타야 큰 수익을 얻을 수 있습니다. 흐름의 뒤꽁무니만 좇거나 역행하면 시드를 불리기는커녕 모두 날려버릴 수도 있다는 것을 알아야 합니다.

1. 비트코인Bitcoin

대불장의 시작은 비트코인에서 출발합니다. 이 단계에서는 비트코인이 시장의 초점이 되며 대규모 자금이 비트코인으로 유입됩니다. 이는 비트코인 ETF 승인과 같은 중요한 사건이나 뉴스로 인해 촉발될 수 있으며, 결과적으로 비트코인의 가격이 급격히 상승합니다. 이 단계에서 투자자들은 시장의 안정성과 신뢰를 기반으로 비트코인을 선택하게 됩니다. 비트코인의 가격 상승은 대불장의 시작을 알리는 신호입니다.

2. 이더리움Ethereum

비트코인의 상승세가 어느 정도 안정되면, 자금의 흐름은 이더리움으로 이동하기 시작합니다. 이더리움은 비트코인의 성과를 능가하기 시작하며, "플리핑Flippening"이라는 시가 총액 역전에 대한 논의가 활발해집니다. 이더리움 ETF 자금 유입이나 스마트 계약 플랫폼의 성장과 같은 요인들이 이러한 흐름을 가속합니다. 이더리움의 강세는 시장 참여자들에게 비트코인 외의 대체 자산에 대한 신뢰를 심어주며, 비트코인에 집중되었던 관심이 이더리움으로 옮겨갑니다.

3. 시총 상위 코인Large Caps

이더리움의 성과가 두드러진 이후, 자금은 시가 총액 상위에 있는 다른 주요 암호화폐로 흘러갑니다. 이 단계에서는 이더리움과 함께 리플XRP, 바이낸스 코인BNB, 카르다노ADA와 같은 대형 코인들이 급등하기 시작합니다. 이러한 코인들은 안정성과 대중적인 인지도를 바탕으로 많은 투자자에게 매력적으로 다가옵니다. 이 단계에서 시장은 점점 더 많은 참여자를 끌어들이며, 대규모 상승장이 본격화됩니다.

4. 알트시즌Altseason

대불장의 마지막 단계는 "알트시즌"이라고 불립니다. 주요 코인들이 이미 높은 상승률을 기록한 이후, 자금은 중소형 알트코인으로 이동합니다. 이 단계에서는 소규모 알트코인들이 큰 폭의 상승률을 기록하며, 시장의 변동성이 극대화됩니다. 투자자들은 더 높은 수익을 기대하며 상대적으로 낮은 시가 총액을 가진 알트코인에 관심을 가지게 됩니다. 알트시즌은 대불장의 피크로, 시장 전체의 활기가 절정에 달하는 시점입니다.

암호화폐 시장의 대불장 펌핑 순서는 비트코인 → 이더리움 → 시총 상위 코인 → 알트코인의 흐름으로 진행됩니다. 이는 자금이 시장 내에서 순환하며 각 자산군의 가격 상승을 이끄는 과정을 보여줍니다. 이러한 순환 구조는 시장의 특성을 이해하고 올바른 투자 결정을 내리는 데 중요한 역할을 합니다. 투자자들은 이 순환을 인지함으로써 보다 전략적인 투자 접근 방식을 취할 수 있습니다.

불장 매수 원칙

세력이 어떻게 시장을 움직이는지, 어떻게 우리와 같은 힘 없는 투자자들을 시장에 참여시키는지, 그래서 돈의 흐름이 어떻게 흘러가는지 이해했습니다. 이제 우리는 불장에서 어떻게 매매하는지를 알아야 합니다. 잘 알고 꼭 지켜야 할 것도 있지만 결코 하지 말아야 하는 행동도 있어요. 하지 말아야 하는 행동을 하지 않는 것이 어떻게 보면 가장 중요합니다. 하지 말아야 하는 행동을 해서 투심이 흔들리면 실수가 나올 수밖에 없어요. 실수는 곧 손실로 이어지기 마련입니다.

확신이 있다면
초반에 크게 투자하라

파트1에서 저는 제가 가지고 있는 비트코인의 미래에 대한 확신을 여러분께도 전달하고 싶었습니다. 설득이 잘 됐는지 모르겠습니다만 비트코인이라는 디지털 금에 대한 확신이 여러분에게도 생겼을까요? 생겼다면 비트코인 사이클의 초반, 축적기에 크게 투자해야 합니다. 스타트 머니의 설정, 불장 초기에는 상승의 초입 구간에서 기회를 잡는 것이 중요합니다. 와이코프 패턴에서 강력한 상승 신호로 알려진 "SOSSign of Strength"는 상승 추세가 본격적으로 시작될 때 나타나는 핵심 지표 중 하나입니다. SOS는 거래량이 급증하며 가격이 주요 저항선을 강하게 돌파하는 구간을 의미합니다. 예를 들어, 2020년 불장의 초입에서 비트코인이 $10,000를 돌파했을 때, 이전에 약세 패턴이 축적 단계로 전환되었음을 나타내는 거래량 증가가 확인되었습니다. 이 시점에서 초반에 1BTC를 매수한 투자자는 이후 $60,000 이상으로 오른 시점에서 큰 수익을 거둘 수 있었습니다. 와이코프 패턴에서 중요한 또 다른 신호는 'LPSLast Point of Support'입니다. 이는 매수세가 강하게 유입되는 지점으로, 상승 신호를 확인할 수 있는 추가적인 데이터로 활용됩니다. 분석과 데이터를 바탕으로 이러한 신호를 검증하고 전략적인 결정을 내리는 것이 필수적이며, 필요하다면 다양한 정보원을 통해 자신의 분석을 검증해야 합니다.

이렇게 불장 초입에 하는 투자는 감정에 휩쓸리지 않고 객관적인 데이터를 기반으로 이루어져야 합니다. 거래량이 급증하고 주요 지지선이 강하게 유지되는 상황에서 초기 투자를 강하게 단행한다면 성공 확률이 높아질 수 있습니다. 예를 들어, 상승장이 시작되던 2020년 불장 초반에 비트코인이 $10,000를 돌파했을 때 1억 원을 초기에 한꺼번에 투입한 투자자는 가격이 $50,000에 도달했을 때 약 5배의 수익, 즉 5억 원의 평가액을 기록했을 것입니다. 반면, 상승 흐름에 확신을 갖지 못하고 초반에 1천만 원만 매수한 후, 이후 $30,000와 $40,000에서 추가 매수를 반복한 투자자는 평균 매수 단가가 $26,666으로 높아져 수익률이 약 1.88배에 그치며 1억 8천만 원의 평가액에 머물렀겠죠. 이러한 차이는 초기의 강력한 상승 신호를 감지한 뒤, 확신을 가지고 스타트 머니를 적극적으로 활용하는 전략이 얼마나 중요한지를 보여줍니다.

불장에서 투자자가 자주 하는 실수를 예로 한 번 들어보겠습니다. 한 투자자가 비트코인이 10,000달러였을 때 1,000만 원을 투자해서 수익을 내기 시작했습니다. 비트코인 가격이 점점 상승해서 최고점인 60,000달러에 도달하자 어떤 생각이 들었을까요? '1,000만 원이 아니라 1억 원을 투자했으면 6억 원이 된 거잖아?'라고 생각했죠. 그 후 그 투자자는 추가로 대출을 끌어와 1억 원을 투자했습니다. 하지만 비트코인 가격은 60,000달러가 최고점이었죠. 결국, 이 투자자는 고점에 물려 몇 년 동안 큰 손실을 감내해야 했고, 마음고생을 해야 했습니다. 불장 초입이라고 판단했다면 초반에 제대로 크게 투자해야, 가격이 상승했을 때 아쉬움이 덜합니다. 문제는 아쉬움이거든요. 아쉬운 마음이 대출을 끌어오게 만들고, 추가 매수하게 만들어서, 고점에 물리게 하는 겁니다. 불장 초입이라는 판단에 확신이 있다면 초반에 스타트 머니 설정을 제대로 해야 실수를 하지 않을 수 있습니다.

코인 불장의 초반은 큰 수익을 낼 수 있는 기회의 시기입니다. 겸손하게 '운이 좋았다.'라고 말하기도 하지만 사실 단순히 운에 맡기는 시기가 아닙니다. 전략적으로 접근했든, 동물적인 투자 감각으로 접근했든 초반에 스타트 머니 설정을 잘해서 과감하게 투자한 투자자는 불장 때 수익을 극대화할 수 있습니다. 이것이 불장 초반 투자 전략의 핵심입니다. 물론, 무리한 투자보다는 리스크를 관리하며 체계적인 계획으로 접근하는 것이 중요합니다. 준비된 투자자는 기회를 놓치지 않습니다. 불장이 시작되었을 때 여러분의 결정이 미래의 수익을 결정할 것입니다.

투자 포트폴리오를 다각화하라

비트코인 시장의 불장은 매력적이지만, 모든 자금을 한곳에 몰아넣는 것은 위험합니다. 시장은 언제든 변동성이 커질 수 있으므로, 비트코인을 중심으로 하되 일부 자금은 다른 암호화폐나 안정적인 자산에도 분산 투자하는 것이 필요합니다. 예를 들어, 비트코인 외에도 이더리움도 가져가고, 주요 알트코인 섹터에 자금을 분산하면 추가적인 상승 기회를 잡을 수 있습니다.

2021년 불장 동안, 비트코인이 하락했을 때 이더리움과 디파이DeFi 관련 코인들이 상승하며 손실을 상쇄해준 사례를 참고할 수 있습니다. 이는 알트코인 시장에서도 섹터별로 순환매가 이루어진다는 점을 보여줍니다. 디파이, NFT, 메타버스 관련 코인들이 시차를 두고 각각 강세를 보였던 2021년의 사례처럼, 섹터별로 자금을 분산해 투자하면 상승 기회를 더 넓게 가져갈 수 있습니다. 특정 섹터에만 집중 투자하면 다른 섹터가 상승할 때 기회를 놓칠 가능성이 있습니다. 2021년 초 디파이 코인들에 집중 투자했던 투자자가 NFT 섹터의 폭발적인 상승을 놓쳤다면, 포트폴리오 수익률은 크게 차이가 났을 것입니다.

추천해 드리는 방법은 약 5개의 섹터를 선정하고, 대장주와 유망주 코인 하나씩 꼽아서 시드를 배분해서 투자하는 겁니다. 불장에는 모든 코인이 다 오릅니다. 그런데 섹터별로 돌아가면서 오르기 때문에 어떤 섹터의 어떤 코인이 먼저 갈지, 그다음은 뭐가 될지 몰라요. 만일 한 섹터에 몰빵했다고 생각해봅시다. 다른 섹터, 다른 코인들은 다 오르는데 내가 가진 것만 안 오른다? 이거 견딜 수 있는 사람 없습니다. 한 섹터에 몰빵하면 다른 섹터가 상승할 때 투심이 흔들릴 가능성이 크고, 섹터 간 순환매를 활용하지 못하게 되는 단점이 생깁니다. 따라서 섹터별로 두루두루 자산을 담아두는 것이 안정성과 수익성을 동시에 확보할 수 있는 전략이 중요합니다.

시드에 따라 다르게 투자하라

자신의 투자 시드(원금) 크기에 따라 투자 전략을 조정해야 합니다. 시드가 크다면 안전성을 고려한 전략이 필요하고, 시드가 작다면 수익률 극대화를 위해 더 공격적인 전략을 선택할 수 있습니다. 예를 들어,

1억 원 이상의 시드를 가진 투자자는 비트코인과 같은 안정적인 자산에 70% 이상을 배분하고 나머지 30%를 알트코인에 투자하는 방식을 선택할 수 있습니다.

반면, 시드가 1,000만 원 이하인 투자자는 리스크를 감수하더라도 성장 가능성이 큰 알트코인에 집중 투자하거나, 선물 거래를 통해 레버리지를 써서 빨리 시드를 불리는 것이 나을 수 있습니다. 시드가 큰 분들은 지키면서 불리는, 잃지 않는 투자를 해야 하지만 시드가 적은 분들은 하루빨리 시드를 불려서 복리의 마법으로 자산을 불리는 것이 좋습니다. 코인 투자를 선택한 이유는 사람들마다 다르겠지만 주식이나 부동산 등 다른 자산보다 수익을 더 크게 낼 수 있기 때문이라고 생각합니다. 소액 투자자는 리스크를 감안하고라도 상승 가능성이 높은 신규 코인이나 디파이 프로젝트에 주목해 짧은 기간 내에 높은 수익을 목표로 할 수 있습니다. 다만, 이러한 전략은 높은 리스크를 동반하기 때문에, 자신이 감내 가능한 손실 범위를 명확히 설정해야 합니다.

급등 코인은 쳐다보지도 마라

불장에서는 급등하는 코인이 투자자들의 관심을 끌기 마련입니다. 하지만 급등 코인은 쳐다보지도 않는 습관을 들여야 합니다. 급등하는 코인을 보면서 '저기가 내 무덤이 될 수 있다'라고 생각해야 합니다. 왜냐하면 급등 코인은 단기간에 가격이 과대평가 될 가능성이 크며, 추후

2021년 당시 도지코인 차트(출처: 업비트)

급격한 조정이 올 수 있기 때문입니다.

2021년 불장 당시 도지코인DOGE은 일론 머스크의 트윗과 발언으로 폭발적으로 상승했습니다. 그는 도지코인을 '민중의 암호화폐'라고 부르며 농담조로 지지했죠. 이는 투자자들 사이에서 큰 파장을 일으켰어요. 도지코인의 가격은 그의 언급 이후 급등했으나, 이후 투자 심리가 약화되며 급격히 하락해 많은 투자자가 손실을 입었습니다. 저는 도지코인을 사랑합니다. 하지만 사랑은 그 코인이 오른 후에 표현하는 것이 아닙니다. 도지코인이 안 올랐을 때, 바닥일 때부터 사랑해줘야죠. 미리, 바닥에서 매수한 사람만이 급등의 환희를 맛볼 자격이 있는 것입니다. 뒤늦게 올라타면 제대로 빠져나오지 못해서 십중팔구 고점에 물리게 돼 있습니다. 당시 도지코인은 800원대까지 올랐어요. 그런데 급격히 하락하며 많은 투자자가 손실을 입었죠. 만일 그때 800원대 고점에 물린 사람들은 아직까지 탈출 못한 상태일 겁니다. 언젠가는 오르겠지 하고 놔둘 수도 있지만 거기에 들어가 있는 시드와 그동안 보낸 시간 등 기회비용을 다 잃고 있다고 생각해보면 안타깝죠.

이러한 사례는 시장의 분위기에 휩쓸려 투자하는 것이 얼마나 위험한지를 보여줍니다. 특히 상장 직후의 코인은 급격한 상승세를 보이다가도 순식간에 큰 폭으로 하락할 수 있습니다. 최근 업비트와 빗썸에 상장된 모카코인MOCA은 상장 당일 급등하며 단기간에 투자자들의 관심을 끌었습니다. 하지만 이후 며칠 만에 가격이 70% 이상 급락하면서 많은 투자자가 큰 손실을 보았습니다. 이러한 사례는 상장 코인의 단기적인 가격 변동성이 얼마나 큰 위험을 동반하는지를 명확히 보여줍니다. 그런데 꼭 이상하게 급등하는 코인만, 상장 빔이 나타나는 코인만 찾아다니면서 투자를 하는 사람들이 있습니다. 그런 사람들은 자신을 잘 살펴보시기를 바랍니다. 도파민에 절여져 있는 도파민 중독 상태일지도 모릅니다. 그렇게 급격하게 상승하고 하락하는 코인이 아니면 투자하는 맛이 안 난다고 생각하는 거죠. 어쩌면 욕심일지도 모릅니다. 단기간에 쉽고, 크게 먹으려는 욕심이죠. 하지만 급등 코인, 상장 코인만 쫓아다니다 보면 1억 원이 500만 원 되는 건 한순간입니다.

이미 급등한 코인보다 상승 여력이 있는 코인, 덜 오른 코인에 집중하는 것이 현명합니다. 차트 분석을 통해 아직 매수 신호가 나온 적 없는 코인을 발굴하거나, 신규 진입 가능한 저점 구간을 확인하는 것이 중요하다는 것입니다.

추세를 주의 깊게 보고 추종하라

불장은 강한 상승 추세를 동반합니다. 하지만 그 추세가 언제 끝날지는 예측하기 어렵습니다. 따라서 추세를 주의 깊게 관찰하고 이를 따라가는 것이 중요합니다. 2017년 불장 동안 RSI(상대 강도 지수)는 비트코인 가격이 $19,000를 넘어설 때 95 이상으로 급등하며 과매수 구간에 진입했습니다. 이때 매도를 고려한 투자자들은 이후 조정장에서 큰 손실을 피할 수 있었습니다.

시장 변화를 감지하기 위해 거래량, 주요 지지선과 저항선, 그리고 뉴스 흐름을 면밀히 살펴야 합니다. 와이코프 패턴에서는 'PS Preliminary Support'와 'SC Selling Climax'와 같은 초기 신호가 추세 변화를 예고할 수 있습니다. 'AR Automatic Rally'는 매도 압력이 줄어들고 매수세가 유입되는 단계로, 상승 추세의 초기 징후로 간주됩니다. 이어지는 'SOS Sign of Strength' 단계에서는 거래량이 급증하며 주요 저항선을 돌파하는 모습이 나타나며, 이는 상승 추세의 본격적인 시작을 알립니다.

상승 추세가 약해지는 조짐이 보이면, 손실을 피하기 위해 빠르게 대처하는 것이 필요합니다. 추세 추종 전략의 핵심은 자신이 정한 기준에 따라 감정 없이 움직이는 것입니다. 예를 들어, 비트코인이 일정 가격 아래로 하락할 경우 자동으로 매도하는 스탑로스를 설정하면 불확실한 상황에서 투자자 스스로를 보호할 수 있습니다.

불장은 투자자들에게 큰 수익을 가져다줄 기회를 제공합니다. 그러나, 감정에 휩쓸리거나 원칙 없이 투자하면 큰 손실을 볼 수 있습니다. 위의 다섯 가지 원칙을 기반으로 자신만의 투자 전략을 세우고, 시장을 냉정하게 분석하며 행동한다면, 불장 속에서도 안정적으로 목표를 달성할 수 있을 것입니다. 성공적인 투자를 위해서는 끊임없는 학습과 데이터 기반의 결정을 내리는 것이 핵심입니다. 이 원칙들을 실천하며, 매 순간 배우고 성장하는 자세를 유지하세요.

불장 매도 원칙

비트코인 투자에서 '불장'bull market은 투자자들에게 큰 수익을 가져다주는 시기입니다. 하지만 지나치게 낙관적인 기대감 속에서 매도 타이밍을 놓치는 경우, 큰 손실로 이어질 수 있습니다. 이것은 세력들이 바라는 바이기도 하고, 세력들의 주요한 시나리오이기도 합니다. 불장의 끝을 정확히 예측할 수 없기에, 철저한 매도 전략은 필수입니다. 자신만의 불장 매도 원칙을 세워야 합니다.

최종 목적지는 안전한 EXIT

불장이 오면 가격이 지속적으로 오를 것처럼 보이지만, 시장은 항상 순환합니다. 오르면 한없이 오를 것 같고, 내리면 한없이 내리기만 할 것 같죠. 하지만 오르기만 하는 시장도 없고, 내리기만 하는 시장도 없습니다. 2017년 비트코인 불장에서 많은 투자자가 $20,000에 육박한 가격을 보고 끝없는 상승을 기대했지만, 시장은 갑작스러운 하락세로 전환하며 큰 손실을 초래했습니다. 2024년 상승 때도 마찬가지입니다. 비트코인이 100K를 찍으니 곧 120K, 130K 갈 것 같았죠. 하지만 그 후로 비트코인은 100K 아래에서 한참 횡보했습니다. 이러한 사례는 EXIT 계획의 중요성을 명확히 보여줍니다. 우리의 목표는 안전한 EXIT입니다. 시장에 참여하는 동안 여러분이 몇 배를 벌었는지, 수익률이 몇 %이고, 수익금은 얼마인지 하나도 중요하지 않습니다. 나의 시드와 수익금과 수익률을 가지고 그대로 탈출해서 내 통장으로 옮겨야 우리는 안심할 수 있어요.

EXIT를 계획할 때는 목표 금액, 시점, 조건을 명확히 설정해야 합니다. 예를 들어, 투자 금액의 두 배가 되었을 때 투자금의 50%를 현금화하거나, 일정 수익률에 도달하면 30%씩 단계적으로 매도하는 계획이 필요합니다. 익절은 언제나 옳다는 것이 불문율입니다. 익절 후 수익금을 어떻게 관리하느냐도 중요합니다. 많은 돈을 벌려면 알트코인에 투자해야 한다고 말씀드렸죠. 그런데 알트코인으로 번 돈을 다시 알트코인에 재투자하는 것은 추천하지 않습니다. 2017년 불장 이후, 일부 투자자들은 비트코인과 알트코인에서 번 수익을 실현하여 비트코인이나 금 등 다른 안전자산에 재투자했습니다. 이들은 이후의 하락장에서 자산을 보존할 수 있었지만, 모든 자산을 다시 알트코인에 재투자한 사람들은 또 한동안 묶여서 큰 손실을 경험했습니다. 저는 알트코인으로 실현한 수익을 비트코인으로 모두 옮겨서 투자할 계획입니다. 알트코인은 저에게 큰 수익을 가져다주는 수단일 뿐이에요. 비트코인을 제외한 다른 코인들은 언제까지 계속될지 확신이 없습니다. 왜냐하면 비트코인을 제외한 알트코인들은 희소성이 없습니다. 공급량이 무한정 증가하죠. 희소성이 없는 코인은 언젠가는 가치가 떨어지게 마련입니다. 지금도 수많은 알트코인들이 상장하고, 또 상폐됩니다. 자신이 어떤 코인에 투자해서 얼마큼의 수익을 남기면 빠져나올지 목표를 명확하게 설정해야 안전하게 탈출할 수 있습니다.

전량 익절은 후회를 부른다

모든 코인을 한꺼번에 매도하는 것은 즉각적인 수익 실현에는 유리하지만, 이후 가격이 더 오를 경우 큰 후회를 남길 수 있습니다. 실제로 2021년 불장에서 일부 투자자들은 $40,000에서 전량 매도했지만, 비트코인 가격은 $60,000을 넘어섰습니다. 익절을 할 때는 무조건 부분 익절하는 것을 추천합니다. 전체 자산의 일정 비율만 매도하면서 시장 흐름을 관찰하는 것이 중요합니다. 2021년 불장에서 한 투자자는 목표 수익률에 도달할 때마다 10%씩 매도하며, $40,000, $50,000, $60,000에서 점진적으로 자산을 정리했습니다. 이를 통해 상승장에서 추가 수익을 누리는 동시에 리스크를 관리할 수 있었습니다. 부분 부분 나눠서 익절을 하면 심리적으로 안정될 수 있습니다. 부분 매도를 실행한 투자자는 하락장에서의 손실을 최소화할 수 있기 때문입니다. 이는 전체를 한꺼번에 매도했거나, 아예 매도하지 못한 투자자들과는 대조적이죠. 한꺼번에 매도했는데 추가로 상승이 나오면 후회를 할 수밖에 없고, 무리하게 재투자했다가 큰 손실이 날 수 있습니다. 물론 부분 익절을 했다가 바로 하락할 수도 있어요. 그때는 좀 덜 먹는다고 생각하고 익절하면 됩니다. 투자할 땐 100% 수익을 냈다고 하더라도 절반 50%만 먹는다는 마인드로 투자해야 합니다. 100% 전부를 다 먹을 생각으로 투자하면 결국, 무리해서 진입하게 돼 있고, 이는 결국, 손실로 이어지는 것입니다.

그렇다면 익절한 돈을 어디에다 쓰느냐? 불장 초입에서는 익절한 돈을 계속 다른 코인에 재투자해도 됩니다. 그렇다고 바로바로 아무 때나 들어가라는 건 아닙니다. 안 오른 섹터와 코인을 봐뒀다가 조정을 기다리거나, 눌림 자리에서 들어가야 합니다. 아니면 큰 조정이나 눌림이 나왔을 때 같은 코인에 물을 타서 물량을 늘렸다가 기술적 반등을 먹는 것도 좋습니다.

하지만 가장 중요한 것은 내가 샀던 코인을 버리지 않는 것이 중요합니다. 그렇다고 이상한 쓰레기 같은 코인을 끝까지 붙들고 있으라는 말이 아닙니다. 전제는 충분한 근거를 가지고 내가 포트폴리오에 넣어서 가지고 가려고 했던 코인입니다. 대형 악재가 터져서 팔아버리는 거 아닌 이상 내가 사놓은 코인은 웬만하면 들고 있는 게 맞습니다.

갈아타면 포모FOMO가 온다

불장 초반에 자신의 시드에 맞춰 포트폴리오를 분산해서 잘 짜두고 진입했다면 진득하게 기다려야 합니다. 물론 자신이 선택한 섹터, 자신이 선택한 코인이 안 오를 수 있습니다. 급등하는 새로운 코인이나 핫한 알트코인으로 갈아타고 싶다는 유혹을 받기 쉽죠. 하지만 무분별한 종목 변경은 심각한 위험을 초래할 수 있습니다. 앞서 말씀드렸던 것처럼 불장에는 모든 섹터의 모든 코인이 펌핑합니다. 하지만 준비, 출발하면 출발하듯 모두 동시에 출발하는 건 아니에요. 메이저 코인들이 먼저 갈 수도 있고, AI 섹터나 RWA 섹터가 먼저 갈 수도 있습니다. 시총이 가벼운 코인들이 먼저 움직일 수도 있죠. 그런데 다른 섹터, 다른 코인들이 먼저 오르고 자신이 가지고 있는 섹터의 코인이 오르지 않는다고 해서 이미 출발한 섹터의 코인으로 갈아타면 안됩니다. 출발한 코인들은 이미 많이 오른 상태이기 때문이죠. 내가 갈아탔을 때는 이미 상승의 힘이 줄어들기 마련이에요. 그 후의 상승은 이미 보유하고 있던 보유자의 영역이지 새로 진입한 나의 몫이 아니라는 겁니다. 갈아타고 나면 어김없이 원래 내가 보유하고 있던 코인이 출발합니다. 이제 때가 됐거든요. 후회와 함께 다시 갈아타려고 해도 이미 늦습니다. 그러니 제발 기다리세요. 처음에 자신이 잘 짜둔 포트폴리오를 믿고 기다리셔야 합니다.

2017년 불장에서 많은 투자자가 비트코인에서 이더리움, XRP, 또는 당시 유행하던 알트코인으로 자산을 이동했지만, 일부 알트코인은 가격이 급격히 하락하며 손실로 이어졌습니다. 2021년 불장에서 도지코인이 큰 인기를 끌었으나, 이미 고점에서 진입한 투자자들은 이후 큰 손실을 입었습니다. 이는 타이밍을 잘못 잡은 갈아타기의 전형적인 사례입니다. 물론 갈아탈 때도 종합적이고 객관적인 분석을 토대로 갈아탈 만하다고 판단했다면 괜찮습니다. 철저한 리서치를 통해 스마트 계약 플랫폼의 성장 가능성을 분석하고, 눌림 자리에서 이더리움으로 갈아탔다? 박수 쳐 드리겠습니다. 단순히 군중 심리에 휩쓸려 움직였던 다른 투자자들은 손실을 피할 수 없다는 것을 명심해야 합니다.

포모가 오면 어떻게 하냐고요? '모든 기회를 잡을 수 없다'라는 점을 받아들이고, 자신만의 투자 계획을 다시 세우는 것이 중요합니다.

수익을 극대화하는 단계별 매도법

여러분, 불장에서 고점, 정점이 어디인지는 아무도 알 수 없습니다. 사람들의 광기가 어디까지, 얼마나 지속될지 모르기 때문이죠. 신의 영역입니다. 단계별 매도는 수익 실현과 추가 상승 가능성에 대한 균형을 맞추는 효과적인 방법입니다. 실제로 2021년 불장에서 성공적인 투자자들은 단계별 매도 전략을 통해 상승장에서 최대한의 수익을 얻었습니다.

단계별 매도에서 가장 중요한 것은 목표 가격을 설정하는 것입니다. 비트코인을 투자하고 있는데 목표가가 100K였다면 어떻게 해야 할까요? 90K나 95K부터 조금씩 익절을 해야 합니다. 지지나 저항을 받았던 자리에 10%씩 익절을 걸어놓고, 100K까지 왔을 때는 50~70%까지 익절을 한 상태여야 합니다. 그리고 나머지는 지켜보는 거죠. 사람들의 광기가 비트코인 가격을 100K를 넘어 110K, 120K, 130K까지도 올릴 수 있으니까요. 목표했던 지점 이후의 수익은 덤이라고 생각하셔야 합니다. 이렇게 단계별로 매도하는 방식을 사용한 투자자는 가격 변동성에도 안정적인 수익을 보장받았습니다.

매도를 한 후 어떻게 하는지도 중요합니다. 매도 후 얻은 현금을 다시 시장에 재투자할지, 안전자산으로 이동할지 미리 결정해둬야 합니다. 만약 비트코인으로 상당한 수익을 얻었다면 다음은 어느 코인에 투자해야 할까요? 코인 시장에서 돈이 어떻게 흐르는지 이미 봤잖아요. 비트코인, 이더리움, 메이저 코인, 그 외 알트 코인입니다. 재투자를 한다면 이 순서대로 하는 것이 맞습니다.

그렇다면 언제 완전히 다 빠져나오느냐? 시장의 과열 신호를 파악한 후입니다. 버스나 지하철을 탔는데 나이 지긋한 어르신들께서 업비트를 보고 계시다? 친구들과의 카톡방에서 친구들이 수익 인증샷을 남기면서 자랑한다? 이때가 바로 시장이 과열됐다는 신호입니다. 비트코인과 알트코인의 가격이 동시에 급등하거나, 언론에서 비트코인을 지나치게 긍정적으로 다룰 때도 마찬가지로 시장이 과열됐다는 신호이니, 신속히 일부 자산을 현금화하길 바랍니다.

불장에서의 매도는 단순히 수익을 실현하는 것을 넘어, 위험을 관리하고 장기적으로 자산을 늘리는 데 초점을 맞춰야 합니다. 2017년과 2021년 불장의 사례를 통해 알 수 있듯, 최종 목적지는 안전한 EXIT로 설정하고, 전량 익절 대신 단계적 매도를 활용하며, 갈아타기를 신중히 검토하는 것이 중요합니다. 이러한 원칙들을 준수하면, 불장에서의 수익을 현명하게 보존할 수 있을 뿐만 아니라, 시장 변동성에서도 안정적인 자산 관리를 실현할 수 있습니다.

5 불장, 그 후에 해야 할 것들

여러분이 불장 시즌을 안전하게 잘 빠져나왔다고 칩시다. 그렇다면 끝난 걸까요? 불장이 끝난 뒤 시장은 급격히 하락하거나 정체 국면에 접어들 수 있습니다. 이 시기는 자신의 전략과 심리를 점검하고, 미래를 준비하는 중요한 시기입니다. 이 시기를 어떻게 보내느냐에 따라 잘 불려온 시드를 지킬 수 있느냐 없느냐가 결정되기도 합니다.

오만과 겸손

불장에서 많은 수익을 올려서 안전하게 나왔다면, 과연 내가 잘해서 번 것일까요? 아닙니다. 그저 운이 좋았을 뿐입니다. 내가 잘해서, 내가 트레이딩에 엄청난 재능이 있어서, 내가 탁월해서가 아닙니다. 그저 시장이 좋았을 뿐입니다. 불장에서 성공적으로 수익을 낸 투자자들은 자신의 판단이 늘 옳았다고 생각하기 쉽습니다. 그러나 시장은 예측 불가능하며, 과도한 자신감은 종종 큰 손실로 이어질 수 있습니다. 2017년 불장에서 많은 투자자가 비트코인 $20,000 고점에서 재진입했다가, 가격이 $6,000대로 폭락하면서 막대한 손실을 입었습니다. 이와 달리 일부 투자자들은 자신의 운이 좋았다는 점을 인정하고, 차익 실현 후 하락장을 대비해 현금을 확보했습니다. 그들은 2018년 하락장에서 더 낮은 가격에 다시 투자하며 자산을 효과적으로 증대시켰습니다.

저는 전업으로 투자하고 있다 보니 정말 많은 투자자를 만납니다. 수백억 원, 수천억 원을 벌었던 트레이더들 중에서도 겸손하지 못했던 사람들은 마지막이 모두 같았습니다. 청산이죠. 성공의 원인을 분석하며 운과 전략의 비율을 냉정하게 평가하고, 이후 전략을 수정해야 합니다. 자신이 놓쳤던 위험 신호나 과도한 낙관을 경계하는 자세를 갖추는 것이 중요합니다. 내가 번 돈을 지킬 방법, 태도는 오직 겸손입니다. 겸손해야만 번 돈을 지킬 수 있습니다.

불장을 놓쳐서 아쉬운 사람들에게

이번 불장에 충분히 참여하지 못했거나 수익을 내지 못한 투자자들은 좌절감을 느끼기 쉽습니다. 이런 걸 포모라고 하죠. 하지만 과거에 집착하기보다는 이를 교훈으로 삼아 다음 기회를 준비해야 합니다. 2021년 불장에서 많은 초보 투자자들은 $30,000대에서 시장에 진입하지 못하고, $50,000 이상에서 뒤늦게 투자하여 큰 수익을 놓쳤습니다. 그러나 일부는 이후 시장 분석을 통해 2022년의 조정장에서 재진입하여 손실을 줄이는 데 성공했습니다.

자신이 왜 기회를 놓쳤는지 냉정히 분석해야 합니다. 지나치게 보수적이었는지, 아니면 정보 부족으로 판단이 늦어진 것인지 확인하세요. 시장은 주기적으로 상승과 하락을 반복하며, 과거의 실수를 교훈으로 삼으면 다음 불장에서 더 나은 선택을 할 수 있습니다.

다음 불장을 준비한다면

비트코인 사이클은 반감기와 함께 4년에 한 번씩은 꼭 돌아옵니다. 그렇기 때문에 이번 불장에 초기에 진입하지 못해서 오히려 먼 산 구경하듯 바라만 봐야 했다면, 이번 불장에서 손실만 보고 나와야 했다면 칼을 갈아야겠죠. 사이클은 돌고 또 돌지만 언제 불장이 시작될지는 아무도 모릅니다. 준비된 투자자만이 기회를 잡을 수 있습니다. 비트코인의 역사적 주기를 연구하고 현재 시장 환경을 분석하는 것이 중요합니다. 예를 들어, 2013년과 2017년 불장의 상승 패턴은 약 4년 주기로 나타났으며, 이는 반감기와 관련이 깊습니다. 이를 기반으로 2020년부터 시작된 상승세를 예측했던 투자자들은 큰 수익을 거둘 수 있었습니다.

현재 보유한 자산을 점검하고 위험을 최소화해야 합니다. 한 투자자는 2021년 불장 당시 비트코인과 이더리움 비중을 각각 60:40으로 나누고, 일부 현금을 보유하여 하락장을 대비했습니다. 또 다른 투자자는 주요 알트코인을 소량 보유하며 위험을 분산했습니다. 불장이 시작되면 신속히 투자할 수 있도록 현금을 일정 부분 확보하는 것도 좋은 준비 방법입니다. 준비되지 않은 투자자는 항상 기회를 놓치거나, 나쁜 타이밍에 진입하게 됩니다.

나만의 투자 스타일을 견고히 하라

투자 스타일은 시장 변동성 속에서도 흔들리지 않게 해주는 중요한 지침입니다. 자신만의 스타일을 확립하지 못한 투자자들은 유행에 휩쓸리거나 감정적으로 의사결정을 내리기 쉽습니다. 예를 들어, 장기 투자자들은 비트코인의 핵심 가치에 초점을 맞춰 2021년 불장의 조정기에도 매도하지 않고 보유 전략을 유지했습니다. 그 결과, 그들은 시간이 지나며 자산 가치를 더욱 증대시킬 수 있었습니다.

한 단기 트레이더는 시장의 변동성을 이용해 2021년 상반기에 알트코인을 매수 후 급등 시 매도하여 수익을 실현했습니다. 그는 모든 거래에 명확한 손절과 목표가를 설정했기 때문에 불안정한 시장에서도 흔들리지 않았습니다. 수익 실현 조건, 손절 조건, 추가 매수 조건 등을 사전에 설정하는 것이 필수적입니다. 다른 사람의 의견을 참고하되, 최종 판단은 반드시 자신의 전략에 따라야 합니다.

단기적 이득에 목매기보다,
큰 그림을 보며 장기적으로 접근하라

단기적인 이익에 집착하면 시장의 큰 흐름을 놓칠 수 있습니다. 특히 비트코인은 디지털 금으로서 장기적인 잠재력을 가진 자산입니다. 이를 고려하여 가격 변동에 일희일비하지 않고, 장기적 목표를 설정하는 것이 중요합니다. 5년 후나 10년 후의 목표 자산 규모를 설정하고 이를 달성하기 위한 단계적 계획을 세우는 것이 필요합니다.

2013년과 2017년 불장의 예를 보면, 하락기를 거친 후 비트코인은 각각 새로운 최고점을 기록했습니다. 이러한 패턴을 이해하고 장기적 접근법을 유지한 투자자들은 단기적 손실에도 불구하고 큰 성공을 거두었습니다. 한 장기 투자자는 2017년 $20,000 고점에서 일부 수익을 실현했지만, $10,000 이하로 조정된 구간에서 꾸준히 매수하며 2021년 불장에서 자산을 크게 증대시켰습니다.

장기적인 관점에서 투자하는 것은 단순히 가격 상승을 기다리는 것이 아니라, 비트코인이 글로벌 금융 시스템에서 핵심적인 역할을 할 수 있다는 믿음을 기반으로 합니다. 이 과정에서 큰 그림을 보고 일시적인 가격 변동에 흔들리지 않는 태도가 중요합니다.

불장이 끝난 후에는 오만하지 않고 겸손하게 자신의 성공과 실패를 평가하며, 다음 불장을 준비해야 합니다. 자신만의 투자 스타일을 확립하고, 단기적 이익보다는 비트코인의 장기적 잠재력에 집중해야 합니다. 이러한 태도를 유지하면 시장의 변동성 속에서도 흔들리지 않고 지속적인 성공을 이룰 수 있습니다.

PART

4

코인 투자 실전 매매법

1
비트코인과 알트코인

알트코인은 쓰레기다?

암호화폐 시장은 비트코인과 알트코인이라는 두 축으로 나뉩니다. 비트코인은 시장의 중심이자 최초의 암호화폐로서 가치 저장 수단과 디지털 금으로 인정받고 자리 잡았습니다. 반면 알트코인은 각기 다른 목적과 기술적 특성을 내세우며 등장했지만, 그 실체와 미래 가능성에는 큰 차이가 있습니다. 현재 거래 중인 암호화폐는 약 200만 개 이상으로, 전 세계 주식 시장에 상장된 6만 개의 기업 수보다 수십 배나 많습니다. 이처럼 알트코인의 수는 비정상적으로 많으며, 다수는 기술적 진정성과 경제적 지속 가능성이 결여된 상태로 만들어졌습니다. 이는 투자자들이 알트코인 투자에 특히 신중해야 되는 이유를 잘 보여줍니다.

암호화폐 커뮤니티에서 종종 "알트코인은 쓰레기"라는 말이 회자됩니다. 이는 알트코인 대부분이 지속할 수 있는 기술이나 경제적 가치를 갖추지 못했기 때문입니다. 암호화폐 마켓 데이터 플랫폼 코인게코 소속 연구원 숀 폴 리Shaun Paul Lee는 "2014년 이후 코인게코 플랫폼에 등록된 24,000종 이상의 암호화폐 중 14,039종이 역사 속으로 사라졌다"라고 분석했습니다. 그는 "2020~2021년 강세장 당시 출시됐던 암호화폐 중 7,530개의 프로젝트가 자취를 감췄으며, 이는 역사 속으로 사라진 암호화폐 프로젝트의 53.6%를 차지한다. 그 이전 코인게코에 등록됐던 암호화폐는 약 11,000종 이상이었으며, 그중 70%가 개발이 중단됐다. 2022년 사라진 암호화폐 프로젝트는 3,520종, 2023년에는 289종을 기록했다"라고 설명했죠.

실제로 2017년 ICOInitial Coin Offering 붐 때 출시된 수많은 알트코인 중 대다수는 사기 또는 실패로 끝났습니다. 대표적으로 "BitConnect"

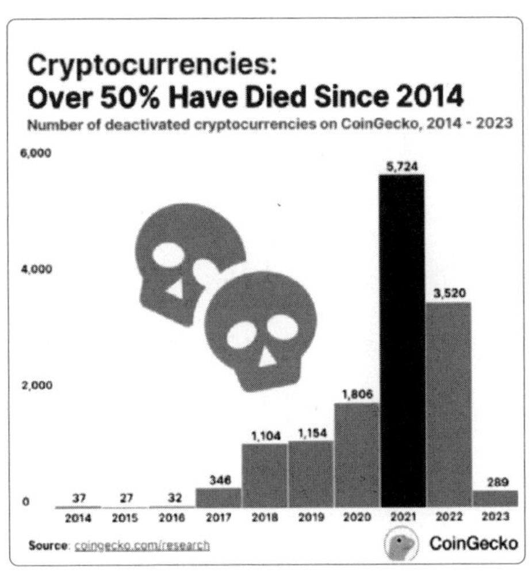

라는 프로젝트는 투자자들에게 높은 수익을 약속했지만, 결국, 폰지 사기로 밝혀져 많은 피해자를 남겼죠. 2022년 루나LUNA 사태는 또 다른 경각심을 불러일으켰습니다. 테라Terra의 스테이블코인 UST가 달러 페그를 잃고 폭락하면서 루나 코인의 가치는 사실상 제로에 가까워졌습니다. 이 과정에서 수십억 달러의 투자 손실이 발생하며, 많은 개인 투자자들이 심각한 재정적 피해를 입었죠. 2022년 당시 루나 코인을 제외하고도 1년간 5대 거래소에서 상장폐지 한 코인은 100개가 넘었습니다. 특히 업비트는 2021년 6월 하루에만 코인 32개를 무더기로 정리해서 논란이 되기도 했죠. 이와 같은 피해는 거래소에 수수료를 내가며 거래했던 투자자들에게 고스란히 돌아갑니다. 알트코인이 쓰레기라고 불리는 이유이기도 합니다. 알트코인 투자를 망설이시는 분들이 있다면 이런 이유일 것입니다.

그렇습니다. 저도 알트코인은 쓰레기라고 생각합니다. 그리고 알트코인 투자는 도박이라고도 말하죠. 탄탄하다고들 하는 시총 TOP10에 들어가는 알트코인도 저는 사실 믿지 못합니다. 3년 후, 5년 후, 10년 후에도 그 코인들이 존재할지 확신할 수 없습니다. 이더리움은 괜찮지 않냐고 묻는 분들도 많지만 사실 저는 비트코인 말고는 확신을 가지고 있는 코인이 없습니다. 그래서 알트코인은 쓰레기라고 생각합니다. 그 때문에 알트코인으로 장기 투자한다는 분들이 있으면 조심스럽게 다시 생각해보라고 합니다. 지금 당장에는 시총 몇 위에 인기가 높아서 언제까지고 계속될지 모르지만, 한순간에 사라질 수 있기 때문이죠. 루나를 보세요. 하늘 높이 솟던 인기와 유명세도 한순간이지 않습니까.

그럼에도 불구하고 알트코인을 사는 이유

제가 전업으로 트레이딩을 시작한 지 얼마 되지 않았을 때, 트레이딩 초반에는 불확실성 때문에 알트코인 매매는 하지 않았습니다. 당시 트레이드 10계명의 1번이 '비트코인만 매매한다'였고, 2번이 '알트코인은 사지 않는다'였죠. 하지만 이제 저는 알트코인만 삽니다. 알트코인을 쓰레기라고 생각하지만, 그럼에도 불구하고 알트코인만 삽니다. 이유는 딱 하나, 수익률 때문입니다. 안정적으로 트레이딩을 하고 싶은, 시드가 고액인 투자자는 비트코인만 투자하시면 됩니다. 장기적으로 봤을 때 비트코인이 가장 확실하고 다른 어떤 자산보다도 높은 수익률을 가져다준

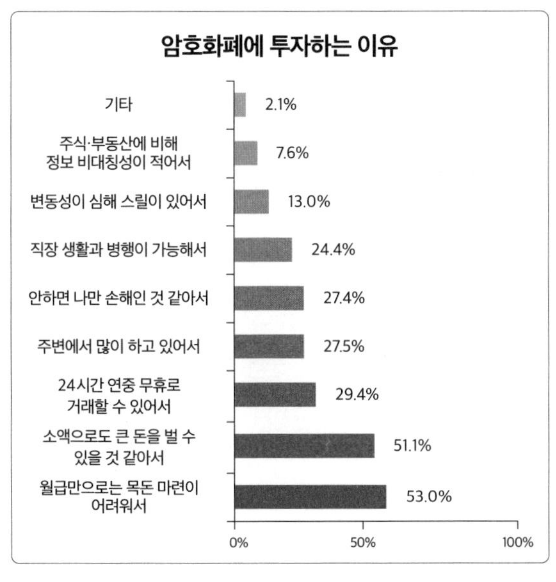

출처: 사람인(2021)

다고 믿죠. 그런데 인생을 역전할 순 없습니다. 대부분 투자자가 코인에 투자하는 이유는 높은 수익률 때문일 것입니다.

국내 코인거래소 이용자를 연령대별로 조사해보면 30대와 40대가 가장 많았고, 20대도 상당했습니다. 이들에게 왜 코인에 투자하는지를 물었더니, 소액으로도 큰돈을 벌 수 있기 때문에, 또 월급만으로는 목돈 마련이 어려워서라고 답했어요. 코인에 투자하는 이유는 바로 높은 수익률을 얻기 위해서죠. 적은 돈으로도 목돈을 만들 수 있다는 생각 때문입니다. 바로 이것이 코인 시장에 발을 들여놓은 이유라면 우리는 어쩔 수 없이 알트코인에 투자해야만 합니다. 물론 단기로 치고 빠져야 합니다. 대체 알트코인의 수익률이 어느 정도이길래 높은 수익을 얻을 수 있는 것인지, 한번 살펴봅시다.

다음 표는 비트코인 2차 반감기인 2016년 7월 이후 분기별로 작성해본 코인별 수익률입니다. 비트코인과 시가 총액 상위 알트코인 10개의 반감기 후 1, 3, 6, 9, 12, 18개월 기간 수익률을 비교해보았습니다. 2016년 7월 반감기 후 6개월까지는 비트코인과 10대 알트코인의 수익률은 약 40%, 49% 정도로 큰 차이가 없습니다. 그런데 6개월 이후부터는 알트코인의 수익률이 비트코인을 앞서기 시작합니다. 상승장 말기인 반감기 후 7개월부터는 알트코인의 상승률이 비트코인의 상승률보다 점차 높아지면서, 18개월 수익률을 보면 각각 비트코인은 약 2,400%, 알트코인은 10,200%로 알트코인의 평균 수익률이 4배가량 높습니다.

2차 반감기인 2016년 7월 이후 비트코인과 알트코인 수익률 비교

	1개월 수익율	3개월 수익율	6개월 수익율	9개월 수익율	12개월 수익율	18개월 수익율
비트코인	-8.73%	-5.02%	40.32%	82.93%	287.83%	2347.51%
알트평균	26.40%	26.59%	49.05%	288.70%	1241.64%	10264.74%
ETH	-0.37%	10.05%	-6.03%	295.16%	2111.32%	10431.23%
XRP	-7.43%	22.09%	-17.37%	445.80%	586.07%	1347.22%
LTC	-7.79%	-6.94%	-2.57%	112.44%	1109.33%	6935.71%
XEM	-38.43%	-52.43%	-58.02%	145.64%	1777.30%	22509.82%
DASH	39.49%	56.20%	69.00%	771.96%	2536.62%	17223.62%
STEEM	279.62%	-37.16%	-72.64%	-72.31%	173.68%	1050.04%
MAID	27.37%	26.66%	39.47%	178.64%	521.04%	1622.69%
LSK	-24.48%	-27.26%	-46.67%	-11.19%	600.20%	11435.34%
DOGE	-3.09%	-16.21%	-18.78%	39.88%	756.30%	6180.78%
XMR	-0.85%	290.88%	604.13%	981.02%	2244.49%	23910.98%

출처: 드래곤타이거 퀀트 투자 블로그

3차 반감기 때는 어땠을까요?

2020년 5월 3차 반감기 후 6개월까지는 비트코인과 10대 알트코인의 수익률이 비등비등하면서 큰 차이를 보이지 않습니다. 오히려 6개월 시점에서는 비트코인의 수익률은 약 77%, 알트코인 수익률은 약 51%로 비트코인이 알트코인보다 수익률이 더 높습니다. 그런데 12개월 수익률을 보면 비트코인이 약 565%, 알트코인이 약 1,046%로 2배가량 높습니다. 18개월 수익률도 비트코인은 약 647%이고, 알트코인은 약 874%로 알트코인이 비트코인을 앞섰습니다. 결론적으로 3차 반감기에서도 상승장 말기인 반감기 후 7개월부터는 알트코인의 상승률이 비트코인의 상승률보다 높다는 것을 알 수 있죠.

3차 반감기인 2020년 5월 이후 비트코인과 알트코인 수익률 비교

	1개월 수익율	3개월 수익율	6개월 수익율	9개월 수익율	12개월 수익율	18개월 수익율
비트코인	7.2%	33.34%	76.78%	456.36%	565.02%	647.64%
알트평균	5.62%	68.90%	51.23%	413.09%	1046.17%	874.40%
ETH	24.13%	107.38%	140.48%	857.09%	1983.16%	2353.00%
XRP	-3.33%	50.68%	-12.05%	134.03%	158.38%	-22.58%
BCH	2.56%	29.04%	16.28%	211.01%	513.63%	191.55%
BSV	-3.16%	20.52%	-10.23%	41.15%	93.30%	-4.13%
LTC	4.04%	34.86%	44.11%	406.09%	812.08%	556.15%
BNB	8.89%	46.93%	85.03%	791.70%	4228.30%	4154.38%
EOS	5.07%	23.68%	3.56%	107.76%	329.38%	102.34%
XTZ	1.81%	44.31%	-18.23%	92.72%	178.35%	128.43%
LINK	5.15%	268.22%	236.59%	785.07%	1287.82%	798.09%
XLM	11.02%	63.40%	26.77%	704.73%	877.30%	486.75%

출처: 드래곤타이거 퀀트 투자 블로그

2024년인 4차 반감기는 어떨까요? 4차 반감기는 2024년 4월 20일경이었습니다. 7개월 차까지 어떻게 변화했는지 비교해볼 수 있을 것 같은데요. 반감기 후 6개월까지는 비트코인과 알트코인의 수익률이 각각 5.93%, -13%로 비트코인이 앞섰습니다. 그러나 8개월(2024.12.15 기준) 수익률은 각각 비트코인이 약 68%, 알트코인이 약 90%로 알트코인이 비트코인을 역전했어요. 이번 4차 반감기에도 같은 흐름이 반복된다면, 알트코인이 비트코인 수익률을 2배~4배가량 앞설 가능성이 커 보이죠.

4차 반감기인 2024년 4월 이후 비트코인과 알트코인 수익률 비교

	1개월 수익율	3개월 수익율	6개월 수익율	8개월 수익율
BTC	0.59%	6.14%	5.93%	67.76%
알트평균	-3.23%	0.71%	-13.00%	89.78%
ETH	-3.82%	13.62%	-13.02%	31.14%
BNB	-2.31%	4.99%	4.13%	29.57%
SOL	12.78%	25.56%	11.97%	57.17%
XRP	-4.28%	15.14%	4.04%	387.05%
DOGE	-7.16%	-10.44%	-10.52%	168.09%
TON	0.42%	17.96%	-13.13%	8.68%
ADA	-7.72%	-9.66%	-27.17%	130.44%
SHIB	-10.57%	-29.88%	-27.89%	10.71%
AVAX	-5.43%	-11.18%	-22.30%	42.81%
DOT	-4.19%	-9.02%	-36.13%	32.16%

출처: 드래곤타이거 퀀트 투자 블로그

이것이 바로 제가 비트코인이 아닌 알트코인에 투자하는 이유입니다. 기대 수익이 크다는 거죠. 알트코인의 변동성은 비트코인보다 훨씬 크지만, 이에 따라 높은 수익을 기대할 수 있습니다. 실제 사례로 2021년 불장에서 솔라나Solana는 한 해 동안 100배 이상의 성장을 기록하며 투자자들에게 막대한 수익을 안겼습니다. 이처럼 알트코인은 초고위험 고수익을 추구하는 투자자들에게 매력적인 기회를 제공합니다.

하지만 알트코인을 투자할 때는 몇 가지 전략이 필요합니다. 첫째, 시가 총액이 높은 메이저 알트코인에 집중해야 합니다. 이더리움과 바이낸스 코인BNB은 이미 시장에서 자리 잡았고, 장기적으로도 안정성을 기대할 수 있습니다. 둘째, 투자 전에 철저한 리서치가 필수입니다. 프로젝트의 백서, 팀 구성, 기술 로드맵을 검토해야 하며, 단순히 소문에 의존한 투자는 피해야 합니다.

정말 모르겠다, 어렵다 싶으면 시총 TOP10에 들어가 있는 알트코인을 시드를 똑같이 분배해서 매수하면 됩니다. 결국, 알트코인 중에서도 시가 총액이 높은 코인들이 그나마 안정적이고 프로젝트의 백서나 팀 구성, 기술 로드맵이 어느 정도 검증된 코인이라고 생각할 수 있기 때문입니다.

투자의 시작과 끝,
결국, 비트코인

제가 알트코인에 투자한다고 해서 알트코인이 마냥 좋다는 것은 아닙니다. 단기적으로 알트코인으로 돈을 벌겠지만, 알트코인으로 번 돈으로 저는 결국, 비트코인을 매수할 계획입니다. 비트코인 100개를 모으는 것이 일단 저의 단기 목표입니다. 왜냐하면 5년 후, 10년 후에도 남아 있을 코인이 무엇일 것 같냐고 묻는다면 저는 비트코인 외에는 없다고 답할 것입니다. 또 시간이 갈수록 가치가 올라갈 수 있는 코인이 무엇이냐고 묻는 질문에도 저는 비트코인 외에는 없다고 대답할 거예요. 그만큼 비트코인은 가치를 저장할 수 있는, 꾸준히 우상향할 수 있는 유일한 코인이기 때문입니다. 이유는 계속 말씀드렸듯, 공급량이 제한적이고, 희소성이 있기 때문입니다.

암호화폐 시장에서 성공적인 투자자는 결국, 비트코인으로 돌아옵니다. 비트코인은 변동성이 크지만, 장기적으로 볼 때 가치가 꾸준히 상승해 왔습니다. 2010년 초기에 단 몇 센트에 불과했던 비트코인의 가격은 2021년 $60,000 이상으로 상승하며 엄청난 성장 잠재력을 보여주었죠.

2021년 불장에서 많은 투자자가 알트코인으로 큰 수익을 냈지만, 결국, 비트코인으로 자산을 이동했습니다. 한 투자자는 디파이DeFi 프로젝트에서 얻은 수익을 비트코인으로 전환하며 안정성을 확보했습니다. 많은 투자자가 공감하는 부분일 거예요. 알트코인의 높은 리스크를 감안했을 때, 최종적인 자산 보존 수단은 결국, 비트코인이 더 적합하다는 것을 아는 거죠.

비트코인과 알트코인은 DNA 자체가 다르다

비트코인은 가치 저장과 탈중앙화라는 명확한 목적을 가지고 탄생했습니다. 2008년 사토시 나카모토Satoshi Nakamoto가 발표한 비트코인 백서에서는 "비트코인은 순수한 P2P 방식의 전자 화폐 시스템으로, 금융기관 없이 한 개인에서 다른 개인으로 직접 온라인 결제를 가능하게 한다"라고 명시하고 있죠. 이는 기존 금융 시스템의 중개자 의존성을 제거하고, 신뢰가 아닌 암호학적 증명을 기반으로 한 거래를 실현하기 위한 것입니다. 특히 2008년 금융위기 당시 은행과 중앙 금융기관의 과도한 권력과 불투명성에 대한 불신이 커지면서, 탈중앙화된 디지털 화폐의 필요성이 대두되었습니다. 비트코인은 중앙기관에 의존하지 않고, 블록체인 기술을 기반으로 한 신뢰 시스템을 통해 거래를 처리하고, 가치 저장 수단으로서의 역할을 수행할 수 있도록 설계되었습니다.

한편, 알트코인은 각기 다른 목적과 기능을 지향하며 시장에 등장했습니다. 예를 들어, 이더리움은 스마트 계약과 디앱DApps을 위한 플랫폼으로, XRP(리플)은 국제 송금을 빠르고 저렴하게 처리하기 위해 설계되었습니다. 솔라나는 빠른 거래 속도와 낮은 수수료를 통해 NFT와 디앱 생태계를 강화하는 데 초점을 맞췄고, 폴카닷은 다양한 블록체인 네트워크를 연결해 상호운용성을 극대화하는 것을 목표로 합니다.

비트코인은 디지털 금으로서 시간이 지날수록 가치가 증가할 가능성이 큽니다. 반면 알트코인은 프로젝트의 성공 여부와 시장 채택에 따라 그 가치가 크게 좌우됩니다. 실제로 카르다노Cardano는 기술적 혁신을 바탕으로 주목받았지만, 시장 채택이 더딘 탓에 성장 속도가 기대에 미치지 못했습니다. 유사하게, 아발란체Avalanche는 초당 수천 건의 거래를 처리할 수 있는 높은 확장성과 함께 스마트 계약 플랫폼으로 설계되었으나, 이더리움에 비해 낮은 채택률로 인해 제한적인 성장을 보이고 있습니다. 또 다른 사례로 바이낸스 코인BNB은 바이낸스 거래소에서의 수수료 할인 및 디파이DeFi 생태계 지원 등 실질적인 유틸리티를 제공하며 주목받았지만, 중앙화된 운영 구조로 인해 탈중앙화의 가치와는 다소 거리가 있습니다. 이 점에서 비트코인은 안정성과 신뢰를, 알트코인은 혁신과 잠재력을 대표한다고 할 수 있습니다.

이처럼 비트코인과 알트코인은 태생부터 지향점이 다르기에 그에 따른 투자 접근법도 달라져야 하는 것입니다.

알트코인 투자는 이렇게

포트폴리오를 다각화하라

알트코인 투자는 높은 변동성과 잠재적 수익성을 동시에 가지고 있습니다. 하지만 이러한 특성은 투자 전략과 준비가 부족할 경우 큰 손실로 이어질 수 있습니다. 암호화폐 시장은 매우 변동성이 크기 때문에, 포트폴리오를 다각화하는 것이 위험을 관리하는 핵심적인 방법입니다.

알트코인은 섹터별로 다양한 특성과 목적을 가지고 있어, 투자자는 각 섹터를 이해하고 적절히 배분하는 전략이 필요합니다. 대표적으로 알트코인 주요 섹터는 인공지능AI, RWAReal World Asset, 디파이DeFi, P2EPlay-to-Earn, 데이터 저장, NFT, 메타버스, 김치 코인과 중국계 코인 등이 있습니다.

먼저, 인공지능AI 섹터는 블록체인과 AI 기술을 결합하여 데이터 분석과 디지털 자산의 새로운 가능성을 제시합니다. 이 섹터의 코인들은 주로 AI 모델 거래, 데이터 쿼리, 또는 자동화된 분석 솔루션을 제공합니다. 대표적인 코인으로 월드코인Worldcoin은 디지털 아이덴티티와 글로벌 유틸리티를 목표로 하며, 더그래프The Graph는 탈중앙화 데이터 쿼리 네트워크로 데이터 접근을 혁신하고 있습니다.

RWAReal World Asset 섹터는 부동산, 예술품, 주식, 채권 등 현실 세계의 자산을 블록체인 기술을 통해 디지털 토큰으로 전환하는 것을 의미합니다. 이를 통해 자산의 유동성을 높이고, 거래의 투명성과 효율성을 향상시키며, 더 많은 투자자가 소액으로도 다양한 자산에 접근할 수 있게 됩니다. 대표적인 코인으로는 아발란체AVAX가 있습니다. 아발란체는 높은 처리 속도와 확장성을 갖춘 스마트 계약 플랫폼으로, 다양한 자산의 토큰화를 지원하며 RWA 분야에서 활발히 활용되고 있죠. 스텔라 루멘XLM은 국경 간 송금과 결제를 위한 블록체인 플랫폼으로, 최근 미국 국채의 토큰화를 통해 RWA 분야에서의 활용이 주목받고 있습니다.

디파이DeFi 섹터는 기존 금융 시스템을 탈중앙화하여 대출, 거래, 수익 창출을 블록체인 기반으로 제공합니다. 유니스왑Uniswap은 탈중앙화 거래소로서 스마트 계약을 통해 거래를 처리하며, 에이브Aave는 탈중앙화 대출과 차입 서비스를 제공합니다. 이 섹터는 금융 접근성을 혁신적으로 확대하고 있습니다.

P2EPlay-to-Earn 섹터는 블록체인 기술과 게임을 결합하여 사용자가 게임을 하며 수익을 창출할 수 있는 환경을 제공합니다. 엑시 인피니티Axie Infinity는 플레이어 간 거래와 NFT 기반 게임 경제를 선도하며, 보라BORA

는 게임과 콘텐츠 생태계를 확장하는 데 중점을 둡니다.

데이터 저장 섹터는 분산화된 데이터 저장소를 구축하여 데이터의 신뢰성과 보안을 강화합니다. 시아코인Siacoin은 탈중앙화 데이터 저장을 위한 저비용 솔루션을 제공하며, 스토리지Storj는 효율적이고 안전한 클라우드 스토리지 환경을 구축합니다.

NFTNon-Fungible Token는 디지털 자산의 소유권을 블록체인상에서 증명하는 기술로, 예술 작품, 음악, 게임 아이템 등 다양한 디지털 콘텐츠에 적용되어 고유성과 희소성을 부여합니다. 이를 통해 디지털 자산의 소유권 거래가 가능해지며, 창작자들은 자기 작품을 직접 판매하고 수익을 창출할 수 있습니다. 플로우FLOW는 디지털 자산과 게임을 위한 블록체인으로, NBA Top Shot 등 인기 있는 NFT 프로젝트가 이 플랫폼에서 운영되고 있고, 엑시 인피니티AXS 플레이어들이 '엑시'라는 캐릭터를 수집, 육성, 전투시키는 게임으로, 각 엑시는 NFT로 표현되어 고유한 가치를 지닙니다.

메타버스 섹터는 가상 세계와 부동산 시장을 결합하며, 사용자들이 디지털 공간에서 상호작용할 수 있는 환경을 제공합니다. 디센트럴랜드Decentraland는 사용자가 소유하고 관리하는 가상 세계를 제공하며, 샌드박스Sandbox는 가상 부동산과 콘텐츠 제작을 지원하는 생태계를 구축합니다.

김치코인은 한국 시장에 특화된 프로젝트들로 구성되어 있으며, 주로 국내 사용 사례를 겨냥합니다. 피르마체인FirmaChain은 계약 관리와 인증 서비스를 제공하며, 코박토큰Cobak Token은 암호화폐 커뮤니티와 소셜 네트워크를 강화합니다.

마지막으로, 중국계 코인은 중국 블록체인 생태계를 대표하며, 스마트 계약 및 분산형 애플리케이션 개발에 중점을 둡니다. 네오NEO는 디지털 자산과 스마트 계약을 위한 플랫폼을 제공하며, 퀀텀Qtum은 비트코인과 이더리움의 강점을 결합하여 효율적인 스마트 계약 솔루션을 제공합니다.

이처럼 각 섹터는 고유한 목적과 기능이 있으며, 대표적인 코인들은 그 섹터의 주요 목표를 실현하기 위해 설계되었습니다. 투자자는 섹터별 코인의 목적과 기술을 이해하고, 이를 기반으로 포트폴리오를 구성하는 전략을 세워야 합니다. 이러한 방식은 시장 변동성에 대한 방어력을 강화하고, 성공적인 투자 기회를 극대화하는 데 도움이 됩니다.

이러한 섹터별 코인을 이해하고 적절히 배분하는 것은 시장 변동성에 대한 방어력을 강화할 수 있습니다. 한 투자자는 비트코인 50%, 이더리움 30%, 나머지 20%를 메이저 알트코인(체인링크, 온도파이낸스 등)에 배분하여 투자하면서 안정성과 고수익 기회를 동시에 누렸습니다. 다각화된 포트폴리오는 특정 코인의 급격한 하락에도 전체 자산의 손실을 줄이는 데 효과적입니다.

※ 본 문서에서 언급된 코인들은 특정 섹터를 예시하기 위해 선정된 것으로, 투자 권유를 목적으로 하지 않습니다. 또한, 각각의 코인이 해당 섹터를 대표한다고 단정할 수 없음을 알려드립니다.

섹터별 수익률 좋은 알트코인 찾는 법

알트코인 섹터별로 투자하기 좋은 코인을 찾기 위해서는 다각적인 분석과 전략적인 접근이 필요합니다. 각 섹터의 특성과 목표를 이해하고, 신뢰할 수 있는 코인을 선별하는 과정에서 다음과 같은 방법을 적용할 수 있습니다.

먼저, 프로젝트의 실질적인 유용성과 목표를 검토해야 합니다. 알트코인이 해결하려는 문제와 제공하는 솔루션이 명확한지 확인하는 것이 중요합니다. 예를 들어, 데이터 저장 섹터에서는 탈중앙화와 데이터 보안을 목표로 하는 코인들이 유용성을 입증하고 있습니다. 스토리지Storj와 시아코인Siacoin은 이러한 예로, 각각 효율적이고 안전한 클라우드 스토리지와 저비용 데이터 저장 네트워크를 제공합니다.

프로젝트의 백서와 로드맵을 분석하는 것도 핵심적인 단계입니다. 백서를 통해 프로젝트의 기술적 비전과 실현 가능성을 이해하고, 로드맵이 명확하고 현실적인지 평가해야 합니다. 로드맵의 주요 목표가 꾸준히 달성되고 있는 프로젝트는 신뢰를 더할 수 있습니다. 예를 들어, 2021년 불장 때 P2E 섹터의 엑시 인피니티Axie Infinity는 명확한 게임 생태계와 수익 모델을 통해 투자자들에게 신뢰를 얻었습니다.

다음으로, 개발팀과 파트너십을 검토해야 합니다. 프로젝트를 이끄는 팀의 경력과 기술력이 강력하다면, 프로젝트의 성공 가능성도 높아집니다. 또한, 대형 기업이나 기관과 협업 중인 프로젝트는 추가적인 신뢰를 얻을 수 있습니다. 예를 들어, RWAReal World Asset 섹터의 온도파이낸스ONDO는 미국 국채를 블록체인 기술과 융합하여 투자자들이 국가나 투자 금액에 상관없이 미국 국채에 투자할 수 있게 만드는 프로젝트를 운영 중입니다. 특히 블랙록BlackRock과의 파트너십을 통해 신뢰성을 높이고 있습니다. 또한, 체인링크LINK는 오라클 기술을 통해 외부의 실물 자산 정보를 블록체인에 연결합니다. RWA 코인들이 실물 자산의 가격 데이터를 안정적으로 사용할 수 있게 도와주며, 다양한 RWA 프로젝트가 체인링크의 오라클 서비스를 활용하고 있기도 합니다. 이러한 코인들은 실물 자산의 디지털화를 통해 전통 금융과 암호화폐를 연결하는 혁신적인 방식을 선보이며, 다양한 파트너십을 통해 신뢰성을 확보하고 있습니다.

활성화된 커뮤니티는 알트코인의 성공에 중요한 요소로 작용합니다. 공식 포럼이나 소셜 미디어 채널에서 프로젝트에 대한 사용자들의 열정과 참여도를 확인해야 합니다. 커뮤니티가 활발하고 프로젝트 목표에 대해 논의가 적극적으로 이루어지는 경우, 해당 알트코인의 신뢰도와 지속가능성이 높아집니다. 커뮤니티가 활성화돼 있는 대표적인 코인을 꼽자면 에이다ADA를 들 수 있습니다. 에이다는 카르다노Cardano의 네이티브 코인인데요. 카르다노는 이더리움의 공동 창립자인 찰스 호스킨슨Charles Hoskinson이 설립한 프로젝트로, 이더리움과 비슷하게 스마트 계약을 실행할 수 있는 블록체인 플랫폼입니다. 에이다는 전 세계적으로 활발한 커뮤니티를 보유하고 있는 것으로 유명하죠. Reddit, Discord, Telegram, Twitter 등 다양한 플랫폼에서 사용자들이 적극적으로 참여하며, 기술적 발전과 프로젝트에 관한 토론을 진행합니다. 또 카르다노 재단은 커뮤니티와의 소통을 강화하기 위해 다양한 행사를 개최하고, 개발자 생태계를 지원하기도 하죠. 에이다 커뮤니티는 프로젝트의 장기적인 성공에 핵심적인 역할을 합니다. 커뮤니티가 적극적으로 참여함으로써 프로젝트의 채택률을 높이고, 투자자와 사용자의 신뢰를 형성하는 데 기여합니다.

기술적 분석과 시장 데이터를 활용하는 것도 중요한 방법입니다. 코인의 가격 흐름, 거래량, 유통량 등을 분석하여 시장에서의 유동성과 성장 가능성을 평가할 수 있습니다. 디파이DeFi 섹터의 유니스왑Uniswap은 지속적으로 높은 거래량을 기록하며 탈중앙화 거래소로서의 경쟁력을 유지하고 있습니다.

마지막으로, 시장 트렌드와 섹터 성장 가능성을 파악해야 합니다. 각 섹터의 전반적인 성장 가능성을 분석하고, 해당 섹터의 대표적인 프로젝트들이 시장에서 어떤 평가를 받고 있는지 조사해야 합니다. 예를 들어, 메타버스 섹터는 미래 디지털 경제의 핵심으로 주목받고 있으며, 디센트럴랜드Decentraland와 샌드박스Sandbox 같은 프로젝트는 이 트렌드에 부합합니다. 경쟁 코인과의 비교를 통해 차별성을 평가하는 것도 중요한데, 동일 섹터 내 코인들의 기술적 강점과 시장 반응을 분석해야 합니다.

결론적으로, 알트코인 섹터별로 투자하기 좋은 코인을 찾기 위해서는 실질적인 유용성과 목표, 강력한 개발팀, 활성화된 커뮤니티, 기술적 분석, 그리고 시장 트렌드에 대한 심층적인 이해가 필요합니다. 이러한 요소들을 종합적으로 분석하면 투자 리스크를 줄이고, 알트코인 투자에서 성공 가능성을 높일 수 있습니다.

※ 본 문서에서 언급된 코인들은 특정 섹터를 예시하기 위해 선정된 것으로, 투자 권유를 목적으로 하지 않습니다. 또한, 각각의 코인이 해당 섹터를 대표한다고 단정할 수 없음을 알려드립니다.

알트코인의 신뢰도를 높일 수 있는 커뮤니티의 힘

커뮤니티는 알트코인의 성공 여부를 결정하는 데 있어 핵심적인 역할을 합니다. 강력한 커뮤니티는 프로젝트의 신뢰도와 가치를 높이며, 이는 코인의 시장 가격 상승으로 이어질 가능성이 높습니다. 알트코인 프로젝트가 단순히 기술적 우수성이나 명확한 목표를 가지고 있는 것만으로는 성공을 보장할 수 없습니다. 커뮤니티는 프로젝트에 대한 신뢰를 구축하고, 사용자 간의 활발한 참여를 유도하며, 소셜 미디어 및 다양한 플랫폼을 통해 자연스러운 마케팅 효과를 창출합니다.

대표적인 성공 사례로는 도지코인DOGE, 시바이누SHIB, 그리고 체인링크LINK를 들 수 있습니다. 도지코인은 초기에는 단순한 밈meme에서 시작된 프로젝트였으나, 강력한 커뮤니티의 지지를 바탕으로 시장에서 중요한 위치를 차지하게 되었습니다. 이 코인은 기술적 혁신보다는 유머와 친근한 이미지로 커뮤니티를 형성하며 폭넓은 사용자 기반을 확보했습니다. 소셜 미디어 플랫폼에서 사용자들이 도지코인을 적극적으로 공유하고 홍보한 덕분에, 이 코인은 점차 주목받기 시작했습니다. 특히, 유명 인사들의 언급과 커뮤니티의 협업을 통해 도지코인의 가치는 꾸준히 상승하며 메이저 알트코인으로 자리 잡았습니다.

시바이누SHIB는 도지코인에서 영감을 받아 탄생한 밈코인이지만, 커뮤니티의 힘을 바탕으로 빠르게 성장했습니다. 특히, 시바이누는 자체 탈중앙화 거래소인 시바스왑ShibaSwap을 통해 기능성을 강화하며 단순한 밈코인을 넘어선 프로젝트로 자리매김했습니다. 커뮤니티의 지속적인 참여와 개발자와의 소통이 프로젝트를 견고하게 만들었습니다.

체인링크LINK는 오라클 솔루션을 제공하는 기술 기반 프로젝트로, 강력한 커뮤니티가 기술적 성과를 뒷받침하고 있습니다. 체인링크 커뮤니티는 프로젝트의 혁신성과 신뢰도를 강조하며 다양한 소셜 플랫폼에서 활발히 활동하고 있습니다. 이러한 활동은 체인링크가 디파이DeFi와 스마트 계약 분야에서 필수적인 역할을 수행하며 시장에서 안정적인 위치를 확보하는 데 기여했습니다.

반면, 커뮤니티가 부족하거나 비활성화된 프로젝트는 성공 가능성이 낮아집니다. 프로젝트가 얼마나 기술적으로 훌륭한지와 상관없이, 커뮤니티가 없다면 사용자 신뢰를 얻기 어렵고, 시장에서의 영향력도 제한적일 수밖에 없습니다. 예를 들어, 소셜 미디어 활동이 미미하거나 사용자와의 소통이 부족한 프로젝트는 잠재적인 투자자를 끌어들이기 어렵습니다.

결론적으로, 알트코인 커뮤니티는 단순한 사용자 집단을 넘어 프로젝트의 성장과 생존을 결정짓는 중요한 요소입니다. 커뮤니티는 프로젝트에 대한 사용자 신뢰를 강화하고, 코인의 가치를 지지하며, 장기적인 시장 안착을 가능하게 만듭니다. 따라서 투자자는 알트코인을 평가할 때 커뮤니티의 활성화 수준과 사용자 참여도를 중요한 지표로 삼아야 합니다.

기관 투자자의 포트폴리오를 참고하라

암호화폐 시장에서 투자할 알트코인을 선택할 때, 기관 투자자들의 포트폴리오를 참고하는 것은 매우 유용한 전략이 될 수 있습니다. 실제로 기관 투자 소식이 특정 코인의 급등을 유발한 사례가 있습니다. 대표적으로 체인링크는LINK는 그레이스케일Grayscale이 투자 신탁을 준비하고 있다는 소식 이후 가격이 급등하며 시장의 주목을 받았습니다. 또한, 폴리곤MATIC은 피델리티와 같은 주요 기관들의 투자 발표 이후 크게 성장하여 많은 개인 투자자들에게도 알려지게 되었습니다. 이처럼 기관 투자자들의 관심은 알트코인의 신뢰도와 성장 가능성을 높이는 중요한 계기가 될 수 있습니다. 기관 투자자들은 막대한 자본력과 시장에 대한 깊은 통찰력을 바탕으로 투자 결정을 내리며, 이들의 선택은 시장 방향성을 결정짓는 데 큰 영향을 미칩니다. 블랙록BlackRock, 피델리티Fidelity, 그리고 그레이스케일Grayscale과 같은 글로벌 금융 기관이 특정 알트코인에 투자한다는 소식은 해당 코인의 신뢰도와 성장 가능성을 높이는 중요한 신호가 됩니다.

먼저, 기관 투자자들의 포트폴리오를 주목해야 하는 이유는 명확합니다. 이들은 엄격한 리스크 관리와 철저한 분석 과정을 거쳐 포트폴리오를 구성하며, 이러한 선택은 일반 투자자들에게도 신뢰할 수 있는 기준을 제공합니다. 또한, 기관 투자자들은 일반적으로 접근하기 어려운 정보를 기반으로 투자 결정을 내리기 때문에, 이들의 선택은 정보의 비대칭성을 해소하는 데 도움이 됩니다. 더불어, 기관 투자자들은 단기적인 수익보다는 장기적인 안정성과 성장 가능성을 우선시하기 때문에, 이들이 선택한 알트코인은 장기적으로 유망할 가능성이 높습니다.

기관 투자자들의 포트폴리오를 확인하는 방법은 다양합니다. 미국에서는 SEC(증권거래위원회) 웹사이트를 통해 분기별 보고서를 확인할 수 있습니다. "EDGAR" 검색 시스템을 사용하면 기관 투자자들이 제출한 13F 보고서를 조회할 수 있으며, 여기에는 특정 기간 보유한 투자 자산 목록이 포함되어 있습니다. 사용자는 EDGAR 시스템에 접속해 기관 이름 또는 파일 번호를 입력하면 관련 자료를 찾을 수 있습니다. 또한, 펀드의 공식 보고서나 언론 발표를 통해 암호화폐 관련 투자 정보를 얻을 수도 있습니다. 더 나아가 블록체인 데이터를 분석하여 기관 투자자의 주소로 추정되는 지갑의 움직임을 파악하는 온체인 데이터 분석도 활용할 수 있습니다.

기관 투자자들이 선호하는 알트코인의 특징에는 몇 가지 공통점이 있습니다. 먼저, 기술적 혁신성이 돋보이는 프로젝트가 선호됩니다. 이는 기존의 기술적 한계를 보완하거나 새로운 문제를 해결할 잠재력을 가진 코인을 의미합니다. 또한, 거래량이 많아 높은 유동성을 유지하는 코인이 선택되는데, 이는 매도와 매수 시 큰 변동성을 피하고 시장 조작 가능성을 낮추는 데 기여합니다. 마지막으로, 명확한 로드맵과 실적을 보유한 프로젝트는 투자 안정성을 높여 기관의 신뢰를 받습니다.

개인 투자자들은 이러한 정보를 바탕으로 투자 전략을 수립할 수 있습니다. 예를 들어, 기관 투자자들이 가장 많이 보유한 상위 알트코인을 분석해 공통된 특징을 파악하거나, 이들의 포트폴리오를 참고하여 분산 투자 전략을 수립할 수 있습니다. 안정성을 추구한다면 기관이 이미 투자한 알트코인을 선택하고, 더 큰 수익을 기대한다면 기관이 관심을 보이는 초기 단계의 코인을 발굴하는 것도 하나의 방법입니다.

2023년, 저는 라이브 방송에서 모 유명 VC의 포트폴리오를 공개하며 구독자분들에게 큰 수익을 안겨드린 적이 있습니다. 당시 방송에서는 이 VC가 투자한 알트코인 목록을 소개하며, "이 VC가 손을 대면 보통 5배에서 크게는 20배까지 오르더라"라고 말씀드렸죠. 그리고 그중 하나의 코인은 정확히 6개월도 되지 않아 16배의 상승을 기록했습니다. 이 사례는 블록체인과 암호화폐의 가능성을 실질적으로 증명하는 동시에, 시장의 흐름을 잘 이해하고 분석하는 것이 얼마나 중요한지를 보여줍니다

결론적으로, 기관 투자자들의 포트폴리오는 암호화폐 투자에 있어 중요한 힌트를 제공합니다. 개인 투자자들은 이 정보를 활용하여 더욱 더 체계적이고 신뢰할 수 있는 투자 전략을 세울 수 있으며, 이를 통해 시장에서 더 나은 성과를 거둘 가능성을 높일 수 있습니다. 하지만 모든 투자에는 위험이 따르므로, 자신의 투자 목표와 리스크 허용 범위를 명확히 설정하고 신중하게 판단하는 것이 중요합니다.

불장이 온다면, 시드별로 어떻게 투자할까?

코인 투자는 초기 자본의 규모에 따라 접근 방법과 포트폴리오 구성 전략이 달라져야 합니다. 시드가 적다면 보다 공격적으로, 시드가 크면 분산 투자와 함께 고수익을 위한 전략적 선택이 필요하죠. 자신의 시드 금액에 맞는 전략을 수립하고, 이를 기반으로 시장 변동성에 대응할 수 있어야 합니다. 우선 전제는 코인 불장이 왔다는 것을 전제로 합니다. 비트코인 사이클에서 정점을 찍고 내려오는 하락기나 침체기 때에는 지금 소개하는 투자 전략이 적용되지 않습니다. 불장이 왔을 때 내가 가진 시드에 따라 어떤 전략으로 어떻게 투자해야 나의 자산을 빠르게 많이 불릴 수 있는지 방법을 알려드릴게요.

100만 원대 포트폴리오는 이렇게 구성하라

먼저 100만 원으로 시작하시는 분들을 위한 투자 전략 말씀드릴게요. 누구나 처음은 있을 겁니다. 투자를 시작할 때 처음부터 시드를 1,000만 원, 1억 원씩 딱딱 넣고 시작하시는 분들은 많지 않죠. 비트코인이 15억 원이 갈 거라는 확신이 생겼다고 해서 시드를 처음부터 고액을 넣는 분들은 그리 많지 않을 겁니다. 처음에는 누구나 적은 시드로 시작하죠. 저도 처음부터 고액으로 덤비는 것을 추천하진 않습니다. 소액으로 코인 시장에 발을 들여서 이런저런 경험을 해보는 것도 나쁘지 않다고 봅니다.

하지만 여러분이 코인 투자를 하려고 마음을 먹었을 때는 분명히 목적이 있었을 겁니다. 불장이 왔을 때는 더욱 그 목적이 두드러지죠. 자산을 빠르게, 많이 불리겠다는 목적일 겁니다. 불장 때는 하루에도 수익률이 100%가 넘는 알트코인들이 수두룩하게 나오니까요. 어떻게 보면 인생 역전을 노리고 코인 시장에 들어오시는 분들도 있겠죠. 100만 원의 시드로 이 불장에 들어왔을 때는 빠르게 시드를 불리려면 어떻게 해야 할까요. 선물 거래가 그 방법 중 하나라고 생각합니다.

왕초보자분들을 위해 선물 거래가 무엇인지 조금 설명드리겠습니다. 선물 거래의 가장 큰 특징 중 하나는 레버리지의 사용입니다. 레버리지를 사용하면 소액의 자본으로도 더 큰 금액의 거래를 할 수 있도록 해줍니다. 예를 들어 10배 레버리지를 활용하면 100달러로 1,000달러 규모의 거래를 진행할 수 있죠. 또 다른 중요한 요소는 롱(매수)과 숏(매도)

포지션입니다. 롱 포지션은 암호화폐 가격이 상승하리라 예측할 때 해당 자산을 매수하는 거래 방식이고, 숏 포지션은 가격이 하락할 것이라고 예상할 때 해당 자산을 매도하는 거래를 의미합니다. 이러한 구조는 암호화폐 시장의 상승장과 하락장에서 모두 수익을 낼 수 있는 기회를 제공합니다.

하지만 선물 거래는 높은 수익 가능성과 함께 큰 위험도 수반합니다. 레버리지를 잘못 사용하면 청산이 되어 원금까지 잃을 수 있습니다. 선물 거래를 하기 전에는 레버리지 사용에 대한 충분한 이해가 필요합니다. 초보자라면 선물 거래에 뛰어들기 전에 철저히 학습하고, 소액 투자로 경험을 쌓으며 리스크를 관리하는 것이 중요합니다.

선물 거래에 대한 기본적인 공부와 이해는 끝난 상태라고 가정하고 100만 원의 시드를 빠르게 1,000만 원으로 키워야 합니다. 대출을 끌어다가 투자하라는 것은 아닙니다. 고배율, 높은 레버리지를 쓸 수는 있지만 청산의 위험이 있으니 처음에는 소액을 2배, 3배 정도의 레버리지를 써서 불리는 것이 좋습니다.

얼마 전 오프라인 강의에서 1,000만 원으로 선물 거래를 해서 32억 원을 만든 구독자를 만났습니다. 100만 원이었다면 3억 2천만 원이 됐겠죠. 물론 불장이라서 가능했고, 운이 좋았던 겁니다. 이 친구가 어떤 타이밍에 진입했냐면 2024년 8월과 9월 비트코인이 확 떨어졌을 때였어요. 맹수처럼 기다려서 좋은 타점을 잡을 수 있었던 거죠. 좋은 타점을 잘 잡으면 소액이어도 자산을 퀀텀 점프시킬 수 있습니다.

이 친구 얘기를 하는 이유는 선물 거래를 잘 활용하면 높은 수익을 낼 수 있다는 것을 말씀드리기 위해서 단적인 예를 든 것입니다. 일확천

금을 노리라는 얘기는 아니니 오해하지 말아 주세요. 레버리지 사용과 하락장에서도 수익을 낼 수 있는 선물 거래의 장점을 잘 활용해서 소액인 시드를 빠르게 2배, 3배로 불려서 시드를 1,000만 원대로 만들어야 합니다.

물론 선물 거래를 하지 않고 100만 원을 비트코인에 투자해서 10년 동안 묵혀 놓으면 10배인 1,000만 원으로 만들 수도 있겠죠. 그런데 10년이라는 시간 동안 버리는 기회비용을 생각해보세요. 10년이라면 비트코인 반감기가 2~3번이 올 수 있는 긴 시간이고 반감기 사이클에 맞춰서 2~3번의 불장을 만날 수 있습니다. 선물 거래에 대해 안 좋은 이미지를 가지고 있는 분들이나 청산이 무섭다고 하시는 분들은 기회비용을 날릴 수밖에 없습니다. 어떤 투자든 리스크의 정도와 수익률의 정도는 비례합니다. 코인 투자에서는 리스크테이킹Risk-Taking이 필수입니다. 높은 보상을 얻기 위한 대가로 높은 위험을 감수할 필요가 있다는 겁니다. 리스크를 기회로 받아들여야지,위험으로 받아들이면 높은 수익을 얻을 수 없습니다.

1,000만 원대 포트폴리오는 이렇게 구성하라

시드가 1,000만 원대가 되면 10%만 수익을 내도 100만 원을 벌 수 있습니다. 100만 원일 때 10%를 버는 것과 1,000만 원일 때 10% 버는 것은 금액 자체가 달라요. 이때부터는 20%, 30%만 벌어도 한 달 월급이 나옵니다. 그래도 안정적인 투자를 할 때는 아니라고 봅니다. 왜냐하면 우리는 "불장이 왔을 때"라는 전제를 했기에, 세력들이 움직여주는 불장의 흐름에 올라타서 우리의 자산을 빨리 불려야 하기 때문입니다. 자, 그러면 어떻게 하느냐. 포트폴리오 구성은 잡알트코인, 일명 잡코로 채웁니다. 포트폴리오에 비트코인과 이더리움? 의미 없다고 봅니다. 핵심은 수익률이 좋은 잡코를 포트폴리오에 담는 것입니다. 불장 때는 메이저 코인이든, 잡코든 다 오르는 장이고, 시총이 적은 잡코들이 빨리 많이 오르기 때문입니다. 선물이냐, 현물이냐. 이건 원하는 대로 선택하세요. 자신 있으신 분은 선물 거래를 하시고, 선물 거래는 조금 걱정스럽다고 하는 분은 현물 거래를 하시면 됩니다. 사실 저희 패밀리분들 중에는 선물 거래로 잡코에 투자해서 1,000만 원대 시드를 1, 2억 원으로 만드는 분들이 많긴 합니다. 하지만 선물 거래로 조금 빨리 목표에 도달할 것이냐, 현물 거래로 조금 천천히 갈 것이냐는 선택의 문제입니다.

5,000만 원대 포트폴리오는 이렇게 구성하라

불장이라는 기회를 이용해서 100만 원에서 1,000만 원, 1,000만 원에서 5,000만 원으로 시드를 빠르게 복사했습니다. 시드가 5,000만 원이면 2배만 벌어도 1억 원이 됩니다. 5,000만 원을 1억 원으로 만드는 것은 그리 어렵지 않습니다. 현물 거래만으로도 충분히 가능합니다. 그래도 이미 5,000만 원대까지 선물 거래에 관한 경험을 충분히 쌓아서 자신감이 생겼다 하는 분은 선물 거래를 하시면 됩니다. 물론 저배율, 낮은 레버리지를 써야만 합니다.

시드가 5,000만 원일 때부터는 포트폴리오 구성에 신경을 써야 해요. 이때는 해외에서 선정하는 유망 섹터를 눈여겨보셔야 합니다. 최근 해외에서 손꼽는 유망 섹터는 RWA, AI, P2E 등이 있어요. 그런데 워낙 알트코인 종류나 개수가 많아서 잘 모르겠다 싶으면, 앞서 말씀드렸던 것처럼 기관 투자자들의 포트폴리오를 참고하면 좋습니다. 그레이스케일이나 유명 VC가 이번에 어떤 코인을 포트폴리오에 담았는지, 어떤 코인은 리스트에서 빠졌는지 등을 살펴보면서 포트폴리오 구성을 하세요. 이런 코인들은 현물로만 거래해도 불장 때 2배, 3배는 쉽게 오릅니다. 금방 2배 1억 원, 3배 1억 5천만 원을 만들 수 있습니다.

1억 원대 포트폴리오는 이렇게 구성하라

자, 드디어 1억 원으로 시드를 만들었습니다. 만약 여기까지 왔는데도 아직 불장이 종료되지 않았다, 아직 올라갈 룸이 많이 남아 있다면 운이 참 좋은 겁니다. 불장이 아직 끝나지 않았다는 전제하에, 1억 원대 시드를 어떻게 불릴 수 있는지 말씀드릴게요. 현물 거래만으로도 충분히 가능하고요. 선물 거래에 자신이 붙은 분들은 낮은 레버리지, 저배율을 쓰셔도 좋습니다.

이때부터는 이제 비트코인과 이더리움을 포트폴리오에 담습니다.

비트코인 30%, 이더리움 50%, 알트코인 20%로 비중을 맞춥니다. 왜 비트코인을 30%로 가져가고 이더리움을 50%로 가져가느냐. 우리의 시드가 이제 억 단위까지 올라오는 사이 불장의 사이클이 어느 정도 진행됐을 겁니다. 불장 공식 기억나시죠? 비트코인이 먼저 움직이고 이더리움과 알트코인 순서로 움직인단 말이에요. 돈의 흐름이 그렇습니다. 불장이 어느 정도 진행됐을 때니까 비트코인 보다는 이더리움 비중을 더 많이 가져가는 겁니다. 억 단위가 됐으니 조금은 더 안정적으로 불려 나가야 하기 때문에 현물 거래를 선택했다고 하더라도 우리가 돈의 흐름에 맞춰서 코인별로 비중을 맞춰야 하지 않겠습니까. 비트코인은 너무 많이 올라왔고, 이더리움이 훨씬 올라갈 가능성이 많은데 굳이 비트코인 비중을 높일 필요는 없다는 거죠.

어쨌든 불장에 1억 원대 시드는 이런 방식으로 2배, 3배 만들 수 있습니다. 2억 원, 3억 원으로 만들었다면 투자의 마지막은 뭐다? 비트코인. 비트코인 2개나 3개를 살 수 있겠죠. 불장이 끝나고 하락기와 침체기가 왔을 때 불장 때 번 돈으로 비트코인을 사서 10년 보유하면 됩니다. 그러면 아마 꽤 오랜 시간 동안 돈 걱정하지 않고 살 수 있는 금액이 되어 있을 겁니다.

3개만 모아놔도 10년 안에 최소 50억 이상은 되니까요

10억 원대 포트폴리오는 이렇게 구성하라

10억 원대의 시드를 가지고 계신 분들의 경우, 자신이 방어형 투자자라면 포트폴리오의 정석은 비트코인과 이더리움으로만 구성하는 겁니다. 그런데 만약 공격적인 성향의 투자자다, 조금 욕심을 내고 싶다면 비트코인과 이더리움을 50%, 나머지 해외 유망 섹터의 유망 코인에 50%로 포트폴리오 구성을 하시는 것도 좋습니다. 그런데 저처럼 공격적이다, 돈복남 스타일의 투자를 좋아한다면 알트코인 비중을 70%, 이더리움 비중을 30%로 가져가시면 됩니다. 어떻게 구성하느냐에 따라 불장에 시드를 얼마나 불릴 수 있는지는 조금 달라지겠지만 10억 원대의 시드를 금방 2배, 3배로 불릴 수 있을 겁니다. 물론 불장이 종료되면 모두 비트코인으로 갈아타서 보유하셔야 한다는 것 잊지 마세요. 비트코인을 10개만 모아두셔도 10년 뒤엔 최소 150억입니다. 꼭 기억하세요. 불장 종료 뒤엔 비트코인을 모으셔야 합니다.

매수와 매도

공포에 사서 환희에 팔아야 한다

이 말은 변하지 않는 진리입니다. 저희 패밀리분들이 현물이든 선물이든 코인 거래를 하면서 가장 많이 하시는 말씀이고, 사실 제가 가장 잘하는 것이기도 합니다.

코로나 때 코로나 빔이 나왔죠. 엄청난 공포였어요. 그런데 그때가 인생의 절체절명의 기회였습니다. 그리고서 2021년까지 쭉 우상향했죠. 그다음 극심한 공포는 언제였냐면 루나 사태, 그리고 FTX 파산 때 두 번의 극심한 공포가 나왔습니다. 그리고 그 공포가 수그러들 때쯤 쭉 상승했죠. 그 후에 비트코인 ETF가 승인이 나고 또 긴 조정의 기간을 줬죠.

그리고 8월, 9월에 한 번씩 공포를 준 다음에 비트코인이 100K를 찍었습니다. 공포에 매수하고, 환희에 팔아야 하는 것은 진리입니다. 하지만 우리는 인간인지라 생각만큼 공포에 매수하는 것은 참 쉽지 않습니다. 그럴 때는 돈복남 라이브 방송에 참여해보세요. 저는 지난 4년 동안 단 하루도 방송을 쉰 적이 없으며, 앞으로도 꾸준히 방송을 이어갈 계획입니다. 특히 시장이 공포에 빠진 시점에는 언제나 방송을 통해 용기 있는 매수 과정을 직접 보여드리며 구독자분들에게 도움을 드리고 있습니다.

단계별로 매도하라

많은 분이 매도를 어려워합니다. 불장 때는 어디가 정점인지 아무도 모르기 때문이죠.

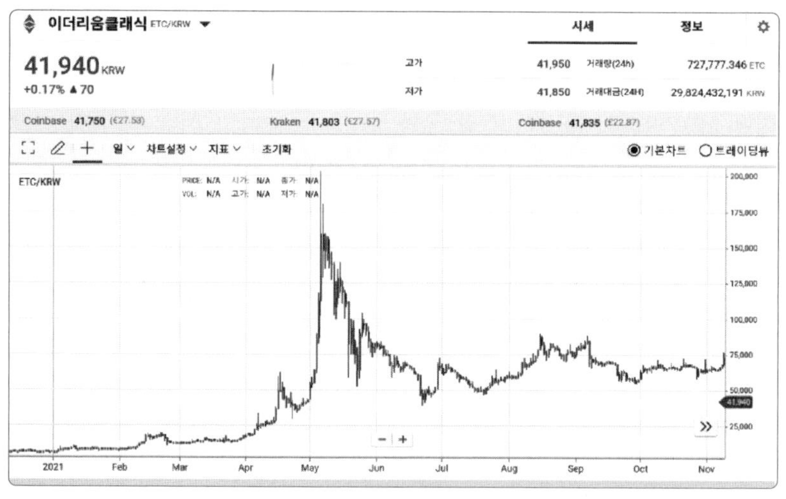

이더리움 클래식을 예로 들어볼까요. 2021년 불장 때 이더리움 클래식이 6,000원~8,000원대에서 20만 원까지 쭉 상승했습니다. 그런데 6,000원~8,000원에 매수한 분들이 보통 어디에서 팔았냐면 20,000~40,000원 구간에 다 팔았어요. 여러분들 근데 이런 생각할 겁니다. 6,000원~8,000원에 사서 20,000~40,000원에 팔았으면 잘한 거 아닌가요? 네, 아닙니다. 잘한 게 아니에요. 이런 분들 특징이 뭐냐면 그렇게 팔고 나서 12만 원~17만 원에 다시 산다는 겁니다. 그리고 20만 원대에 팔 수 있을까요? 못 팝니다. 그때부터 30만 원을 외치고 50만 원을 외치죠. 그리고 급격한 매도, 하락에 물리게 되는 겁니다. 불장에 적절하게 파는 것도 스킬입니다.

그러면 어떻게 파느냐, 지지와 저항을 받았던 구간마다, 지지와 저항을 모르겠다면 좀 올랐다 싶을 때마다 10%씩, 20%씩 적당하게 팔아야 합니다. 꼭짓점에서 꼭 팔 필요가 없습니다. 대충, 적당하게 10%씩, 20%씩 팔면 됩니다. 그리고 최소 20% 정도는 남겨놔야 해요. 그리고 계속 들고 있는 겁니다. 다시 내려가도 상관없죠. 왜냐하면 80%는 이미 수익 실현해놨으니까요. 급락이 나온다 싶을 때 나머지 20%를 팔면 됩니다. 그런데 만약 100%를 다 팔아버렸다. 어떻게 될 것 같아요? 이 불장의 끝이 어디인지 아무도 예측을 못 합니다. 내가 다 팔았는데 미친 듯한 광기의 상승이 나온다면 사람 심리상 다시 탄단 말이에요. 안 됩니다. 20%는 남겨놔야 고점에 다시 타는 우매한 행동을 하지 않을 수 있습니다. 남겨놓은 20%만 광기의 상승분을 먹고 나오면 되는 겁니다. 단계별로 매도하라, 중요합니다.

미국의 경제 흐름을 읽으며 기다려라

미국 경제는 전 세계 금융시장의 중심이자 방향성을 결정짓는 중요한 축입니다. 따라서 미국의 경제 흐름을 읽고 대응하는 것은 투자에 있어 매우 중요한 전략 중 하나입니다. 특히, 금리 정책, 고용 지표, 물가 상승률 등의 주요 경제 지표를 분석하는 것은 시장의 심리를 파악하는 데 필수적입니다.

최근 몇 년간 미국 연방준비제도Fed의 금리 인상과 이에 따른 긴축 정책은 글로벌 자산 시장에 큰 영향을 미쳤습니다. 이런 환경에서는 조급하게 매수하기보다는, 경제 지표와 시장 심리를 면밀히 관찰하며 기회를 기다리는 것이 중요합니다. 특히, 시장이 과매도 상태에 있을 때는 장기적인 관점에서 기회를 포착할 가능성이 큽니다.

2021년, 주식, 코인, 부동산 등 거의 모든 자산이 상승한 이유는 단순했습니다. 미국이 제로 금리와 양적 완화 통화정책으로 돈을 무제한으로 풀었기 때문입니다. 미국이 금리를 내리면 다른 나라들도 고금리 기조를 유지하기 어렵고, 이를 따라가는 흐름 속에서 전 세계 자산들이 상승세를 탄 것입니다.

반면 2023년까지는 자산들이 왜 계속 하락했을까요? 이유는 명확합니다. 미국이 금리를 올리며 양적 긴축 통화 정책을 시행했기 때문입니다. 이에 따라 그동안 시장에 풀렸던 유동성이 줄어들었고, 자연스럽게 자산 가치가 하락할 수밖에 없었습니다.

그렇다면 우리는 어떻게 해야 할까요? 바로 미국 경제의 흐름을 잘 읽으며 기다리는 것입니다. 금리 정책과 자산 사이클을 이해하고, 적절한 타이밍을 노리는 것만으로도 성공적인 투자의 첫걸음을 내디딜 수 있습니다. 기다림은 단순히 시간이 아닌 전략입니다. 시장의 시그널을 이해하고, 그것에 맞춰 준비하는 자세가 중요합니다.

100배 수익 날 기회가 온다 맹수처럼 기다려라

100배 수익 날 기회가 옵니다. 맹수처럼 기다리세요.

100배 수익, 대단하지 않습니다. 잘 기다렸다가 극도의 공포에 들어가면 100배 수익도 어렵지 않습니다. 그때가 바로 언제였을까요. 코로나 팬데믹 때 있었어요. 크게 하락했지만 한 달 만에 다 올렸습니다. 21년 불장 그 당시 코로나 팬데믹 때 용기 있게 매수하신 분들은 1,000%가 넘는 수익률을 단기간에 올렸습니다.

여러분 이번 불장의 사이클이 끝나면 또 지옥의 힘든 구간이 올 겁니다. 아마 시장은 지독하게 여러분들을 괴롭힐 거예요. 불장에 안전하게 EXIT를 하지 못하셨던 분들은 많이 힘들 겁니다. 그리고 이번 불장에 올라타지 못해서 수익을 내지 못한 분들도 많이 힘들 거예요.

그러나 여러분, 중요한 것은 기다림입니다. 맹수처럼 차분히 기다리세요. 이 사이클이 끝나면 비트코인과 주요 자산은 또다시 큰 폭락을 겪을 가능성이 큽니다. 바로 그때가 매수의 타이밍입니다. 폭락 후 찾아오는 기회를 맹수처럼 노리고 잡는다면, 여러분도 큰 수익을 거둘 수 있습니다.

그렇다면 어떻게 그 타이밍을 알 수 있을까요? 저와 함께하시면 됩니다. 제가 가장 잘하는 것은 바로 공포 속에서 기회를 찾는 것입니다. 시장의 공포를 분석하고 기회를 포착하는 노하우를 공유하며, 여러분과 함께 맹수처럼 기다리겠습니다. 이번에도 놓치지 말고 저와 함께 그 기회를 잡으시죠.

PART

5

성공은 거저 오지 않는다

당신의 성공 이미지는 무엇인가?

'성공이라는 단어를 생각하면 어떤 이미지가 떠오르나요?'

제가 사람들을 만날 때 자주 하는 질문입니다. 이 질문에 대한 그 사람의 대답을 들으면 그 사람이 어떤 삶을 원하는지, 무엇이 목표인지 어느 정도는 짐작할 수 있기 때문입니다. 제가 만난 어떤 사람은 빨간 스포츠카를 타고 달리는 모습이 떠오른다고 했고, 또 다른 사람은 퇴근 후 아내와 함께 텔레비전을 보면서 사과를 깎아 먹는 모습이 떠오른다고 했습니다. 또 어떤 여성분은 머리를 질끈 묶고, 뿔테 안경을 끼고 도서관에서 책을 산처럼 쌓아놓고 보는 것이라고 답했습니다. 평범한 외모의 여성분이었는데 그 대답을 듣고 사람이 다르게 보이더라고요. 참고로 저는 지적인 사람과 나누는 지적인 대화를 좋아합니다. 독자 여러분께도 묻고 싶습니다. "독자 여러분은 성공이라는 단어를 생각하면 어떤 이미지가 떠오르나요?" 고민하면 안 됩니다. 그냥 한 번에 딱 떠오르는 그림이어야 합니다. 생각이 나셨나요? 언젠가 저를 직접 보게 된다면 어떤 그림이었는지 얘기해주십시오. 여러분을 알고 싶습니다.

각설하고, 제가 이 말을 꺼낸 이유가 있습니다. 수많은 사람의 '성공 이미지'에 대한 이야기를 들으면서 느낀 것이 있기 때문입니다. 과연 그 사람의 인생에서 좋은 차를 타고 달려본 적이 한 번이라도 없었을까? 저녁에 아내와 함께 텔레비전을 보면서 사과를 깎아 먹어본 적이 없고, 도서관에서 책을 본 적이 없었을까? 분명 한두 번은 경험했거나, 어쩌면 매일 겪고 있는 일일지 모릅니다. 그럼에도 불구하고 사람들은 자신의 '성공 이미지'를 아직은 이뤄진 적 없는 먼 미래로만 인식하고 있더라고요. 여기에서 제가 느낀 것은, 이미 경험한 적 있는 '성공 이미지'를 진정한 성공으로 느끼기 위한 기본 전제 조건이 있다는 겁니다. 바로 걱정과 근심이 없는 평온한 상태여야 한다는 것입니다. 불가능하다고요? 그렇습니다. 불가능할 수 있습니다. 하지만 적어도 걱정과 근심을 만들어내는 요소들을 최소화할 수는 있습니다. 가족 간 불화, 질병 등등 걱정 근심을 만들어내는 요소는 많을 겁니다. 저는 그중 하나가 돈이라고 생각합니다. 자본주의 사회에서 돈이 없어서 어려운 상태에서는 무엇을 해도 성공했다고 느끼기 힘들다는 거죠. 저는 돈이 성공을 이루고, 느끼기 위한 기본 조건 중 하나라고 생각합니다. 결국, 돈이 어느 정도 뒷받침될 때 성공도 누릴 수 있다는 거죠. 그래서 많은 사람이 돈을 벌고 싶어 하는 것이 아닐까요? 이 책을 보고 있는 독자 여러분도 어느 정도는 이런 제 생각에 동의할 거라고 생각합니다. 사람마다 생각하고 있는 성공의 그림은 다르겠지만 돈이 성공을 이루기 위한 중요한 요소라는 것에 동의할 거라고 생각하고, 지금부터 제가 말하는 성공은 곧 돈을 많이 버는 것, 지금 가진 자산을 5배, 10배 키우는 것이라고 가정하고 이야기를 시작하려고 합니다.

남들은 어떻게 생각할지 모르지만 저는 아직 성공한 상태는 아닙니다. 사실 저의 목표는 지금보다 100배는 더 높긴 합니다. 하지만 투자로는 어느 정도 성공을 한 것 같습니다. 또 사업에서도 어느 정도 성공해본 경험이 있다 보니 이런 경험을 바탕으로 독자 여러분에게 주제넘게 '성공하려면 이렇게 좀 해야 하지 않을까?' 하고 잔소리 아닌 잔소리를 하려고 합니다. 성공하고 싶다면 이렇게 할 수밖에 없습니다. 그리고 이렇게 해야만 성공할 수 있습니다. 제가 말씀드린 대로 착실하게 차근차근 준비한 분들은 모두 성공했습니다. 실제로 저희 패밀리분들 중에서도 잘 준비해서 불장이 온 지금, 크게 수익을 보고 있는 분들이 많습니다. 자, 그럼 성공하기 위해서는 어떻게 해야 할지, 지금부터 알려드리겠습니다.

성공을 원한다면 시간을 다스려라

'당신의 시간은 얼마인가?'라고 물어보면 얼마라 대답하는 분들이 많이 없는 것 같습니다. 스무 살 무렵 저는 막연히 1시간에 100만 원, 하루에 1천만 원 정도는 버는 남자가 돼야겠다고 생각했어요. 10여 년이 지난 지금은 한 시간에 천만 원 이상을 버는 남자가 되긴 했습니다. 요즘 라이브 방송 시작과 끝에 대회 계정 수익금을 비교해보면 수천만 원이 불어나 있기도 하니까요.

돈복남으로 활동하면서 운 좋게 많은 인기를 누렸어요. 2021년 한창 장이 좋을 때 라이브 방송을 켜면 동시 시청자 수가 2만 명을 넘어가곤 했습니다. 당시 저와 밥을 먹으면서 이야기하고 싶다고 줄을 섰던 사람들이 30명이 넘곤 했는데, 밥 한 끼를 같이 먹는 데에 천만 원을 주겠다고 했습니다. 그중 한 분과 실제로 밥을 먹기도 했습니다. 크립토 시장에서 사업하시는 대표님이었는데 함께 밥을 먹으면서 코인 시장에 관한 이야기를 나누었고, 조언도 해드렸습니다.

사실 몇 년 전에도 친구한테 10분 정도 조언을 해줬더니 친구가 고맙다고 천만 원을 준 적도 있었어요. 그 후로 저는 저의 한 시간이 천만 원의 가치가 있다고 생각하게 되었습니다. 그때부터 시간을 함부로 쓸 수 없게 됐어요. 그때부터는 시간을 아껴서 써야 한다는 강박감이 생긴 것 같아요. 남들처럼 퇴근 후나 주말에는 침대에 누워서 빈둥빈둥 쉴 수도 있지만 '내 1시간은 1천만 원의 가치가 있는데 1시간을 어영부영 보내면 1천만 원을 버리는 거잖아?'라는 생각이 커졌습니다. 어느 정도냐면 침대에서 누워서 10분을 쉬면 150만 원이 사라지고 있다는 생각이 들었고, 카페에서 멍을 때리면 길에다가 1만 원, 2만 원, 3만 원을 버리는 거라고 느껴졌습니다. 그래서 그때부터 시간을 분, 초 단위로 쪼개서 아껴서 보내려고 더 노력하게 된 거죠.

최근 새로 생긴 습관이 있는데요. 매일 헬스장에 가서 운동하지만, 종일 앉아만 있다 보니 허리와 목이 안 좋은 편입니다. 그런데 따로 스트레칭을 할 시간이 없는 거예요. 그래서 엘리베이터를 타는 시간은 목 스트레칭을 하는 시간으로 정했습니다. 1, 2분 정도 되는 짧은 시간이지만 보통 하루에 20번은 엘리베이터를 타잖아요. 그때마다 목을 스트레칭하면 하루에 20분이라는 시간을 아낄 수 있는 거죠. 어떻게 해야 자투리 시간을 생산적으로 쓸 수 있는지 생각하는 것 자체가 습관이 됐습니다.

시간을 아끼려는 강박 아닌 강박이 생긴 후로 새롭게 생긴 습관이 또 있습니다. 제가 담배는 오래전에 끊었지만, 술은 진짜 좋아합니다. 그런데 바쁘다 보니 술을 일주일에 한두 번밖에 못 마시는데 그 술 마시는 시간도 아끼고 싶은 거예요. 그래서 어떻게 했느냐. 일주일에 한 번 정도 집 서재에서 책을 보는 시간이 있는데 책을 보면서 술을 마셨습니다. 좋아하는 일을 동시에 할 수 있어서 그 시간을 참 좋아합니다.

어떻게 보면 돈복남 유튜브 채널도 시간을 아끼려는 습관에서 탄생했습니다. 2020년부터 2021년 불장 때 제 자산의 반 이상을 날리는 큰 실수를 한 후, 정말 열심히 코인 시장과 투자에 관한 공부를 했습니다. 그런데 문득 이렇게 열심히 시간을 들여서 공부하는데 나만 알고 있으면 아깝다는 생각이 들더라고요. 내가 공부해서 얻은 지식과 경험을 보다 생산적으로 쓰고 싶어졌고, 그래서 생각한 것이 유튜브였습니다. 유튜브 채널을 운영하면 수익은 물론 부가 가치를 창출할 수 있으니까요. 일요일 스타벅스 카페에 앉아 유튜브 채널을 개설해야겠다고 마음을 먹었고 월요일 편집자 면접을 보고 화요일에 유튜브를 개설했습니다. 그리고 만든 당일 영상 하나를 편집해 올렸습니다. 그게 제 첫 영상이고 지금까지 오게 된 겁니다. 그런데 제가 돈복남 유튜브만 하는 것이 아닙니다. 여러 가지 유튜브 채널을 운영하고 있어요. 그중 하나만 말씀드리자면, 맛집 탐방 채널이에요. 매일 하루 한두 번은 식당에 가서 밥을 먹는데 시간이 너무 아까운 거예요. "아니 내가 평생 밥을 먹고 살아야 하는데 밥을 먹으면서 가치 창출할 수 있는 방법은 없을까?" 이왕 먹는 밥, 먹으면서 촬영을 해 올리면 밥 먹는 시간이 더 생산적이고 가치 있는 일이 되는 거잖아요. 맛집 유튜브 채널 첫 영상은 닭발 영상인데 그때도 크게 생각 없이 맛집 유튜브 채널 운영해야겠다는 생각이 들자마자 카메라 꺼내서 음식 찍고 간판 찍고 음식평을 영상에 남겼어요. 첫 영상은 잊을 수가 없는 게 그때 부모님이랑 식사 자리였거든요. 근데 갑자기 맛집 유튜브 하겠다고 영상을 찍으니까 부모님도 놀랐습니다. 동생도 놀랐고. 아무튼 저는 그냥 흘러갈 수 있는 시간을 가치를 창출하는 일로 만들어 내고 싶었던 거죠. 결과적으로 맛집 유튜브도 잘됐습니다. 한 달에 채널 운영으로 많이 벌 때는 이천만 원 이상 광고 수익이 들어왔으니까요. 그리고 맛집 채널 운영을 열심히 할 땐 식비도 거의 안 썼어요. 오히려 우리는 돈을 받고 밥을 먹었으니까요. 회식비 지출은커녕 회식하는 날은 오히려 돈을 더 벌었습니다.

여러분 이 이야기는 저한테만 적용되는 것이 아닙니다. 저는 시간만큼 공평한 것은 없다고 생각해요. 태어나는 나라나 가정 형편, 외모 등은 제가 선택해서 결정할 수 있는 건 아니잖아요. 하지만 시간은 전 세계 어느 나라의 사람에게나, 부자든 가난한 사람이든, 나이가 많든 적든, 예쁘든 못생겼든, 모두에게 공평하게 하루 24시간, 1,440분, 86,400초 똑같이 주어집니다.

일반적인 최저 시급을 가지고 얘기해볼까요. 2025년 최저 시급은 10,030원으로 책정됐습니다. 만약 한 고등학생이 편의점에서 5시간씩 아르바이트하면 대략 5만 원의 돈을 벌 수 있습니다. 그런데 그 시간을 그냥 친구들을 만나서 PC방을 가거나, 드라마를 보면서 보내면 5만 원을 버리는 것과 다름없는 거죠. 만약 그렇게 아르바이트해서 모은 돈을 시드 삼아 10년 후에 투자한다면 그게 또 1억, 2억이 될 수도 있는 일인데 그런 생각을 하면서 사는 사람이 어떻게 시간을 흘려보낼 수 있을까요. 시간을 진짜 돈이라고 생각하고, 여러분의 시간을 아까워하면서 어떻게 하면 이 시간을 보다 가치 있게 사용할 수 있을까를 고민하십시오.

돈복남의 시간 관리 노하우 꿀팁

1. 우선순위를 정하자

미국의 유명한 시간 관리 전문가는 아이비리그 대학교를 방문하여 학생들에게 효율적 시간 관리를 위한 강연을 진행했습니다. 그는 백문이 불여일견이라며 말보다 눈으로 보는 것이 더 임팩트 있을 것이라고 말하며 소품을 꺼냈습니다. 그 소품은 동그란 유리 어항과 돌이었습니다. 강연 연단 위에 동그란 유리 어항을 올려놓고 강사는 이렇게 말했습니다. "이 유리 어항을 내가 돌로 하나하나 채우는 동안 자세히 봤으면 좋겠네"라며 어항을 돌멩이로 채우기 시작했죠. 큰 돌은 5개 정도밖에 들어가지 않았고, 더 이상 넣을 공간이 없었습니다. 강사는 학생들에게 물었습니다. "자네들이 보기엔 이 어항이 가득 찼나?" 학생들은 의도를 파악하지 못하고 머뭇거렸습니다. 그러자 강사는 작은 돌을 꺼내어 큰 돌 사이의 공간에 채웠죠. 작은 돌은 어항을 여러 번 흔들어 넣었고, 그 결과 꽤 많은 양이 들어갔습니다. 이후 강사는 다시 물었습니다. "이 어항이 가득 찼나?" 학생들은 뭔가가 더 있을 것 같다는 생각에 "아니오"라고 답했습니다. 강사는 웃으며 모래주머니를 꺼내어 모래를 어항에 부었습니다. 모래는 큰 돌과 작은 돌 사이의 남은 공간을 채웠습니다. 모래가 가득 찬 후에도 강사는 학생들에게 물었습니다. "이 어항이 가득 찼나?" 여전히 더 있을 것으로 보이는 상황에서 강사는 마지막으로 물병을 꺼내 물을 부었습니다. 물은 남은 공간까지 채워 어항을 완전히 가득 차게 했습니다.

자, 여러분, 이 강사는 무엇을 말하고 싶었던 걸까요? 아무리 시간이 없어 보여도, 낭비하는 시간 없이 자투리 시간을 잘 활용하면 더 많은 여유 시간을 확보할 수 있다는 것을 말하고 싶었을 거라고 짐작하시는 분들이 많을 것 같아요. 저도 그랬으니까요. 그러나 강사는 이렇게 말했습니다. "내가 만일 이 어항에 모래를 먼저 넣었다면 큰 돌을 넣을 공간이 있었겠나? 큰 돌 5개를 다 넣지 못했을 거야. 자네들 인생에 큰 돌은 무엇인가? 지금 그 큰 돌을 넣지 않으면 다시는 되돌릴 수 없는 시간이 올 것이네." 그렇습니다. 여러분, 시간 관리의 시작은 여기서부터입니다. 지금 내 인생에서, 어쩌면 다시 오지 않을 수도 있는 이 코인 대불장에서 우리가 성공하려면 무엇을 '큰 돌'로 정해야 하느냐입니다. 일 마치고 친구들과 삼겹살에 소주 한 잔 마시는 시간? 여유롭게 침대에 누워서 영화나 드라마를 보는 것? 중요할 수 있죠. 하지만 적어도 지금, 다시 오지 않을 기회의 시간, 부자가 될 수 있는 시간, 나의 자산을 10배로 불릴 수 있는 이 시간만큼은 이런 자잘한 작은 돌에 집중하면 안 됩니다. 어떻게 내 자산을 10배로 불릴 수 있을까? 포트폴리오는 어떻게 짤까? 어떤 코인이 유망할까? 에 대해서 끊임없이 공부하고, 들여다봐야 하는 시간을 '큰 돌'로 정해야 합니다. 단기적인 욕구를 충족할 수 있는 물과 모래와 조약돌 같은 일로 지금의 내 시간을 채워버리면 부자가 될 수 있는 '큰 돌'은 넣지 못하는 것입니다. 비트코인 사이클과 반감기가 4년에 한 번씩 돌아온다고 해도, 사실 갈수록 상승 폭은 줄어들고 있어요. 지금이 가장 빠른 시기입니다. 반드시 지켜야 할 투자 원칙, 장기적인 비전, 나만의 투자 스타일을 만들어 나가는 것을 '큰 돌'로 삼아야 한다는 거죠. 여러분의 '큰 돌'은 무엇인가요? 잠시 생각해보고 '큰 돌'이 무엇인지 정했다면 이를 실현할 수 있는 구체적인 시간 관리법을 알아볼게요.

워런 버핏과 스티브 잡스 모르는 분들 없으실 겁니다. 이 두 사람은 선택과 집중을 통해 시간을 관리했습니다. 스티브 잡스는 우선순위 정하는 것을 중요하게 생각했다고 해요. "할 수 있는 일이 아니라, 반드시 해야 하는 일에 집중하라."라는 질문을 매일 자신에게 했다고 하죠. 3가지 핵심 질문을 매일 매일 순간마다 던져서 반드시 해야 하는 일을 찾아 나갔다고 합니다. 3가지 핵심 질문은 이렇습니다. 1. 무엇이 가장 중요한가? 2. 무엇을 제거할 수 있는가? 3. 내가 왜 이 일을 하고 있는가? 이 질문을 제가 좀 바꿔볼게요. 여러분, 투자로 성공하기 위해서는 무엇이 가장 중요한가요? 투자로 성공하기 위해서 무엇을 제거할 수 있나요? 나는 왜 투자로 성공하려고 하나요? 첫 번째 질문에는 내가 투자로 성공하려면 어떤 일을 해야 하는지 리스트가 나올 겁니다. 두 번째 질문을 통해서는 투자로 성공하기 위해서 해야 하는 일들을 하려면 어떤 일들을 하지 않아야 하는지 답이 나오겠죠. 그리고 마지막 질문을 통해서는 동기를 부여할 수 있습니다. 지치고 힘들어서 놓고만 싶을 때 왜 내가 다른 일들을 제거하고 이 일을 해야 하는지, 그렇게 했을 때 얻을 수 있는 물질적, 정신적 이익을 생각하면서 마음을 다잡을 수 있는 거죠.

조금 막연하다고요? 그럴 땐 워런 버핏의 25/5 법칙을 사용하면 좋습니다. 워런 버핏도 효율적으로 시간을 관리해왔는데 25/5 법칙을 통해서 했다고 합니다. 간단합니다. 1. 해야 할 일을 25가지 적는다. 2. 이 중 가장 중요한 5가지를 선택한다. 3. 나머지 20가지를 하지 말아야 할 목록으로 설정한다. 가장 중요한 목표에만 시간을 쓰는 것이 핵심입니다.

2. 시간의 밀도를 높여라

모든 사람에게는 24시간이 공평하게 주어집니다. 하지만 어떤 사람은 이 시간 동안 많은 것을 이루어내고, 어떤 사람은 그냥 흘려보냅니다. 시간을 어떻게 쓰느냐는 중요하지 않습니다. 시간을 얼마나 충만하게 썼느냐가 중요하죠. 결국, 성공은 시간을 어떻게 관리해서 얼마나 충만하게, 밀도 있게 썼느냐에 달려 있어요. 이렇게 비교해볼게요. 같은 광물이 있습니다. 하나는 그냥 돌이고, 하나는 금이에요. 시간이 지나면 돌은 그냥 돌일 뿐이지만, 금은 점점 가치가 높아집니다. 시간도 마찬가지입니다. 시간을 밀도 있게 쓰면 쓸수록 우리의 삶은 돌이 아닌 금으로 점점 가치가 높아진다는 겁니다. 시간을 어떻게 밀도 있게 쓰냐고요? 방법이 있죠.

여러분, 파레토의 법칙을 아시나요? 파레토의 법칙은 19세기 이탈리아 경제학자 빌프레도 파레토Vilfredo Pareto가 제안한 개념입니다. 파레토는 이탈리아의 부 분포를 조사하던 중, 전체 부의 80%가 인구의 20%에 의해 소유되고 있다는 사실을 발견했습니다. 이 발견은 경제 분야뿐만 아니라 다양한 상황에서 결과의 대부분이 특정 소수의 원인에서 비롯된다는 통찰을 제공했죠. 이후 이 개념은 비즈니스, 생산성 등 다양한 영역에 적용되고 있는데요. 기업에서는 매출의 80%가 20%의 핵심 고객에게서 발생한다는 점을 발견하고, 이 고객들을 대상으로 마케팅을 집중합니다. 또한, 프로젝트 관리에서는 업무의 80%가 20%의 핵심 작업을 완수함으로써 이루어진다는 점을 활용하여 우선순위를 설정하죠. 개인의 생산성 영역에서는 가장 중요한 20%의 활동에 집중하는 것이 성과를 극대화하는 데 중요한 원칙으로 활용되고 있습니다.

이 파레토의 원칙을 시간의 밀도와 접목하면 됩니다. 앞서 말했던 것처럼 20%의 시간이 가진 특별한 밀도가 성공의 법칙이라는 것입니다. 많은 분이 중요한 일을 해내기 위해서 5시간 자리에 앉아 있다고 하더라도 그 일을 가장 빠르게 집중해서 해내는 시간은 1시간에 불과하다는 건데요. 이 20%의 시간은 골든 타임이라고 할 수 있어요. 이 20%의 골든 타임을 밀도 있게 성공을 위한 일에 쓰면 80%의 성과를 낼 수 있다는 것입니다.

사람마다 극도의 효율이 끌어올려지는 시간이 있습니다. 저는 아침에 기상 후 2~3시간이 그렇습니다. 그리고 운동하고 난 후 1시간은 온몸에 생기가 돌아서인지 두뇌 회전도 빨라요. 그래서 저의 20%의 골든 타임은 사실 저 시간입니다. 저 때 머리 아프고, 복잡한 일들을 집중해서 처리하면 언제나 결과가 좋습니다. 효율이 떨어지는 시간은 아무래도 점심을 먹고 난 후 1~2시간인데요. 이때는 머리를 쓰는 일 말고 메일을 정리한다거나, 전화 업무를 한다거나 비교적 간단하고 수월한 업무들을 배치해서 진행합니다.

우리는 투자로 성공하기 위해 노력하고 있죠. 그러면 이 20%의 골든 타임을 투자로 성공하기 위해 밀도 있게 쓰면 됩니다. 하루 중 돈 공부, 투자 공부에 몰입할 수 있는 단 20%의 시간을 찾아보는 것입니다. 저는 투자를 전업으로 하고 있으니까 80% 이상의 시간을 돈 공부와 투자 공부에 쏟고 있지만 여러분은 본업이 있고, 현생을 살아야 합니다. 우선순위는 본업입니다. 본업에 충실해야 투자할 수 있는 시드를 모을 수 있습니다. 그러면 그 외의 시간 중에 20%의 골든 타임을 찾아서 돈 공부, 투자 공부에 쏟는 겁니다. 대신 이때는 그 어떤 방해 요소도 있어서는 안 됩니다. 밀도 있게, 충만하게 돈 공부와 투자 공부에 쏟아야 합니다. 여러분의 골든 타임을 찾아보시기를 바랍니다.

3. 시간을 쪼개서 사용하자

벤저민 프랭클린은 미국의 정치가, 과학자, 발명가이자 외교관으로, 미국 독립의 아버지 중 한 명으로 불립니다. 계몽사상가로도 유명한데 유럽 과학자들에게 영향을 받았으며 피뢰침, 다초점 렌즈, 민간형 비행기, 뇌파측정기, 홀로그램 기술 등을 발명했죠. 달러 지폐에 그려진 인물 중 대통령이 아닌 인물은 알렉산더 해밀턴(10달러)과 벤저민 프랭클린(100달러) 단 두 명에 불과합니다. 얼마나 유명한지 아시겠죠? 정치도 하고, 발명도 하고, 외교관도 하고 얼마나 바빴겠습니까? 그런데 이 많은 역할을 다해냈거든요. 어떻게 가능했느냐 하면, 하루를 1시간 단위로 쪼개서 할 일을 명확하게 정리하며 철저하게 따랐다고 합니다. 그리고 매일 아침과 저녁 시간을 활용해 계획을 세우고 성취를 점검한 거죠. 이 방법은 일론 머스크도 쓰고 있는 방법인데요. 일론 머스크는 세계 최고 부자 중 한 명으로, 테슬라와 스페이스X를 포함한 여러 혁신적인 기업을 동시에 이끌고 있죠. 어떻게 보면 벤저민 프랭클린과 비슷하네요. 정치도 하랴, 발명도 하랴, 사업도 하랴 바쁠 것 같아요. 하하. 일론 머스크가 이렇게 많은 일을 해낼 수 있는 이유는 시간을 쪼개서 사용하기 때문입니다. 벤저민 프랭클린 보다 더 세세하게 시간을 쪼개고 나누는데요. 일론 머스크는 하루를 무려 5분 단위로 나누고 비슷한 성격의 작업을 묶어서 효율을 극대화한다고 합니다.

사실 저도 시간을 나눠서 사용합니다. 1시간을 나누고 또 그 한 시간을 15분, 15분, 15분, 15분으로 나눠서 사용해요. 오늘 하루 해야 할 일들을 쭉 적습니다. 그리고 그 일들 옆에 일을 처리하기 위해서 드는 소요 시간을 적어봅니다. 해야 하는 일 중에는 15분이 걸리는 자잘한 일도 있고, 15분의 8묶음인 2시간이 소요되는 일도 있을 겁니다. 그리고 가장 중요한 일, 시간이 오래 걸리는 일들을 하루 중 가장 집중이 잘되는 시간, 누구에게도 방해받지 않고 할 수 있는 시간에 배치합니다. 15분, 30분이 소요되는 자잘한 일들은 비슷한 성격의 일과 묶어서 1시간을 만들어서 사용하죠. 이해되셨나요? 예를 들어, 외부 미팅이 여러 개가 있는 날이 있습니다. 사실 이 외부 미팅도 일정을 잡을 때 되도록 하루에 몰아서 시간과 장소를 맞춥니다. 그리고 30분 미팅, 1시간 미팅 이렇게 일정을 잡아서 묶어버리는 거죠. 아주 효율적인 시간 관리법입니다.

여러분이 만일 코인 투자로 성공하기 위한 준비를 이 방식을 대입해서 시간 관리하고 싶다면, 이렇게 해보세요. 이제부터 3개월 동안은 열심히 준비하겠다는 큰 일정을 잡아놓고, 하루에 몇 시간은 코인 투자에 나의 시간을 쓰겠다. 2시간이라고 치면, 아침에는 너무 정신이 없으니 퇴근하고 밥 먹고 조용한 시간에 저녁 9시부터 11시까지 투자하겠다고 계획을 세우는 겁니다. 그리고 매일 꼭 해야 할 일들을 정리해보는 거죠. 미국 경제 동향 서치 15분, 다양한 커뮤니티 게시물 열람 30분…. 하루하루 15분, 30분이 쌓이다 보면 여러분도 금세 코인 시장이 어떻게 돌아가는지 알 수 있고, 투자에 자신감이 생길 겁니다.

성공을 원한다면 에너지를 모아라

성공의 법칙 두 번째는 에너지입니다. 에너지를 어디에다 어떻게 쓰는지도 엄청 중요합니다. 저는 누구나 100이라는 에너지를 가지고 있다고 생각합니다. 물론 좀 더 뛰어난 사람은 에너지를 110, 120까지 끌어올릴 수 있겠지만 일반적으로는 100을 가지고 있다고 생각해요. 그런데 대부분의 사람은 이 에너지를 너무 많은 곳에 분산시키고 있습니다. 성공하려면 자신의 에너지를 최대한 성공을 위한 일에 집중해서 써야 합니다.

저와 5년간 함께 한 직원을 예로 들어볼게요. 참고로 저는 이 직원을 무척 아끼고 존경합니다. 이 친구에게도 100이라는 에너지가 있습니다. 그런데 에너지를 사용하는 곳은 무척 다릅니다. 우선 이 친구는 일에 20%의 에너지를 쓰는 것 같아요. 그리고 이 친구가 스포츠를 무척 좋아

해요. 특히 야구를 좋아하는데, 어느 정도냐면 자신이 좋아하는 야구팀이 경기하는데 그 팀이 경기에서 지면 그날 밤을 새운다고 해요. 너무 열받아서 잠이 안 온다고 하더라고요. 스포츠에 20% 정도 에너지를 쓰는 것 같고, 또 이 친구가 여자친구를 정말 좋아해요. 아주 사랑꾼입니다. 오래 만났는데도 엄청나게 자주 보고 통화도 많이 하더라고요. 여자친구한테 한 20%의 에너지를 쏟는 것 같고요. 그리고 가족과도 시간을 많이 보내더라고요. 가족한테도 10%, 친구들도 좋아해서 친구들도 자주 보는데 한 10%, 그 외에 게임, 드라마, 웹툰 등을 하고 보는 데에 한 20% 정도를 쓰는 것 같습니다.

어린 시절 방학을 맞이하기 전에 늘 썼던 방학 생활 계획표 형식으로 이 친구의 에너지 분포도를 만들어 봤어요. 이것만 봐도 이 친구가 어떤 사람이고, 인생에서 무엇을 추구하는지, 어떻게 지내고 있는지 보이지 않나요? 사람과의 관계를 중요하게 생각하고, 다정하며, 삶을 즐기고 있는 친구입니다.

그러면 저는 어떨까요. 저는 어떻게 에너지를 쓰냐면 일에 90%를 씁니다. 솔직히 많이 양보해서 90% 정도인데 집중해야 하는 시기에는 거의 98% 정도의 에너지를 일에 쓴다고 해도 무방합니다. 그리고 나머지 에너지는 가족한테 쓰려고 노력합니다. 사실 저는 여자친구가 없는 지도 거의 5년이 됐습니다. 친구들을 안 만난지는 거의 6년이 넘어가는 거 같네요.

지인들을 보더라도 거의 항상 제 사무실 근처에서 봅니다. 지인들과 어딜 가더라도 계속 핸드폰으로 차트를 보고 무슨 일이 생기면 달려와

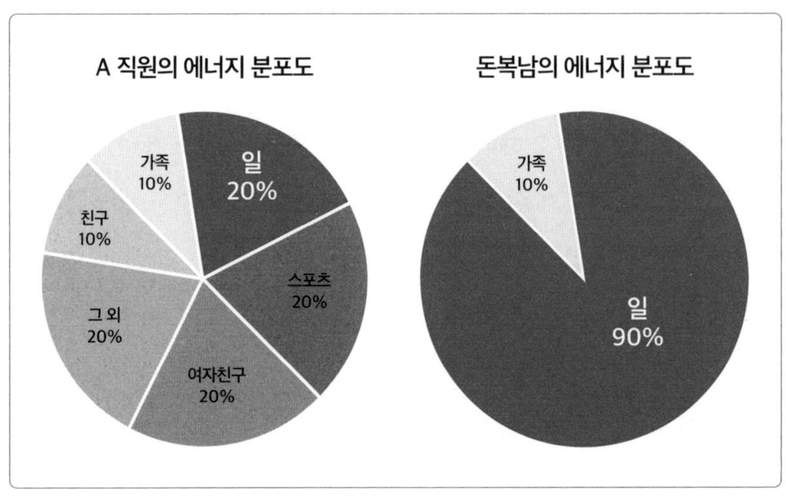

A 직원과 돈복남의 에너지 분포도

서 유튜브 구독자들한테 브리핑하느라 라이브 방송을 켜니까 어디 멀리 가지 못해요. 해외여행은 고사하고 국내 여행도 못 가는데 어떤 여자분이 저를 만나겠어요. 가족은 이런 제 생활을 십분 이해해주니까 주말에는 가족들과 밥도 먹고 함께 시간을 보내려고 합니다. 제 에너지는 일과 가족 외에는 쓰는 곳이 거의 없습니다.

2025년에는 일 이외 에너지도 좀 써보도록 노력하겠습니다. 하하 ;;

이 친구와 저의 에너지 분포도가 어떻게 다른지 확연하게 드러나죠? 무엇이 맞고 틀리다를 얘기하고 싶은 것이 아닙니다. A라는 친구는 지금의 삶에 만족하면서 행복하게 지내고 있습니다. 크게 돈 욕심이 없습니다. 수익률이 2배만 돼도 좋다고 만족하는 친구예요. 그런 면에서 그 친구는 잘살고 있기 때문에 제가 별다른 잔소리를 하지 않습니다. 그런데 독자 여러분은 돈을 많이 벌고 싶어서, 투자에서 어느 정도 성과를 얻고 싶어서 이 책을 선택하셨잖아요. 지금 월급에 만족하고, 적금으로 차곡차곡 모아서 적은 이자지만 소소하게 불려가는 것이 목표라면 굳이 저처럼 살 필요는 없습니다. 하지만 현재 자신의 자산을 5배, 10배로 키우고 싶고, 그것이 목적이라면 적어도 투자에 그만큼의 에너지를 할당해야 하지 않냐는 겁니다.

단순하게 저와 이 친구의 에너지를 비교해보자고요. 일에 쏟는 에너지가 최소 8배에서 9배까지도 차이가 납니다. 극단적으로 말하면 제가 1년이면 이룰 성공을 이 친구는 8년, 9년이 걸린다고 볼 수 있죠. 사실 저야 투자를 전업으로 하고 있으니까 투자에 90%의 에너지를 쏟을 수 있습니다. 그러나 여러분은 본업이 있으니 현생을 열심히 살아야 합니다. 열심히 일해서 시드를 모아야죠. 하지만 투자하기 좋은 불장의 시기가 올 무렵이면 그때는 분산된 에너지를 끌어모아서 투자에 쏟아야 합니다. 불장이 오기 몇 달 전부터는 기본적인 차트 보는 법도 공부하고 섹터별로 어떤 알트코인이 좋을지 포트폴리오도 좀 짜놓는 등 준비하고, 불장이 왔을 때는 투자나 트레이딩에 에너지를 집중해야 자산을 5배, 10배로 키울 수 있습니다.

★

돈복남의 시간 관리 노하우 꿀팁

1. '아니오'라고 말하라

성공하기 위해서는 무엇보다 자신의 에너지를 성공하기 위한 일에 집중해야 합니다. 에너지를 효과적으로 사용하는 거죠. 많은 사람은 다양한 기회를 동시에 추구하며 에너지를 분산시키는 실수를 저지릅니다. 하지만 성공한 사람들은 하나같이 말합니다. "진정한 성공은 집중에서 온다." 워런 버핏과 스티브 잡스는 이러한 에너지 집중의 중요성을 설파한 대표적인 인물들입니다. 어떻게 에너지를 집중하냐는 질문에 워런 버핏은 이렇게 말했습니다.

"The difference between successful people
and really successful people is that
really successful people say no to almost everything."

성공한 사람들과, 정말 성공한 사람들의 차이는
바로 '아니오'라고 말할 줄 아는 능력이라고요.

버핏의 철학은 단순합니다. 시간과 에너지는 한정되어 있기 때문에 모든 기회에 "예"라고 대답하면 결국, 아무것도 제대로 해낼 수 없다는 것입니다. 대신 가장 중요한 목표에 집중하고, 나머지에는 단호히 선을 그으라는 거죠.

스티브 잡스 또한, "집중이란 '아니오'라고 말하는 것"이라고 말했습니다. 애플을 세계 최고의 기업으로 성장시킨 그의 경영 철학은 단순하면서도 강력합니다. 수많은 가능성과 아이디어 중에서 몇 가지 핵심에 집중하는 것이 진정한 성공의 열쇠라는 거죠. 또 잡스는 말했습니다. "성공은 우리가 하지 않기로 한 일들에서 비롯된다."라고요.

성공하기 위해서 에너지를 모으려면 "아니오"라고 말할 수 있어야 합니다. 친구들이 주말에 만나서 PC방에서 게임하고, 끝나면 삼겹살에 소주 한잔하자고 해도 "아니오"라고 말할 수 있어야 합니다. 여자친구가 저녁마다 만나서 놀자고 해도 "아니오"라고 해야 합니다. 물론 잘 말해야겠죠. "너와 나의 미래를 위해서 비트코인 불장인 기간 최소 3개월만, 6개월만 내가 열심히 돈 공부, 투자 공부에 집중하겠다. 내가 정말 열심히 해서 우리 결혼 자금 마련하겠다. 대신 주말에 한 번만 만나자" 라고요. 이렇게 말했는데도 싫다, 헤어지자고 하는 여자친구가 있다면 그분과의 미래는 다시 생각해보세요. 아무튼 여러분, "아니오"라고 말할 수 있어야 합니다. 나의 목표, 나의 성공을 위해서 하찮은 일들은 모두 거절할 수 있어야 합니다. 투자에 성공하는 것, 돈 많이 버는 것이 쉽지 않습니다. 웬만한 각오로 덤벼서는 성공할 수 없다는 겁니다. 절호의 기회에 인생을 역전시키겠다는 목표를 세웠다면 그만큼 나의 시간과 에너지를 올인해서 베팅해야 합니다.

걱정 마세요. 평생 "아니오"하면서 살 필요는 없습니다. 자산시장이 크게 올라가는 불장 기간 6개월 정도만 "아니오" 하면 됩니다. 그 짧은 시간이 여러분들의 재정적 미래를 크게 바꿀 겁니다. 그 시기라도 제발 집중하세요.

2. 운동하라

저는 운동만큼 INPUT 대비 OUTPUT이 확실한 것도 없다고 생각합니다. 운동은 내가 들인 시간과 노력만큼 OUTPUT이 바로바로 그대로 나타납니다.

한번 생각해보세요. 인생에서 정말 내 마음대로 되는 게 몇이나 있을까요? 관계, 일, 공부, 심지어 운조차도 내가 아무리 노력한다고 해도 뜻대로 풀리지 않을 때가 많습니다. 하지만 운동만큼은 다릅니다. 운동은 너무나도 정직합니다. 제가 운동을 한 주 쉬면, 몸은 바로 그 결과를 보여줍니다. 몸이 무거워지고, 체력이 떨어지고, 자신도 느껴지는 차이가 분명합니다. 하지만 반대로, 제가 한 주를 정말 열심히 운동하면요? 몸은 즉각적으로 반응합니다. 근육이 단단해지고, 체력이 좋아지고, 거울 속 나 자신이 더 좋아 보입니다. 운동만큼 내가 한 만큼의 보상을 확실하게 주는 것은 없습니다.

몸으로도 나타나지만, 정신적으로도 효과는 엄청납니다. 저도 인간인지라 헬스장에 가는 것이 싫을 때가 많습니다. 그런데 하고 나면 기분도 좋고, 상쾌해지죠. 헬스장을 나오면서 쏙 들어간 뱃살을 보면 뿌듯하기도 합니다. 육체적으로 정신적으로 업그레이드되는 훌륭한 OUTPUT을 도출할 수 있어요. 그런데 PC방에 가서 게임을 하면 어떨까요. 게임은 내가 1시간을 하든, 2시간을 하든 결과가 어떻게 될지 모릅니다. 목표한 라운드까지 갈 수도 있고, 못 갈 수도 있죠. 또 PC방을 나오면서는 어떤가요. '뿌듯하다', '오길 잘했다' 이런 생각보다는 시간을 죽였다는 후회가 더 많습니다. 이렇게 OUTPUT이 안 나오는 일에 왜 시간과 에너지를 쏟습니까? 성공하기 위해서는 하기 싫은 것도 당연히 하면서 살아가야 합니다.

코인 투자로 성공하려고 하는데 왜 운동하라는 건지 의아해하시는 분들도 있을 겁니다. 그런데 운동은 에너지와 직결됩니다. 체력을 관리해서 늘 좋은 컨디션을 유지해야 투자에서도 좋은 성과를 낼 수 있어요. 체력이 곧 실력입니다. 이렇게 쌓은 실력은 급변하는 유동성 높은 시장에서 멘탈을 잡을 수 있게 해줍니다. 좋은 성과를 내면 자신감도 생기죠. 투자도 결국, 멘탈 싸움이고, 체력 싸움입니다. 단적인 예로, 선물 거래를 하다 보면 밤낮이 없을 때가 많습니다. 코인 시장은 24시간 돌아가고, 미국 시장도 자정 넘어서 이루어지기 때문에 새벽에 변동성이 커지죠. 그러다 보면 잠이 부족하기 마련인데 그때 버틸 수 있게 해주는 것이 바로 꾸준한 운동으로 키워 놓은 체력입니다. 공부도 체력 싸움이고 일도 체력 싸움입니다. 투자도 마찬가지예요. 그러니 여러분, 시간이 없다는 말은 핑계입니다. 많은 분이 정말 바쁘게 삽니다. 그런데 앞서 제가 제시한 시간 관리법으로 내가 얼마나 시간을 다스리며 살고 있는지 한번 점검해보세요. 어쩌면 그냥 흘려보내는 시간이 예상보다 많을 수도 있습니다. 저도 바쁜 것으로 치면 웬만큼 빠지지 않을 만큼 바쁘게 삽니다. 그래도 운동은 꼭 해요. 운동으로 기른 체력으로 성공을 위한 곳에 에너지를 몰빵하면서 살기 위해서입니다. 포트폴리오를 한 코인에 몰빵하는 것은 절대 말리지만, 나의 에너지를 성공을 위해 몰빵하겠다? 말리지 않습니다. 그래야만 성공할 수 있으니까요.

운동은 내 인생에서 내가 100% 통제할 수 있는 유일한 영역입니다. 내가 노력한 만큼, 그 결과를 나 자신이 가장 먼저 느끼고 확인할 수 있습니다. 그렇기에 운동은 단순히 몸을 움직이는 것을 넘어, 내 삶에 있어 성취감과 주도권을 느끼게 해주는 활동입니다.

이 정직함은 우리에게 "노력한 만큼 얻을 수 있다"는 단순하면서도 강력한 삶의 진리를 알려줍니다. 운동은 우리에게 삶에서 성실과 꾸준함의 가치를 몸소 체험하게 해줍니다. 그리고 이 경험은 우리를 더욱 강한 사람으로 만들어줍니다.

운동은 단지 몸을 바꾸는 것이 아닙니다. 당신의 마음가짐, 삶의 태도, 그리고 자기 자신에 대한 신뢰를 바꾸는 시작점입니다. 그러니, 오늘부터라도 내 삶에서 가장 정직한 이 영역에 투자해 보세요. 노력한 만큼 당신의 몸과 마음이 확실히 보답할 겁니다.

3. 절식하라

'아니오라고 말할 줄 알아야 한다.', '운동하라'. 여기까지는 다들 수긍하실지도 모르겠습니다. 그런데 절식하라는 말을 하면 수도승이 되라는 거냐, 웬 절식이냐 등등 고개를 절레절레 흔드는 사람이 많습니다. 자, 들어보세요!

미즈노 남보쿠는 에도 시대의 일본에서 활동한 역학자이자 점술가로, 인간의 운명과 성공의 비밀에 대해 심오한 통찰을 남겼습니다. 그의 저서 〈운명을 바꾸는 절제의 성공학〉에서 가장 두드러지는 주제는 "절제"의 중요성이죠. 미즈노는 절제가 단순한 덕목을 넘어, 개인의 운명을 바꾸고 성공을 이루는 핵심 열쇠라고 강조했어요. 미즈노 남보쿠는 사람이 운명을 바꾸는 데 있어 가장 필요한 것이 절제라고 봤습니다. 욕망에 휩쓸리고 충동적인 행동에 빠지는 것이 불행의 씨앗이 된다고 경고했죠. 반대로, 욕망을 통제하고 에너지를 필요한 곳에 집중하는 삶은 성공으로 가는 길을 열어준다고 말했어요. 절제는 운명에 대한 통제력을 강화하고, 자신이 원하는 미래를 만들어가는 힘이 되는 거죠. 미즈노 남보쿠는 "절제할 수 있는 사람만이 운명을 바꾸고 성공할 수 있다"고 단언했습니다. 절제는 단순히 욕망을 억누르는 행위가 아니라 자신의 에너지를 올바른 방향으로 집중하는 능력을 의미합니다. 절제된 삶은 충동적인 결정에서 벗어나 본질적인 목표에 주의를 기울이게 만들거든요. 절제는 우리가 목표를 달성하는 데 필요한 집중력과 지속성을 제공한다는 겁니다. 미즈노는 절제의 실천이 운명에 대한 주도권을 확보하는 방법이라고 봤어요. 절제가 단순한 자제력이 아니라 자기 통제와 자기 개선의 기반이 된다는 거죠. 욕망에 지배되지 않고 자신을 제어하는 능력은 모든 성공의 시작점이라는 겁니다. 그는 사람들이 운명을 탓하는 대신, 자신의 통제 아래 있는 것부터 절제를 실천해야 한다고 역설했어요. 그는 특히 식생활에서의 절제를 강조했습니다. 단순히 음식을 적게 먹는 것이 중요한 것이 아니라 절식이 건강과 정신적 균형을 유지하는 데 필수적이라고 본 겁니다. 과도한 탐식이나 미각의 쾌락에 빠지는 것은 몸과 마음을 해치며, 장기적으로는 심각한 재앙을 초래할 수 있다는 건데요. 반대로, 음식에 대한 절제는 신체적 건강뿐 아니라 정신적 안정과 명확한 사고를 가능하게 한다고 합니다. 절식하라는 말은 단순히 적게 먹고 관리하라는 말이 아닙니다. 절제를 뜻합니다. 식욕을 통제할 수 있다는 것은 절제할 수 있다는 것과 같다고 보는 거죠.

저는 절식한 지 5년이 됐습니다. 매일 아침 라이브 방송하고, 헬스장에 다녀와서 아침 식사합니다. 아침에는 달걀 2개, 감자 1개, 그리고 견과류를 먹습니다. 점심은 닭가슴살, 달걀, 두부, 오리고기, 샐러드, 그리고 오곡밥을 먹고요. 저녁에 헬스장에 가서 운동하고 끝나면 닭가슴살과 샐러드로 저녁을 마무리합니다. 저는 금연한 지 8년이 됐습니다. 가까운 지인들과 술 마시는 것은 정말 좋아합니다만 술도 웬만해선 평일에는 절대 안 먹으려고 합니다. 주말에 한 번씩 마십니다. 달콤한 아이스크림 같은 것도 술 취했을 때 안주로 먹는 것 외에는 맨정신에 사 먹어본 적이 없습니다. 사실 몸에, 건강에 안 좋다고 하는 것은 잘 먹지 않으려고 노력합니다. 어떻게 그렇게 평생 사냐고 물어보지만, 주말에는 나름대로 즐기려고 합니다. 가족들과 외식도 자주 하고, 술도 종종 마시고요. 평일에는 모든 시간과 에너지를 성공을 위해 집중하지만, 주말에는 달콤한 당근도 주는 거죠.

절제 속에서 오는 아주 큰 행복도 있습니다. 제가 법인회사를 운영한 지도 어느덧 7년이 넘었는데요, 그중에서도 잊지 못할 순간이 3년 차 때 있었습니다. 회사 운영 3년 차, 그 당시 저는 지금보다도 5배, 아니 10배 더 에너지를 일과 성공에만 쏟고 있었습니다. 정신없이 일에 매달리며 평일에는 술 한 잔조차 마시지 않았고, 평균 퇴근 시간은 밤 10시에서 자정을 넘기기 일쑤였습니다. 그야말로 제 모든 시간을 회사에 바쳤던 시기였죠.

그런 어느 날, 아마 수요일이었을 겁니다. 날씨가 정말 좋았어요. 봄바람이 산뜻하게 불어오는 그런 날이었죠. 오랜만에 정말 친한 친구를 만나 이야기를 나누며 조금 이른 저녁을 먹으러 갔습니다. 그때가 오후 5시쯤이었어요. 치킨집 야장에 앉아 치킨과 생맥주를 즐기고 있었는데, 갑자기 울컥 눈물이 나왔습니다.

왜냐고요? 정말 너무 행복했기 때문입니다.

좋아하는 친구와 함께 시간을 보낼 수 있다는 것 자체가 행복했어요. 3년 동안 평일에는 술을 입에 대본 적도 없었고, 늘 늦은 밤에 퇴근하던 저였기에, 오후 5시에 밝은 하늘 아래에서 야장에 앉아 생맥주 한 잔을 마시고 있다는 사실이 저에게는 그야말로 꿈같은 순간이었습니다. 누군가에게는 퇴근 후 당연하게 즐길 수 있는 일상일지도 모릅니다. 하지만 저에게는 3년이라는 절제 속에서 비로소 찾아온 엄청난 행복감이었습니다.

절제가 없었다면 이 순간의 행복을 이렇게 깊이 느낄 수 있었을까요? 절제는 단순히 무언가를 참고 버티는 것을 넘어, 일상의 소소한 순간에도 더 큰 가치를 느끼게 해주는 놀라운 힘을 가지고 있습니다. 이 작은 순간 하나가 저에게 주었던 감동은 지금도 제 인생의 소중한 기억으로 남아 있습니다. 그래서 저는 믿습니다. 절제 속에서 찾아오는 행복은 그 무엇보다도 값지고, 진짜 우리의 마음을 울리는 행복이라는 것을요.

우리는 과잉된 소비와 정보의 홍수 속에서 끊임없이 주의를 산만하게 하는 요소에 노출되어 있습니다. 이러한 환경에서 절제는 목표를 명확히 하고, 더 큰 성취를 위해 불필요한 요소를 제거하는 데 도움을 줍니다. 절제는 단순한 억제가 아니라, 더 나은 삶을 향한 선택과 집중인 거죠. 절식, 절제는 성공의 본질적인 전략입니다. 절제는 욕망을 다스리고, 자신에게 가장 중요한 가치를 위해 에너지를 집중하는 삶의 방식이라고 할 수 있죠. 우리에게 필요한 것은 운명을 탓하거나 환경에 휩쓸리는 것이 아니라, 스스로의 삶을 통제하고 운명을 바꿀 용기를 가지는 것입니다. 절제의 힘은 우리를 성공으로 인도하는 가장 강력한 도구니까요.

성공을 원한다면 몰입하라

성공의 법칙 세 번째는 몰입입니다. 저는 이 세 번째 법칙이 가장 중요하다고 생각합니다. 시간은 모두에게 공평하게 똑같이 주어지고, 개인이 가지고 있는 에너지도 어떻게 보면 한계가 있습니다. 하지만 몰입은 다릅니다. 시간과 에너지에 부스터를 붙이는 것이 바로 몰입이기 때문입니다.

저는 평소 책을 많이 읽으려고 노력하는데 근래에 읽은 책 중 인상적이었던 책이 바로 이 몰입에 관한 책이었어요. 미하이 칙센트미하이 박사의 〈몰입〉을 읽어 본 분이 계신다면 아마 제 말에 더 공감하실 수 있을 것 같습니다. 몰입Flow은 어떤 활동에 완전히 빠져들어 시간과 공간에 대한 자의식을 잃고 즐겁게 무언가에 집중하는 심리적 상태입니다. 칙센트미하이 박사는 예술가, 운동선수, 과학자 등 다양한 분야의 사람들이 최고의 성과를 내는 순간에 이러한 몰입을 경험할 수 있고, 이 몰입의 경험이 삶을 더욱 풍요롭고 의미 있게 만들어준다고 말했습니다.

몰입이라고 하면 떠오르는 사람이 있습니다. 바로 오마하의 현인으로 불리는 워런 버핏입니다. 워런 버핏은 매년 투자 전략을 세워야 할 때 오마하에 있는 자기 집 서재에 틀어박혀서 며칠이고 나오지 않는다고 합니다. 서재에서 따뜻한 햇볕을 받으며 오랜 시간 독서하고, 기업 연차보고서, 재무제표, 산업 동향 등을 꼼꼼하게 분석한다고 해요. 보통 이런 집중 분석 기간은 1~2주 정도 지속되는데, 이 기간에 버핏은 외부와 단절하고 전화나 미팅도 최소화한다고 합니다. 버핏의 오랜 친구이자 투자 파트너였던 찰리 멍거는 버핏의 이 기간을 "going to the wildness(황야로 들어간다)"라고 표현했다고 합니다. 연례 은둔 기간이라고 할 수 있죠. 외부 세계로부터 아주 분리되어 깊은 성찰과 분석에 몰입하는 이 기간이 워런 버핏이 성공할 수 있었던 방법이 아닐까요.

세계적인 기업가이자 혁신가인 빌 게이츠도 매년 일정 기간 자신만의 시간을 갖는 것으로 유명합니다. 그는 이 시간을 "생각 주간Think Week"이라고 부르며, 세상과 단절한 채 깊은 몰입의 시간을 보내는 독특한 습관을 유지해왔습니다. 생각 주간 동안 그는 이메일도 확인하지 않고, 핸드폰도 끄며 외부와의 모든 접촉을 최소화합니다. 이 시간은 철저히 자신만을 위한 시간으로, 주로 책을 읽거나 중요한 문제를 깊이 생각하는 데 할애됩니다. 빌 게이츠는 이 시간을 통해 복잡한 문제를 해결하고, 회사의 방향성을 구상하며, 새로운 아이디어를 떠올리는 데 몰두합니다. 그는 한 인터뷰에서 이렇게 말했습니다.

"생각 주간은 제가 가장 창의적이고 혁신적인 아이디어를 떠올리는 시간입니다. 이 시간 동안 세상에서 벗어나 스스로에게 집중할 수 있습니다."

빌 게이츠의 이 습관은 단순히 성공한 기업가로서의 여유가 아니라, 몰입의 중요성을 증명하는 사례입니다. 몰입은 우리가 일상적으로 흩어진 생각을 정리하고, 정말로 중요한 문제에 깊이 파고들게 하는 강력한 도구입니다. 그는 이 시간을 통해 개인의 성장을 이루고, 자신이 추구하는 목표에 한 걸음 더 가까워졌습니다.

또 몰입하면 중학교 때 친구가 생각납니다. 저랑 같이 PC방에도 가고 노래방에도 가고 그렇게 잘 놀던 친구였는데 그 친구는 시험만 치면 전교 10등 안에 드는 거예요. 이상해요. 심지어 그 친구는 흔히 말하는 일진 무리에도 들어가 있었거든요. 그런데도 전교 10등 안에 들어요. 제가 도저히 이해가 안 돼서 물어봤죠. 그랬더니 그 친구가 하는 말이 수업시간에 절대 졸지 않고, 집에 가면 딱 한 시간만 집중해서 공부한다고 하는 거예요. 지금에서야 그게 몰입의 힘이라는 걸 알았어요. 잘 생각해보세요. 저는 학원도 가고 학원 끝나고 집에 와서 또 공부를 하지만 머릿속에는 온통 "친구들이랑 PC방 가고 싶다" 주말에는 "여자친구랑 데이트하고 싶다" "아 10시에 재밌는 드라마 하는데" 공부를 하는 동안에도 공부에 몰입하는 게 아니라 계속 다른 생각을 하면서 공부를 합니다. 이러니 1시간 몰입해서 했던 친구보다 현저히 떨어지는 성적이 나온 거죠.

저는 몰입을 부스터라고 생각합니다. 앞서 우리 회사 직원과 제가 시간과 에너지를 어디에, 어떻게 쓰는지 비교했었죠. 시간과 에너지 사용 분포를 단순하게 비교해보면, 제가 성공하기까지 1년이 걸린다면 우리 회사 직원은 대략 10년은 걸릴 겁니다. 그런데 여기서 몰입이라는 부스터가 붙으면 어떻게 될까요? 저는 성공이라는 목표를 위해 시간과 에너지를 쏟아붓고, 무슨 일을 하든 오직 성공을 위해 집중하고 몰입합니다. 미팅하러 이동하는 차 안에서도, 화장실에 앉아 있으면서도 저는 어떻게 하면 회사 직원들이 더 효율적으로 일할 수 있을지, 어떻게 하면 제 유튜브 구독자들과 패밀리분들이 이번 불장에서 돈을 많이 벌 수 있게 브리핑을 할 수 있을지 생각합니다. 그런데 이 친구는 일하면서도 저녁 메뉴를 생각하고, 게임 승급전에서 떨어질까 봐 걱정하고, 자신이 응원하는 야구팀이 지면 열 받아 잠도 못 자서 다음 날 일에 또 지장을 줍니다. 제가 1년이면 걸릴 일을 그 친구는 10년 걸린다고 했을 때, 10배가 차이 나잖아요. 그런데 몰입이라는 부스터가 붙으면 10배만 차이 날까요? 얼마나, 어떻게 몰입하느냐에 따라서 적어도 3배, 5배, 10배까지도 나지 않을까요. 그렇다면 그 친구와 저의 자산은 30배, 50배, 100배 차이가 날 수밖에 없겠죠. 사실이기도 하고요. 만약 돈을 벌어서 성공하고 싶다면 거기에 몰입해야 한다고 생각합니다.

몰입하는 것이 쉽지는 않습니다. 쉬웠다면 누구나 다 할 수 있었겠죠. 사실 저는 꽤 주의 산만하고 잡생각도 많아서 한 가지에 집중하는 것이 어려운 평범한 사람입니다. 맨날 같이 놀면서도 전교 10등 안에 들었던 제 친구처럼, 워런 버핏처럼 뛰어난 사람이 아니라 평범한 사람이기 때문에 몰입하려고 애를 쓰는 겁니다. 몰입하려면 앞서 말했던 시간과 에너지를 어디에 어떻게 쓸 것인지 선택하고 집중해서 사용해야 합니다. 제가 성공하기 위한 일에 저의 시간과 에너지를 90% 이상 사용하고 있어서 자연스럽게 몰입이 될 수밖에 없는 겁니다.

퇴근하고 친구들 만나서 삼겹살에 소주 한잔하고 싶고, 여자친구랑 여행 가고 싶은 것이 너무 당연합니다. 그렇게 사는 것이 평범한 삶이고, 삶의 낙이죠. 잘못된 것이 아니라는 겁니다. 그런데 성공을 원한다면, 성공에 시간과 에너지를 써서 몰입해야 한다는 것입니다. 저도 남은 평생을 이렇게 일과 성공에 90% 이상의 시간과 에너지를 쏟아서 몰입하며 살 생각은 없습니다. 3년만 더 이렇게 살 생각입니다. 3년만 이렇게 살면 제가 생각했던 성공의 높이까지 올라갈 수 있다고 봅니다. 제 시간과 에너지를 3년만 딱 몰입해서 사용하면 제 자산을 10배, 100배 키울 수 있는데 왜 안 하겠냐고요. 즐길 거 다 즐기면서 살면 평생 돈을 걱정하면서 살아야 하지만 딱 2, 3년만 열심히 살면 평생 여유롭게 살 수 있는데 어떻게 안 할 수 있을까요.

독자 여러분께도 말씀드리고 싶습니다. 코인 불장이 온다면 불장 기간 본업을 할 때 외에는 시간과 에너지를 투자에 집중해서 사용하고, 성공을 위해 몰입하시라고 말입니다. 남아 있는 이번 불장의 기간에, 혹은 다음에 올 불장에 자산을 10배, 100배 키울 것을 목표로 시간과 에너지를 쏟아서 투자 공부, 돈 공부를 하십시오. 밥 먹는 시간을 아낄 순 없지만, 퇴근 후 맥주 한잔하는 시간, 주말에 드라마 정주행하는 시간 등 굳이 하지 않아도 살 수 있는 행동에 쓰는 시간과 에너지를 모으고 모아서 투자 공부하는 시간으로 바꿔야 한다는 것입니다. 몇 개월 미친 사람처럼 모든 것을 끊고 오직 성공을 위해 열심히 산다고 한들 누가 손가락질하겠습니까. 이번 불장이 얼마나 지속될지, 앞으로 언제 또 불장이 올지 누구도 알 수 없지만, 만약 제대로 잘 준비했는데 불장이 온다면 얻어갈 수 있는 것들이 많습니다. 아무것도 하지 않고 지금에 만족하고 머물면 나의 자산은 깎이고, 삭제되는 것과 같습니다.

★

돈복남의 시간 관리 노하우 꿀팁

1. 싱글태스킹을 하라

우리는 현대 사회에서 멀티태스킹을 하나의 능력으로 칭송하며 살고 있습니다. 여러 일을 동시에 처리할 수 있다는 점에서 멀티태스킹은 시간 효율성과 생산성을 높이는 도구처럼 여겨지죠. 그러나 과연 멀티태스킹이 진정한 성공과 몰입에 도움을 주는지에 대해서는 깊은 고민이 필요합니다. 성공을 위한 몰입에는 멀티태스킹이 아니라 싱글태스킹이 더 중요한 역할을 합니다.

멀티태스킹은 한 번에 두 가지 이상의 일을 동시에 수행하는 능력을 말하죠. 회의 중 이메일을 확인하거나 운동하면서 팟캐스트를 듣는 것처럼 여러 활동을 한꺼번에 처리하는 것이 이에 해당합니다. 이는 여러 일을 한 번에 처리함으로써 생산성을 높일 수 있다는 점에서 시간 관리의 장점이 있습니다. 또 다양한 활동을 수행할 수 있습니다. 멀티태스킹은 한정된 시간 내에 다양한 일을 처리할 수 있어 바쁜 현대인들에게 유용하게 느껴지죠. 단순하고 반복적인 작업에서는 멀티태스킹이 작업 속도를 높이는 데 기여할 수 있습니다.

그러나 멀티태스킹은 겉보기에는 효율적으로 보이지만, 실제로는 깊이 있는 성과를 방해하는 경우가 많습니다. 두 가지 이상의 일을 동시에 처리하면 뇌는 지속적으로 전환 작업을 해야 합니다. 집중력을 분산시키고, 작업의 질을 떨어뜨리는 결과를 초래하죠. 연구에 따르면 멀티태스킹을 수행하는 사람들은 싱글태스킹을 하는 사람들에 비해 실수를 더 자주 저지르는 경향이 있다고 합니다. 그리고 뇌는 지속적인 전환 과정에서 큰 에너지를 소모해서 피로감과 스트레스를 증가시킵니다.

우리가 성공을 위해 해야 할 것은 몰입입니다. 몰입할 수 있을 때 나의 한계를 돌파하고 높은 성취를 얻을 수 있어요. 몰입하기 위해서는 멀티태스킹이 아니라 싱글태스킹을 해야 합니다. 그것이 몰입과 성공의 핵심이죠. 싱글태스킹은 특정 작업에만 집중하며 하나의 일을 끝내는 방식을 말합니다. 이는 몰입flow 상태를 촉진하며, 성공에 필요한 깊이 있는 사고와 성과를 이끌어냅니다. 싱글태스킹은 작업에 완전히 몰입할 수 있는 환경을 조성해서 창의성과 문제 해결 능력을 극대화하죠. 하나의 일에 집중하면 오류를 줄이고, 더 높은 수준의 결과를 도출할 수 있습니다. 또한 멀티태스킹에서 느껴지는 정신적 피로가 줄어들며, 정서적 안정감을 얻을 수 있습니다.

성공은 단순히 많은 일을 처리하는 데서 오는 것이 아닙니다. 깊이 있는 사고와 전략적 실행이 중요합니다. 코인 투자와 같은 고도의 집중이 필요한 분야에서는 더욱 그렇습니다. 시장을 분석하고, 데이터를 해석하며, 정확한 결정을 내리기 위해서는 완전한 몰입이 필요합니다. 이는 싱글태스킹을 통해서만 가능합니다.

싱글태스킹을 통해 완전한 몰입 상태를 끌어올리려면, 앞서 말했던 것처럼 작업의 우선순위를 설정해야 합니다. 하루에 가장 중요한 작업 1~3개를 선정하고, 이를 순서대로 완수합니다. 방해되는 요소는 완전히 제거해야 합니다. 스마트폰 알림을 끄고, 조용한 환경에서 일에 몰두합니다. 돈 공부, 투자 공부를 하기로 한 20%의 골든타임만큼은 방해 요소는 모두 제거하는 것이 좋죠. 그리고 집중해야 합니다. 고도의 에너지를 끌어올릴 수 있는 20%의 골든타임에 해야 할 목표를 설정해서 오직 그것 하나만 싱글태스킹으로 몰입하는 것입니다.

멀티태스킹은 겉보기에는 효율적으로 보일 수 있지만, 진정한 성공을 이루는 데 필요한 몰입과 집중을 방해합니다. 싱글태스킹은 작업의 깊이와 품질을 높이며, 성공으로 가는 길을 여는 핵심 도구입니다. 코인 투자와 같은 중요한 결정의 순간에는 싱글태스킹을 통해 몰입을 극대화하고, 더 나은 결과를 얻는 데 집중해야 합니다.

2. 차단하라

몰입하기 위해서는 모든 것을 차단해야 합니다. 차단해야 한다는 것은 단순히 휴대폰의 메일 수신 알람이나 톡 알람을 차단하라는 것만은 아닙니다. 어쩌면 몰입은 에너지를 관리하는 것과도 같습니다. 불필요한 관계, 만남, 과도한 식탐, 게으름, 감정 소모 등을 차단하라는 것입니다. 결국은 자기를 통제하는 에너지 관리와 밀접한 관련이 있죠. "아니오"라고 말할 수 있는 것, 거절하는 것도 나를 유혹하는 많은 것들을 차단하는 방법입니다.

사실 제가 일산에 사무실을 두고 있는 것도 몰입하기 위한 방법이라고 할 수 있습니다. 돈도 많이 벌고, 사업도 잘되고, 구독자도 많이 늘어났는데 강남이나 시내 번화가로 사무실을 옮겨도 되지 않냐고들 말합니다. 사실 할 수 있습니다. 그런데 제가 일산에 있는 것은 몰입을 하는 방법 중 하나입니다. 사무실을 강남이나 번화가로 옮긴다고 해볼까요? 한창 일하고 있을 시간인데 밤만 되면 나오라는 전화에 시달리게 될 것입니다. 저는 저를 믿습니다만, 한편으로는 믿지 않고 객관화해서 보려고 늘 노력합니다. 저도 인간인지라 기분이 울적하거나 일이 잘 풀리지 않는 날에는 술을 마시면서 풀고 싶기도 합니다. 한두 번은 그럴 수도 있겠죠. 하지만 한 번이 두 번 되고 두 번이 세 번 될 거라고 생각합니다. 평일에는 집중하자는 저의 원칙도 환경을 거스르기 힘들 수 있습니다. 그렇게 원칙을 깨버리면 결국, 다음 날 일과에 영향을 줍니다. 제가 제 원칙을 지키지 못했다는 후회와 좌절감은 자존감과 자신감, 멘탈을 떨어뜨립니다. 결국, 저는 저를 일산에 가두는 것입니다. 차단하는 거죠. 숱한 유혹들로부터요. 불장에 자산을 10배로 불리고 싶다면 차단하십시오. 평생 그렇게 살라는 말이 아닙니다. 목표를 채울 때까지만이라도 적어도 그렇게 살라는 것입니다.

3. 공간을 활용하라

저는 몰입을 하기 위한 최적의 장소를 마련해뒀습니다. 저만의 서재입니다. 이 공간만큼은 누구의 방해도 받지 않고 집중할 수 있는 환경을 만들어놓았죠. 책도 읽지만 집중해서 처리해야 하는 일은 웬만하면 이곳에서 다 합니다. 트레이딩을 하는 공간과는 분리된 개별적인 다른 공간이죠. 공간의 힘은 대단합니다. 너무 편하지도 불편하지도 않은 의자와 좋아하는 조명으로 꾸며놓았습니다. 이 공간에서 몰입했던 무아지경의 상태를 많이 느꼈기 때문에 서재에 들어서는 순간 몸과 정신이 바뀌는 것을 느낍니다. 이제 시작해볼까? 하는 느낌이랄까요. 여러분도 그런 공간이 있으신가요? 솔직히 혼자 살지 않고 가족이 있고 아이가 있다면 이런 공간을 확보하는 것이 힘들 수도 있습니다. 그런데 꼭 혼자만의 공간이어야만 하는 것은 아닙니다. 집 외에도 몰입할 수 있는 공간을 탐색해보는 것도 좋은 방법이죠. 너무 조용하면 오히려 더 집중이 안 되는 분들도 있잖아요. 늘 같은 공간이 주는 지루함이 오히려 집중력을 떨어뜨릴 수도 있고요. 카페나 도서관처럼 혼자만의 시간을 보낼 수 있는 곳을 활용하거나, 정기적으로 환경을 바꿔 새로운 자극을 주는 것도 몰입을 촉진하는 데 도움을 줄 수 있다고 봅니다.

장소는 중요하지 않지만, 무엇보다 중요한 것은 깔끔하게 정리돼 있어야 한다는 겁니다. 눈에 산만한 요소를 최소화해야 하죠. 정돈된 작업 환경은 몰입을 도와주며, 영감을 주는 물건이나 목표를 시각화한 다이어그램 등을 배치하면 동기 부여를 강화할 수 있습니다. 자연광이 들어오는 곳이 이상적이지만, 그렇지 않으면 눈의 피로를 덜어주는 따뜻한 조명을 사용하는 것이 좋습니다. 디지털 방해 요소를 줄이는 것도 필수적입니다. 스마트폰이나 소셜 미디어 알림을 끄고, 필요한 경우 비행기 모드로 전환하세요. 생산성을 높이기 위해 타이머나 할 일 관리 앱 같은 디지털 도구를 활용하는 것도 좋은 방법입니다. 몰입 공간에는 감각적 요소도 중요합니다. 집중력을 높이는 향기나 백색 소음, 자연의 소리를 활용하면 마음이 안정됩니다. 어떤 친구는 향초를 켜두면 기분이 좋아지고 안정감이 들어서 초를 켠다고도 하더라고요. 무엇이든 집중할 수 있는 공간의 분위기를 만들어준다면 뭐든지 좋습니다.

몰입을 지속하려면 규칙적인 루틴을 구축하는 것이 필요합니다. 하루 중 특정 시간대를 몰입 시간으로 정하고, 이를 최대한 오래 유지하려고 노력해야 합니다. 지나치게 오래 집중하기보다는, 25분간 몰입하고 5분간 휴식하는 방식처럼 집중과 휴식을 균형 있게 배치하는 것도 잊지 말고요.

태도가 당신의 자산을 지켜준다

성공의 법칙 시간, 에너지, 몰입에 대해 알아봤습니다. 정말 열심히 이 모든 것을 잘 관리하고, 적용해서 투자에 성공했다고 칩시다. 나의 자산이 10배가 됐어요. 그러면 목표를 이루었기 때문에 모든 것을 다 이루었다고 할 수 있을까요? 아닙니다. 그 자산을 지켜내는 것도 중요합니다. 그리고 거기서 끝이 아니죠. 사람은 누구나 더 벌길 원합니다. 1억 원을 벌면 2억 원을 벌고 싶고, 2억 원을 5억 원으로 만들고 싶고, 5억 원을 가지고 있으면 10억 원을 만들어 볼까? 라고 생각하게 되어 있습니다. 번 돈을 지켜내고, 거기서 더 벌기 위해서는 무엇이 필요할까요. 저는 결국, 태도가 그 자산을 지키고, 더 벌 수 있는 토대를 마련해준다고 생각합니다. 운 좋게 투자에 성공해서 돈을 벌었다고 하더라도 지키는 것은 어렵습니다. 당신이 번 돈을 지켜주는 것은 결국, 태도에요. 투자에서 이익을 얻는 것은 물론 중요하지만, 그 이익을 지키고 꾸준히 성장시키는 것은 더 어렵죠. 이 과정에서 가장 중요한 태도는 바로 '성실함'과 '겸손함'입니다.

워런 버핏은 '성공은 당신의 태도와 그것을 지속시키는 성실함에 달려 있다'라고 말하며 태도의 중요성을 강조했습니다. 또한, 벤저민 프랭클린은 '겸손은 다른 미덕들을 위한 토대가 된다'라고 말해 겸손함의 가치를 역설한 바 있죠. 성실함과 겸손, 이 두 가지 태도는 서로 보완적입니다. 성실함은 겸손함을 뒷받침하며, 겸손함은 성실함을 지속할 수 있게 만들죠. 이 두 가지가 조화를 이루는 투자자는 단순히 일시적인 성공에 그치지 않고, 장기적으로 안정적인 부를 유지하고 성장시킬 수 있습니다.

시장 분석, 투자 포트폴리오 점검, 위험 관리 등의 모든 과정을 꾸준히 실행하는 것이 성실함의 기본입니다. 이를 통해 시장의 변화를 민감하게 감지하고, 새로운 기회를 잡아낼 수 있는 준비된 투자자가 될 수 있는 거죠. 성실한 태도는 단순히 지식이나 경험을 넘어, 변화를 받아들이고 새로운 정보를 학습하려는 열린 자세를 유지하게 해줍니다.

겸손함은 투자 성공 이후에도 교만해지지 않고 자신을 되돌아볼 수 있는 능력입니다. 제 주변에는 전업 투자자도 많고, 우리 패밀리 중에는 단기간에 많은 돈을 번 사람들도 많습니다. 그런데 전업 투자자든 아니든, 겸손하지 않았던 사람들의 결말은 모두 같았습니다. 상상할 수 없을 만큼 많이, 100억 원, 200억 원을 벌었던 친구들은 오만함에 빠지게 되어 있더군요. 사실 시장이 좋아서, 운 좋게 번 겁니다. 그런데 사람들은 참 이상하게도 내가 잘해서, 내가 잘나서, 내가 특출나서 벌었다고 착각합니다. 늘 시장에 감사해하고 고마워해야 합니다. 내가 잘나서가 아니라 내가 다른 사람들보다 트레이딩 실력이 좋아서가 아니라 그저 운이 좋아서 다른 사람들보다 불장에 좀 더 빨리 발을 담가서 벌었을 뿐이에요. 많은 투자자가 성공 후 오만해집니다. 오만은 자기 자신을 과신하게 만들죠. 그러다가 시장의 위험 신호를 무시하는 실수를 저지르게 되고, 무리한 투자를 감행해서 큰 손실을 봅니다. 이때 겸손한 태도는 자신이 틀릴 수 있음을 인정하고, 잘못된 결정을 바로잡을 기회를 주죠. 또한, 다른 사람들의 의견을 경청하며 더 나은 결정을 내릴 수 있는 기회를 만들어주기도 합니다.

결국, 돈은 태도를 따릅니다. 돈은 성실하고 겸손한 사람을 좋아합니다. 성실하고 겸손한 태도로 투자에 임하는 사람은 어떤 상황에서도 흔들리지 않고 자신의 길을 꾸준히 걸어갈 수 있습니다. 이러한 태도는 시장의 변화 속에서도 흔들리지 않는 자신만의 투자 원칙을 만들 수 있게 해주고, 투자하는 삶을 더욱 풍요롭게 만들어줍니다.

PART

6

돈복남이 전하는 10가지 지혜

이 책을 읽는 독자분들의 연령대가 어떻게 되는지 가늠이 되질 않습니다. 사실 제 유튜브 채널 구독자분들은 다른 코인 유튜브 채널과 다르게 연령대가 높은 편이에요. 언젠가 라이브 방송을 하다가 제 채널 구독자분들의 연령대가 궁금해져서 유튜브 채널 분석에 들어간적이 있는데 가장 많은 구독자 연령대가 40대, 50대더라고요. 오프라인 강의나 모임을 해도 20, 30대 보다는 40, 50대 누님, 형님들이 절반 이상 오시는 것 같아요. 그래서 독자분들도 그럴 거라고 생각하고 말씀드립니다. 사실 저는 40, 50대 인생 선배님들보다는 나이가 어립니다. 그래서 이런 글을 쓰는 것이 조금 조심스럽기도 합니다. 그분들이 보시기에는 아직 한참 어린 제가 삶의 지혜니 어쩌니 말을 하는 것이 어떻게 보면 까분다고 느끼실 수도 있을 테니까요. 경험을 해봤자 뭘 얼만큼 했을 것이며, 고생을 해봤자 뭘 얼마나 해봤겠냐 그러실 수도 있죠. 맞습니다. 결혼하고, 가정을 꾸리고, 누군가를 책임지고 지키고 하면서 어른이 된다고 하는데 저는 아직 결혼도 하지 않았거든요. 고작 코인 투자로 돈 조금 벌었을 뿐인데 조금 전까지 겸손해야 한다고 말해놓고 삶의 지혜를 논하냐고 하실 수도 있어요. 물론 그렇습니다. 저는 비록 아직은 젊고, 다른 분들보다 경험이 적을 수도 있습니다. 그런데 사실 사업을 하다 보면 많은 일을 겪어요. 어릴 때부터 다양한 아르바이트를 하고, 장사를 하면서 많은 경험을 쌓았습니다. 사업을 시작하면서는 나름대로 마음 고생도 많이 했어요. 왜 그런 말이 있잖아요. 전생에 죄를 많이 지은 사람이 사업가가 된다는 말이요. 정말 공감합니다. 저보다 인생을 오래 사신 분들 보다는 경험이 적을 순 있지만 성공을 위해 누구보다도 치열하게 살아왔다고 자부합니다. 성실하고 겸손하려고 애썼고, 베풀려고 노력했습니다. 인간은 본래 악한 존재라는 것을 알고 제가 착한 사람이 아니라는 것을 알기 때문에 더더욱 의식적으로 해왔어요. 그런 과정에서 나름대로 많은 것을 배우고 느끼면서 살아왔어요. 저보다 어린 동생들은 앞으로 제가 풀어놓는 이야기들을 공감하면서 봐주면 좋을 것 같고, 저보다 많이 삶을 살아온 선배님들은 '그래도 네가 어린 나이에 많이 겪었구나' 하면서 고개 끄덕이며 봐주셨으면 좋겠습니다.

1. 부정적인 말과 뒷담화는 결국, 나 자신에게 해가 된다

여러분, 혹시 누군가와 대화하다가 다른 사람에 대해 부정적인 이야기를 했던 적 있으신가요? 우리는 종종 타인의 단점이나 허물을 이야기하면서 별생각 없이 이렇게 말합니다. "나쁜 뜻은 아니었어.", "그냥 사실을 말한 거야."라고요. 술 한 잔 하면서 누군가의 이야기를 안주 삼아서 하기도 하죠. C가 없는 자리에서 A와 B가 C의 욕을 하고, 부정적인 이야기를 하면 A와 B는 그 순간에는 유대감을 형성할 수 있겠죠. 그런데요. 집으로 돌아가면서 생각해보면 참 찝찝해요. 왜인지 아세요? 방금 나와 C를 뒷담화한 B는 어딘가에 가서도 A인 나에 대한 욕과 부정적인 말들을 할 거라는 생각이 들거든요. "이 사람은 다른 사람의 허물을 이렇게 쉽게 말하네? 나에 대해서도 그럴 거야." 이런 생각이 들게 만든다는 거죠. 그 말은 뭘까요. B도 A인 나에 대해 그렇게 생각할 거라는 거예요.

결국, 뒷담화는 나 자신을 부정적으로 보이게 만드는 행동이라는 겁니다. 내가 열심히 쌓아올린 나의 명성을 한순간에 무너뜨리고, 상대방으로 하여금 나를 의심하고 불신하도록 만들 가능성이 높습니다. 부정적인 말을 하는 순간, 그 말은 반드시 부메랑처럼 나에게 돌아옵니다. 그렇다면 누군가가 다른 사람의 단점이나 비난거리를 말할 때, 어떻게 해야 할까요? 그냥 듣고 모른 척하세요. 입 밖에 내지 않는 것이 가장 현명합니다. 사람들의 단점이나 실수를 내가 직접 겪거나 본 것이 아니라면 그 이야기를 그대로 믿지도 말고 말하지도 마세요. 우리는 모두 서로를 100% 이해할 수 없습니다. 어떤 상황에서든, "들어주는 것"만으로도 충분히 위로가 되고 관계를 지킬 수 있다는 점을 꼭 기억하세요.

비판이나 충고를 해야 하는 상황이라면 더더욱 신중해야 합니다. "이건 다 너를 위해 하는 말이야"라는 충고는 사실 "너는 틀렸고, 나는 맞아"라는 뜻으로 들리기도 합니다. 이런 말들은 상대방을 방어적으로 만들고, 오히려 자신을 정당화하려고 애쓰게 하죠. 가까운 친구나 가족에게조차 충고할 때는 직설적으로 말하기보다, "이런 생각이 들었어" "내가 느낀 점인데 참고만 해봐" 이런 식으로 자연스럽게 의견을 나누는 편이 더 효과적입니다.

부정적인 말보다는 긍정적인 말을 많이 하는 것이 좋습니다. 긍정적인 말을 하면서 살면 긍정 에너지가 저에게 옵니다. 부정적인 말과 뒷담화는 결국, 나 자신에게 해가 됩니다. 관계를 망치지 않고, 더 깊고 진실한 관계를 만들기 위해서는 상대를 비판하기 전에 공감하고, 들어주고, 지지하는 것이 가장 큰 지혜입니다.

2. 말이 아닌 행동으로 증명하라

두 번째는 말이 아닌 행동으로 증명하라 입니다. 여러분, 말은 참 쉽습니다. 누구나 쉽게 번지르르하게 내뱉을 수 있습니다. 하지만 이것을 행동으로 지키는 것은 쉽지 않죠. 진정한 진가는 행동으로 드러나는 겁니다. 말은 누구나 할 수 있지만, 행동은 그 사람이 진짜 어떤 사람인지 보여줍니다. 예를 들어, "나는 항상 사람들에게 친절하게 대할 거야"라고 말할 수 있습니다. 하지만 말은 아무런 소용이 없습니다. 실제로 친절하게 행동하는지 아닌지가 중요하죠. 제가 “저 성실해요. 저 성실하지 않나요?”라고 얘기하는 것은 중요하지 않습니다. 말이 아닌 행동으로 보여주는 것이 중요하죠. 묵묵하게, 누가 알아주지 않아도 그냥 매일 아침 8시 라이브 방송을 하는 겁니다. 하루 이틀로는 안됩니다. 4년째 해오고 있어요. 이렇게 몸으로, 행동으로 보여주는 겁니다. 진심을 담아서, 진정성 있게, 일관되게 말이죠. 행동은 그 사람의 진정성을 전달하는 가장 강력한 도구입니다. 자신의 가치를 말로 증명하려 하지 말고, 행동으로 입증해보세요. 사람들이 나를 존중하고, 존경할 것입니다. 약속을 한다는 것은 책임을 지겠다는 의지를 보여주는 것입니다. 실제로 행동으로 약속을 지켜야만 진정한 평가로 이어집니다. 만약 내가 무언가를 약속했다면, 그 약속을 행동으로 실천하는 것이 중요해요. 말은 쉽게 할 수 있지만, 행동으로 그 약속을 지키는 사람은 진정성 있는 사람으로 인정받습니다.

우리는 모두 긍정적인 말을 많이 할 수 있습니다. 하지만 중요한 건 그 말에 상응하는 행동을 보여주는 것입니다. 사람은 말로만 듣고 싶어하지 않습니다. 내가 말한 대로, 내가 한 약속대로 행동하는 모습을 보고 사람들은 나를 신뢰하게 되고, 나의 가치를 인정합니다. 말보다는 행동으로 나를 증명하는 사람이 진정으로 존경받을 수 있습니다. 저는 우크라이나에 전쟁이 났을 때 우크라이나에 비트코인 2.1개를 보냈습니다. 그리고 매달 보육원에 기부도 하고 있습니다. 내가 베풀고 나누는 삶을 살겠다는 것을 말로만 한다면 누가 저를 믿을까요. 누가 알아주지 않아도 저와의 약속이기 때문에 그냥 해나가는 겁니다. 저의 그런 모습을 좋게 봐주시면 좋은 거고요.

결국, 사람의 진정한 가치는 말이 아닌 행동을 통해 드러납니다. 우리가 나누는 말보다 중요한 것은 그 말이 행동으로 실천되고, 일관되게 유지되는 거죠. 나의 가치와 진심을 말로만 표현하지 말고, 행동으로 보여줘야 사람들은 그 가치를 진심으로 인정하고 존중하게 될 것입니다. 행동이 말보다 더 강력한 메시지를 전달하고, 시간이 지나도 잊히지 않게 만들어줍니다. 여러분, 행동으로 나의 가치를 증명하고, 말보다는 행동으로 나를 보여주세요. 그렇게 해야 진정한 가치가 빛을 발하게 될 것입니다.

3. 나의 약점을 타인에게 쉽게 말하지 말라

여러분은 혹시 내 약점을 솔직하게 털어놨다가 후회했던 경험이 있으신가요? 많은 분들이 친하다고 생각했던 사람에게 자신의 약점을 말했다가, 예상치 못한 결과를 겪곤 합니다. 인간은 타인의 약점을 은근히 즐깁니다. 씁쓸하지만 이건 사실입니다. 인간은 타인의 약점을 보며 위안을 얻고, 자신도 모르게 그걸 은근히 즐기기도 합니다. 친할 때는 "모든 걸 다 이해한다"라고 하지만, 조금만 서운한 일이 생기면 쉽게 등을 돌리기도 하죠. 이런 게 바로 사람 마음입니다. 그래서 내 약점을 말하기 전에 꼭 생각해보세요. "이 이야기를 꺼내면 정말 도움이 될까?", "혹시 나중에 이 이야기가 나에게 상처가 되어 돌아오지 않을까?" 사실 약점을 다른 사람에게 이야기한다고 해서 해결책이 생기는 건 아닙니다. 결국,, 약점은 스스로 극복해

나가야 하는 겁니다. 말로 뱉는다고 해결되거나 줄어들지 않는다는 거죠. 오히려 그 약점을 드러내면 내 자신이 더 위축되고, 스스로를 약한 사람으로 느끼게 만들기도 합니다. 중요한 건 약점은 스스로 극복할 수 있다는 걸 믿는 거예요. 다른 사람에게 도움을 기대하기보다 내가 할 수 있는 방법을 찾아야 합니다. 옛말에 이런 말이 있어요. "사람은 모두 입안에 도끼를 가지고 태어난다. 어리석은 사람은 그 도끼로 자신을 찍는다." 이 말처럼 내 입에서 나온 말이 나를 위기에 빠뜨릴 수 있어요. 여러분, 한번 뱉은 말은 결코 되돌릴 수 없습니다. 그렇기 때문에 말을 하기 전에 두 번, 세 번 생각해보고 말을 해야 하는 겁니다. "이 말을 하면 정말 적절할까?", "내가 후회하지 않을까?" 항상 한 번 더 생각하세요. 그리고 모든 말을 다 할 필요는 없어요. 내 이야기를 들어줄 사람이 그만큼 믿을 만한 사람인지, 정말 나를 존중하고 지켜줄 사람인지 먼저 판단해야 해요. 그 사람이 내 약점을 어떻게 다룰지 모른다면, 신중해야 합니다.

가끔 우리는 친밀감을 느끼고 싶어서 많은 말을 하곤 합니다. 그런데 말을 많이 한다고 해서 인기가 많아지거나 신뢰를 더 얻는 건 아니에요.오히려 그 과정에서 실수로 내 명성이나 이미지를 무너뜨릴 수 있습니다. 내가 하고 싶은 이야기가 들려줘도 괜찮은 말인지, 아니면 감추는 것이 더 나은 말인지 생각해야 합니다. 판단이 서지 않을 때는 서두르지 말고, 그 상대를 천천히 살펴보세요. 그 사람의 성품이나 인격에 대해 확신이 설 때까지 기다리는 것도 하나의 지혜입니다.

"내 약점은 스스로 극복해야 하고, 함부로 드러내지 않는 것이 나를 지키는 길이다." 말은 내뱉기 전까지는 내 것이지만, 한 번 나가면 통제할 수 없어요. 어쩌면 말을 아끼는 것이 나 자신을 지키는 방법이기도 합니다.

4. 사생활은 필요한 만큼만 나눠라

그런 경험 없나요? 누군가와 대화를 나누다가 사소한 내 단점이나 가족 이야기 등을 말하고 왔는데 집에 돌아와서 "아, 그 말 안 했으면 좋았을걸" 하고 후회한 적이요. 아마 있을 겁니다. 나의 비밀, 나의 사생활, 나의 치부를 말하고 보여주면 더 친해질 것 같지만, 사실 더 멀어지는 경우도 많습니다. 제가 항상 강조하는 것이 있습니다. 나의 사생활을 필요 이상으로 말하지 말자는 겁니다. 슬픔을 나누면 약점이 되고, 기쁨을 나누면 시기로 돌아오기 때문입니다. 내가 진심으로 털어놓은 나의 사생활이 어느새 가십거리가 되고, 나중에는 비수처럼 나를 찌르는 상황. 겪어보신 적 있을 겁니다. 너무 속상하죠.

사람의 본성은 이기적입니다. 누군가는 나를 진심으로 걱정해줄 수도 있지만, 대부분은 내 이야기를 흘려듣거나 재미 삼아 다른 데에서 말하곤 해요. 결국, 내가 던진 말이 어디까지 퍼질지, 어떻게 변할지는 아무도 모릅니다. 그래서 저는 이런 말도 자주 합니다. "말하지 않으면 비밀은 지켜진다." 내가 말하지 않으면 비밀이 새어나갈 리가 없습니다. 내가 아무리 잘 말한다고 하더라도 결국, 내가 한 말보다 살이 붙게 돼 있더라고요. 지금 현재 정말 가깝게 지내던 사람과 몇 년 뒤에도 계속 만나고 있을 거라는 확신이 있나요. 오늘은 정말 가까운 친구가 몇 년 뒤에는 연락 한 통 없는 사이가 되기도 합니다. 인간관계를 너무 과신하지 않는 것이 중요합니다. 특히 내 치부나 불행한 이야기, 사생활을 꺼낼 때는 한 번 더 고민해야 합니다.

침묵해서 후회한 적은 없습니다. 결국, 내 이야기를 아끼는 것이 나를 존중하게 만드는 방법이기도 합니다. 그러니 여러분, 나의 사생활을 말하기 전에 스스로에게 물어보세요. "이 이야기를 굳이 할 필요가 있을까? 나중에 후회하지는 않을까?"

5. 겸손이 최고의 지혜다

우리는 가끔 자랑을 하고 싶을 때가 있습니다. 내가 잘한 일, 가진 것, 또는 특별한 무언가를 공유하고 싶을 때가 있죠. 하지만 그 자랑이 나도 모르게 누군가에게 상처를 주거나, 질투를 불러일으키는 원인이 되기도 합니다. 예를 들어, "내가 이런 걸 할 수 있어.", "이 정도는 나한테 쉬운 일이야." 이런 말을 할 때 듣는 사람은 "나한테는 쉽지 않고 어려운 일인데 내 앞에서 저런 말을 하다니, 나를 무시하나?"라는 느낌을 받을 수도 있습니다. 그래서 말을 하기 전에 꼭 한 번 더 생각하세요. "이 말을 해서 나에게 어떤 결과가 돌아올까?" 사람들이 나를 칭찬하기 전에 내가 먼저 나를 자랑하면 어떻게 보일까요? 대부분 반감을 부릅니다. 내가 하는 내 자랑은 나의 가치를 높이는 것이 아니라, 오히려 낮추는 결과를 가져옵니다. 특히, 자기 자랑을 즐기는 사람은 상대방에게 경청하지 않는 사람, 자기중심적인 사람, 신뢰하기 어려운 사람으로 비춰질 수 있습니다. 결국, 이런 사람 곁에는 진정한 친구나 동료가 남기 어렵습니다.

여러분, 진짜 현명한 사람은 자랑 대신 겸손으로 자신을 무장합니다. 겸손은 단순히 나를 낮추는 것이 아닙니다. 나를 스스로 낮출 필요는 없죠. 겸손은 나의 가치를 굳이 드러내지 않고, 나 자신을 지킬 줄 아는 힘이에요. 특히, 능력이 뛰어나거나 성공한 사람일수록 질투와 시기를 피하기 위해 겸손하게 행동하는 것이 중요합니다. 인간의 본성은 나보다 많이 가진 사람을 시기하고, 적게 가진 사람을 무시하는 경향이 있기 때문이에요. 그렇기 때문에 오히려 조용히, 겸손하게 행동하는 것이 더 큰 신뢰를 얻는 방법입니다. 자기 자랑을 하는 사람은 오래가지 못합니다. 자랑은 그 순간은 나를 돋보이게 할 수 있지만, 시간이 지날수록 사람들에게 반감을 사고 나를 외롭게 만들 가능성이 큽니다. 반면에, 겸손한 사람은 시간이 지나도 주변에 좋은 사람들이 남아 있습니다. 내 가치를 굳이 드러내지 않아도, 진심과 겸손은 자연스럽게 나를 빛나게 합니다.

6. 돈자랑은 시기와 질투를 부른다

돈 자랑은 하는 것이 아닙니다. 사람이 살면서 자신이 초라하게 느껴질 때가 있는데 텅 빈 지갑을 볼 때입니다. 돈에 관한 이야기는 정말 신중하게 해야 합니다. 특히 자랑은요. 왜냐면 사람은 본능적으로 자신보다 더 많이 가진 사람을 질투하기 마련이라서 그렇습니다. 반대로 자신이 돈이 적으면 무시당한다고 느끼게 되죠. 그래서 돈에 대해서 이야기할 때, 설령 진짜로 자랑하려고 한 것이 아니라고 해도, 돈 자랑은 사람들 사이에서 불편함을 만들 수 있습니다. 돈 자랑은 나의 진정성을 느끼지 못하게 해요. 그리고 날 진정으로 도와줄 사람들을 떠나게 만듭니다. 나중에는 결국, 나의 돈만 바라보는 사람들만 남게 돼 있어요.

주변에 갑자기 부자가 된 경우가 있나요? 참 미묘한 감정들이 생깁니다. 축하한다고는 하지만 부럽기도 하고, 나는 뭐했나 싶기도 하고, 그러다가도 은근히 밥 한번 사길 바라게 되기도 하고요. 기대가 생기기도 하고 요구가 생기기도 해요. 밥 한번 안 사고, 내가 힘들 때 돈을 빌려주지 않으면 서운해지면서 결국, 관계가 소원해지기도 합니다. 좋을 것이 하나도 없어요. 아무리 친하다고 해도, 심지어 가족이라도 내가 얼마 버는지 다 꺼내보이지 않는 것이 좋습니다. 제 실친들은 제가 돈복남인지도 모릅니다. 조그마한 회사 하나 하는데 요즘 경기가 다 어려우니까 힘들게 사업하는 줄 알아요. 내가 돈이 많다거나, 돈을 많이 번다는 것을 아는 순간 그 사람과는 멀어진다고 봐야 합니다. 진심으로 평생 함께 가고 싶은 사람이라면, 이 좋은 관계를 오랫동안 유지해나가고 싶다면 돈 얘기는 하지 않는 것이 현명합니다. 어쩌면 이건 배려일지도 모르겠습니다.

7. 날 죽이지 못하는 고통과 시련은 나를 더 강하게 만든다

살다 보면 고통과 실패는 누구에게나 찾아옵니다. 그럴 땐 이 고통의 무게에 제가 짓눌리거나 실패로 인해서 좌절할까봐 두렵기도 하죠. 그런데 뒤돌아보면 고통과 실패는 언제나 저를 강하게 만들고, 더 나은 사람으로 성장하게 하는 원동력이었던 것 같아요. 고통은 결코 나를 죽이지 않습니다. 고통이 나를 넘어뜨리려 하지만, 그 고통은 오히려 나를 더 강하고 단단한 사람으로 만들어 줍니다. 고통을 겪으며 내가 어떻게 성장할지, 그것이 중요합니다. 고통은 잠시일 뿐이고, 그 계기로 오히려 강해질 수 있습니다. 고통이 나를 죽이지 못한다면, 그 고통은 오히려 나를 더 강하게 만드는 자양분이 됩니다.

저는 개인적으로 허리디스크라는 시련을 가지고 있습니다. 처음 이 문제를 알게 되었을 때는 막막했습니다. 일상의 움직임 하나하나가 고통스럽게 느껴졌고, 왜 나에게 이런 일이 생겼는지 원망도 했습니다. 하지만 시간이 지나면서 저는 이 허리디스크가 단점만이 아닌, 내 삶에 긍정적인 영향을 미칠 수 있다는 사실을 깨달았습니다.

허리디스크는 저를 움직이게 만들었습니다. 단순히 물리적인 움직임뿐 아니라, 삶을 대하는 태도 자체를 변화시켰습니다. 저는 통증을 관리하기 위해 운동을 시작했고, 이를 통해 내 몸을 더 깊이 이해하게 되었습니다. 체중을 관리하는 것도 중요한 과제가 되었는데, 이는 단순히 디스크를 관리하기 위한 것이 아니라, 제 자신을 더 건강하고 강하게 만드는 길이기도 했습니다.

그 결과, 저는 이전보다 더 건강한 생활을 하게 되었고, 자기 관리를 통해 내면의 강인함까지 키울 수 있었습니다. 허리디스크는 더 이상 저를 괴롭히는 적이 아니라, 저를 더 강하게 만드는 동반자가 되었습니다.

사업을 운영하면서 느끼는 스트레스도 마찬가지입니다. 사업 스트레스는 처음에는 저를 짓누르는 부담으로 다가왔습니다. 끝없이 쏟아지는 일과 책임감, 그리고 예상치 못한 실패는 제 자신감을 무너뜨리려 했습니다. 그러나 저는 이 스트레스를 회피하기보다, 이를 극복하는 과정을 통해 성장하기로 마음먹었습니다.

스트레스는 저를 더 전략적으로 생각하게 만들었고, 문제 해결 능력을 키우게 해주었습니다. 또한, 스트레스를 관리하기 위해 스스로를 돌보는 법을 배우고, 효율적인 시간 관리와 우선순위 설정의 중요성을 깨닫게 되었습니다. 이 모든 과정은 제가 단순히 생존하는 것을 넘어, 더 나은 경영자가 되고, 더 단단한 사람이 되는 데 큰 자양분이 되었습니다.

2021년 초, 저는 비트코인 투자로 인해 인생에서 가장 큰 실패를 맛본 적이 있습니다. 한순간의 잘못된 판단으로 큰 금액을 잃었고, 그 결과는 참담했습니다. 그때의 좌절감은 이루 말할 수 없지만, 저는 그 실패에 주저앉지 않았습니다. 오히려 이를 교훈 삼아 더 철저하게 분석하고 준비하며 다시 도전했습니다.

결국 저는 그 실패 이후 잃었던 금액의 10배를 벌어들이는 성과를 이뤘습니다. 그 경험은 단순한 재정적 회복을 넘어, 실패를 대하는 저의 태도를 바꿔 놓았습니다. 실패는 끝이 아니라 새로운 시작이라는 것을 몸소 체험했고, 이를 통해 더 큰 성공의 문을 열 수 있었습니다.

그렇기에 저는 언제나 말합니다. '고통과 시련아. 언제든 찾아와라. 나는 준비되어 있다.' 인생에서 행복만 있을 수는 없습니다. 때로는 힘든 일과 시련이 찾아올 것입니다. 그러나 저는 그런 순간마다 스스로에게 말합니다. "좋아, 이번에도 내가 이겨낼 차례야." 그리고 그렇게 이겨낸 실패와 시련은 저를 더 큰 사람으로 성장시켜 주었습니다. 고통이 나를 넘어뜨리려 한다면, 저는 이를 발판 삼아 더 높이 오를 것입니다.

이 경험을 통해 깨달은 것은, 우리에게 주어진 고통과 시련은 우리의 태도에 따라 얼마든지 가치 있는 것으로 변화할 수 있다는 사실입니다. 고통은 우리를 약하게 만들지 않습니다. 오히려 고통은 우리가 강해질 기회를 제공합니다. 여러분이 마주한 고통이 무엇이든, 그것이 결국,

여러분을 더 단단하고 강한 사람으로 만들어줄 것임을 믿으시길 바랍니다.

8. 남과 나를 절대 비교하지 말라

요즘 우리는 SNS와 인스타그램 같은 플랫폼에서 끊임없이 다른 사람들과 나를 비교하며 살아가고 있어요. 그들의 삶이 더 화려하고, 더 성공적이며, 더 멋져 보일 때, 우리는 자연스럽게 '나는 왜 이럴까?'라고 자책하게 되죠. 하지만 이렇게 살아가는 건 정말 잘못된 방식입니다.

다른 사람의 삶을 보고, 그들의 성공을 보며 나 자신을 비교하는 순간, 우리는 진정한 나의 가치를 잃어버립니다. 모든 사람은 각자 다른 속도와, 각자 다른 방식으로 살아가고 있어요. 그 사람의 성공이 나의 실패와 연결되지 않듯이, 나의 성공이 다른 사람에게 영향을 미치지 않듯이, 우리는 각각 다른 속도로, 자신만의 길을 걷고 있습니다.

SNS에서 보여지는 삶은 그저 '한 순간의' 모습을 보여주는 것일 뿐이에요. 그런 말이 있더라고요. SNS 속 사진은 인생의 하이라이트만 모아놓은 거라는. 그 속에는 숨겨진 고민이나 아픔, 실패는 대부분 보이지 않죠. 우리는 그저 보여지는 것만 보고, 그걸 기준 삼아 스스로를 평가하는 함정에 빠지게 됩니다. 저조차도 다른 사람과 저를 비교하려고 들면 한도 끝도 없어요. 더 잘생긴 사람, 더 좋은 차를 타는 사람, 여자친구가 있는 사람 등을 보면서 부러워할 수도 있죠. 그런데 어떻게 보면 SNS에서 보여지는 삶이나 모습은 허상이란 말이에요. 그런 허상과 나의 삶을 비교할 필요가 없다는 겁니다.

남과 나의 삶을 비교하는 비교의 굴레에서 벗어나세요. 한번 비교하기 시작하면 그 굴레가 굴러가기 시작합니다. 굴러가기 시작하면 멈추기 힘들어요. 그리고 한번 비교하기 시작하면 나 자신에게 집중하는 것이 힘들어집니다. 나의 삶과 나 자신에게만 집중하려고 애를 써도 성공하는 것이 힘들어요. 저는 SNS를 잘 하진 않지만 어쩌다가 보게 되어서 다른 사람의 삶을 볼 때 살살 비교하게 되는 마음이 올라온다 싶으면 마음 속의 뿅망치를 꺼내서 머리를 칩니다. '하지마! 하지마! 내 페이스대로 가면 잘할 수 있어! 비교하지 마!' 이렇게 속으로 외치면서 마음 속의 뿅망치로 머리를 칩니다.

그냥 내가 나에게 집중하고, 나만의 속도와 방식으로 나아가는 것이 훨씬 더 중요합니다. 남과 나를 비교하다 보면 결국, 내가 어떤 사람인지도 모르게 되고, 나의 길을 잃어버리게 되죠. 나만의 길을 찾아 나아가세요. 비교는 아무것도 해결하지 못합니다. 오히려 나만의 길에서 더 멀어지게 만들 뿐이에요.

9. 어제보다 나은 오늘, 오늘보다 나은 내일을 살아라

우리는 어제의 나와 비교해 자신을 평가하기도 하고, 내일의 나를 걱정하기도 합니다. 하지만 중요한 것은 오늘입니다. 어제의 나나 내일의 내가 아닌 지금, 바로 이 순간의 나에게 집중하는 것이 진정으로 중요한 일이죠. 어제 내가 조금 게으르게 보냈다고 반성할 필요도 없고요. 내일을 어떻게 살아야하나 걱정할 필요도 없다는 겁니다.

당장 내가 살고 있는 오늘, 지금을 어떻게 살아내고 보내느냐만 생각하면 됩니다. 매일을 나아가는 발걸음처럼, 하루하루 자신을 조금씩 더 나은 모습으로 변화시키는 것이 중요합니다. 어차피 과거는 바꿀 수 없어요. 그리고 미래를 걱정한다고 해서 뭐가 달라지나요? 미래를 바꿀 수 있는 방법은 걱정이 아니라 지금, 오늘 내가 어떻게 사느냐밖에 없거든요. 지금 내가 무엇을 하느냐, 어떤 생각을 하느냐에 따라 내일의 나와 일주일 후의 나, 1년 후의 내가 달라집니다.

과거를 후회하거나 미래를 걱정하는 것도 좋지만, 결국 우리가 바꿀 수 있는 건 오늘뿐입니다. 오늘 한 걸음, 더 나은 방향으로 나아간다면, 내일은 자연스럽게 발전된 내가 되어 있을 겁니다. 작은 변화도 결국은 큰 성과로 이어지니까요.

가끔 구독자분들이 하는 질문이 있어요. "복남님, 목표가 뭐예요? 원하는 게 뭐예요? 바라는 게 있어요?"라고 물어보시는데 사실 저는 이제 목표나, 원하는 거나, 바라는 게 딱히 없습니다. 예전에는 '내 자산을 몇 조로 만들어야지', '직원이 천 명인 회사로 만들어야지' 이런 목표가 있었는데 그런 것들이 이젠 흐릿해졌습니다. 그래서 그런 질문을 받으면 이제는 "온전히 하루하루를 사는 것"이라고 답합니다. 그게 진짜 목적이 됐어요.

언젠가 유재석 형님이 한 인터뷰를 봤는데, "이제 국민 MC이고 방송도 많이 하고 많은 것을 이루어내지 않았냐, 혹시 목표가 있느냐"라는 질문에 이렇게 답하더라고요. 오늘 촬영을 잘 마무리해서 하루를 잘 마감하는 것이 목표고, 다른 목표는 없다고요. 하루하루 온전히 잘 살아가는 것이 자신의 목표라고 하더라고요. 저도 그렇습니다. 오늘 아침 라이브 방송에서 준비한 대로 시장 브리핑 잘하고, 공식 텔레그램에 수시로 브리핑 열심히 남기고, 디스코드 커뮤니티에 올라오는 좋은 글들 보고 하루하루 해야 할 것들을 열심히 수행해서 집으로 들어갈 때 '오늘 하루도 잘 살았다' 하면 되는 거라고 생각해요.

이제, 오늘의 나를 점검하고 더 나은 나로 만들기 위한 하루를 살아가세요. 실수를 두려워하지 말고, 완벽하지 않아도 오늘의 나에게 최선을 다하는 것이 중요합니다. 오늘 내가 성장했다면, 그건 이미 성공한 하루입니다.

10. 어떤 상황이든, 다시 일어설 수 있다는 믿음 하나만 있으면 된다

인생은 때때로 우리를 힘들게 합니다. 예상치 못한 어려움이나 시련에 부딪힐 때, 그 순간 우리가 할 수 있는 가장 큰 기적은 다시 일어나는 것입니다. 실패와 고통, 실망의 순간들 속에서 가장 중요한 것은 다시 일어서는 힘을 갖는 것입니다.

모든 것이 흔들리고, 모든 것이 무너져 내리는 듯한 순간에도 내 안에는 다시 일어설 수 있는 힘이 있습니다. 그 힘은 내가 얼마나 힘들었든, 얼마나 많이 넘어졌든 상관없이 나를 일으킬 수 있는 힘입니다. 그리고 그 힘은 오직 나만이 가질 수 있어요.

앞서도 말씀드렸지만 2021년에 제가 열심히 모았던 자산이 거의 삭제가 됐었어요. 그야말로 모든 것이 흔들리고 모든 것이 무너져내리는 듯한 순간이었거든요. 그런데 여러분, 저는 쓰러지지 않았습니다. 더 멋진 놈이 됐습니다. 더 강해졌고, 더 많은 돈을 모았습니다. 얼마나 힘들었건, 얼마나 많이 넘어졌건은 상관없어요. 나를 일으킬 수 있는 것은 자신 뿐이에요. 누가 일으켜주지 못합니다.

우리는 모두 한 번쯤, 아니 여러 번, 세상에 등을 돌리고 싶을 때가 있습니다. 사실 코인 투자를 하다 보면 큰 변동성에 손실이 많이 나는 날도 있죠. 그런데 여러분, 그럴 때마다 나를 믿고 일어나는 것, 그것이 바로 나를 가장 강하게 만드는 과정입니다. 넘어졌다고 해서 내가 끝난 것이 아니며, 실패했다고 해서 내가 가치 없다는 법은 없습니다. 중요한 것은 그 실패에서 배우고, 다시 일어서는 그 용기와 결단력입니다.

어떤 상황이든, 그때마다 다시 일어날 수 있다는 믿음만 있으면 우리는 다시 한 번 자신을 다시 만들 수 있는 기회를 얻게 됩니다. 나의 인생에서, 내가 나 자신에게 주는 가장 큰 선물은 바로 일어설 수 있는 용기입니다.

스스로 일어서는 그 순간부터
삶은 다시 시작됩니다.

비트코인 15억 간다

초판 1쇄 인쇄 | 2025년 1월 23일

지은이	돈복남
편집인	김진호
디자인	ziwan
마케팅	코주부북스
펴낸곳	코주부북스
ISBN	979-11-990158-4-5 (03320)
이메일	coojooboobooks@gmail.com

• 파본은 구입하신 서점에서 교환해 드립니다.